# 追寻管理之善

金坤荣　著

吉林文史出版社

## 图书在版编目（CIP）数据

追寻管理之善 / 金坤荣著 . -- 长春 : 吉林文史出版社，2021.11
ISBN 978-7-5472-8308-0

Ⅰ . ①追… Ⅱ . ①金… Ⅲ . ①教育管理－中国－文集
Ⅳ . ① G526-53

中国版本图书馆 CIP 数据核字（2021）第 224022 号

# 追寻管理之善

ZHUIXUN GUANLI ZHI SHAN

作　　者：金坤荣
责任编辑：靳宇婷
封面设计：南通朝夕文化传播有限公司
出版发行：吉林文史出版社
地　　址：长春市福祉大路 5788 号
邮　　编：130117
印　　刷：四平艺恒印务有限公司
开　　本：787mm×1092mm 1/16
印　　张：16.75
字　　数：300 千
版　　次：2021 年 11 月第 1 版　2022 年 01 月第 1 次印刷
书　　号：ISBN 978-7-5472-8308-0
定　　价：88.00 元

# 序一

## 情怀与境界
### ——我认识的金坤荣

我认识金坤荣校长已有 30 年。1992 年，我在吴江教育局教科室工作期间，主要研究初中科研，我把南麻中学作为教育科研的种子学校。后来苏州大学储培君教授把教育部"苏南农村初中最优化发展研究"课题实验放在了南麻中学，此后，我便有了更多机会接触金坤荣校长。我喜欢听他的课，也喜欢读他写的文章。2003 年，我被调任为吴江教育局副局长，分管中小学教育，便有了更多的机会了解金坤荣校长的管理和教学艺术。

在我的印象中，金坤荣校长在语文课堂教学的研究上很有功底。他的语文课堂教学充满活力，教学过程求实、求精、求活，形成了"质朴、简练、厚实"的教学特色。金坤荣校长曾写过很多关于语文教学研究类的论文，也曾出版过教学专著。金坤荣校长很早就被评为吴江市学科带头人、苏州市教育科研学术带头人、苏州市名教师，因为名额因素的限制与校长身份的制约，他曾几次与特级教师失之交臂，但他始终怀有特别的教育情愫，他的教育理念和管理思想，有着广泛而深刻的影响力，深深感染了他身边的师生，已经渗入教育田园的土壤里。

当看到金坤荣校长的书稿《追寻管理之善》时，我的内心是颇为惊讶的。尽管我知道金坤荣校长擅长教育类的文章写作，但是，在教育管理领域，能洋洋洒洒写这么多文字，汇编出一部数十万字的专著，着实让我感到震惊。

收录到本书的文章，是金坤荣校长作为管理者的思考、研究、实践的成果。内容分别为"读懂教师""研究学生""领导教学""专注校园""创意管理"五个板块。

金坤荣校长的文章不仅体现出他教学思想的光辉，更是他多年教学实践的写照，还昭示着写作之于教育管理的重要。

## 一、人性的光辉

教育的对象是人，人是特殊的生命体。所以，教育要关注生命。无论是作为语文老师，还是作为管理者，金坤荣校长关注每一个生命。在"读懂教师""研究学生"板块中的很多文章就是金坤荣校长"以人为本"思想的集中体现。

对于学生，他思考的问题是作为一名管理者应该如何为学生营造一个良好的课堂氛围和自主发展空间，应该怎样充满智慧、灵活巧妙地管理学生。金坤荣校长认为，如果学校管理者在学生管理中注意到"自主、自由、自省"三个方面，给予学生表达自己想法的权利，那么也就营造了一个适合学生成长的学习环境，也就看到了教育的前景与希望。金坤荣校长希望初中教育能"把门打开"，把"适度"作为"学生管理的应然取向"，把"缓一缓"作为"教育学生的润滑剂"，还要"让心理健康教育走进学生心里"。

对于教师，他认为，"教师是学校发展的基础"。他提出，校长应关注教师心理。对教师的成绩，要"广而告之"、欣赏、放大；对教师的缺点，要宽容提醒、取长补短；对教师遇到的困难，要给予关注，为教师解决问题。在金坤荣校长眼中，教师在教学中是涌动着活力的特殊生命体，管理者需要从生命的视角确立管理理念、变革管理方法，使学校成为教师向往的工作环境，成为教师人生价值实现的摇篮。

"文化管理：学校管理的至高境界"，这是金坤荣校长一篇文章的题目，在这篇文章中明确地指出了他的观点。他认为，学校文化是一种气氛，是一种相对稳定的校园心理现象。学校文化一旦形成，将会对学校的办学行为和教师的教育行为产生导向、激励、约束作用。学校文化能以一种无形的精神力量来引导、规范、约束和激励教师潜心研究，忘我工作，实现人生价值。

金坤荣校长是一位有思想的校长，他的管理思想曾入选《京苏粤优秀中青年校长办学思想辑录》一书，他曾两次被《创新时代》杂志评为"全国教育创新校长"。

## 二、行动的巨人

金坤荣校长从一位普通的语文老师成为学校中的中层干部，后来又通过自己的努力走上副校长的岗位，又从副校长到校长，从南麻到梅堰直到现在的盛泽一中。金坤荣校长给我的印象是，他是追求完美的人。完美不仅是他的愿景，更是他的行动指南。

为了引领教师成长，金坤荣校长倡导"教师读书"，探索"有效的教师培训"，给教师"助力、引路、历练"。他实践"三让"：让教师收获教科研的"实惠"，愿意投身于教学中；让教师感到教科研的乐趣，敢于触摸教学科研；让教师看到教科研的"价值"，愿意亲身亲历。他提出了教师"一课、一文、一题"的科研要求，要求教师上好每一堂优质课，写好每一篇论文，研究好每一个校级和市级小课题。他把课堂教学的研究与改进作为重点，把课堂作为"校本教研的基础"，要求教师"听好三种课"，实践"听课评议的有效策略"。

在教师培养上，金坤荣校长亲力亲为，为教师搭建发展平台，构筑发展阶梯。在盛泽一中，金坤荣校长充分发挥自己作为苏州市名师的引领作用，在校内组织"镜湖研修"读书会，带领学校青年教师共同成长。读书交流、专家讲座、名校学习、竞赛比武、教学研讨、课题研究、论文切磋……他精心组织每一次的团队活动，无私辅导青年教师，鼓励青年骨干教师发展。在他的带领下，教师队伍的发展突飞猛进：获得微课竞赛省特等奖、吴江区知名教师、苏州市教学领头人、苏州市评优课一等奖、江苏省基本功一等奖、一师一优课省优部优等，让教师成长跃上新台阶！

在学校的文化建设上，金坤荣校长善于从学校的传统文化和优势出发，以此打造学校的特色品牌。在梅堰中学，他做课题"构建'习得教育'文化特色的实践与研究"，发掘"习得教育"的特色内涵，并提炼出"时习至真"的文化精神，给吴江区梅堰中学原有的项目学习特色赋能创新。在盛泽第一中学，他继承原有的"至善"元素，提出"以至善思想提升教育质量和竞争力"和"深化真善特色，促进学校发展"，使学校充满着"至善"的氛围。环境上，善融善和、修身怡情；课程上，善习善行、乐美慧心；课堂上，善教善学，启智明理；管理上，习善弘善，至善成长。在文化传承中创新，由此两所学校得以可持续发展，面貌焕然一新。

金坤荣校长认为，随着当前社会和为学的不断发展，学校要转变管理的思想观念，不断发展和提升学校管理的专业水平。因此，作为管理者，金坤荣校长十分重视领导力的提升，他指出，学校校长应该增强学校管理的主动性和积极性，明确自己管理学校的重点和难点，积极寻找和探索校长专业发展的主要途径，努力打造校长管理学校的最高水平。金坤荣校长注重管理的实施，他提出并实践"把精致的工作做到位"。譬如，在教学上，他提出"课堂因高效而精彩、学习因自主而快乐"的口号，要求教师做到"专心、细心、用心"，他抓好教学队伍认真工作、抓好教师教学的课堂比武，抓好学生作业的监控反馈。为此，梅堰中学的教学质量一直居于吴江区学校的排名前列。至于相对薄弱的盛泽第一中学也在他的带领下同样走出了困境，创造了教育教学的辉煌，书写了教育管理的崭新篇章！

## 三、教育的思辨者

叶澜教授曾经说过："一个教师写一辈子教案不一定成为名师，但如果一个教师写三年的反思却往往能成为名师。"许多名师的成长已经证明了这一点，但是，我想说，教育写作不仅是一线教师成长的助推剂，更是教育管理者的"法宝"。

教育类写作，是教育工作者对教育行为的深度审视与反思，是对教育经验的总结，是对教改前沿信息的有效植入……在审视、反思、植入的过程中，教育工作者甄别教育现象、发现教育问题、探寻解决策略、形成新的教育观念，进而发展新的教育智慧。金坤荣校长就是把教育写作和教育管理二者有机结合起来的一个典型。无论是作为教师，还是学校的管理者，金坤荣校长一直笔耕不辍。他把教育写作作为自己的爱好，更是把教育写作作为他管理的基础。

在教学管理中金坤荣校长是一个善于反思的人。校长的管理中涉及方面广，方向多，涵盖了教学中的各个细节，存在于多种方式。但无论如何，金坤荣校长坚持在"每日四问"中深化"管"、扎实"理"："今天我巡视校园情况了吗？""今天我倾听师生心声了吗？""今天我反思自己了吗？""今天我读书了吗？"这是金坤荣作为校长的独特的研究、反思的方法。

金坤荣校长把写作这个行为视为校长提升管理的重要载体。金坤荣校长认为，校长要养成勤于写作的习惯，多写管理笔记、教育随笔，积累研究的素材案例。校长要多写论文，结合实际工作论述有意义的问题，将思考和研究所形成的观点和见解在论文中表达出来，运用于学校实际管理中。校长要注重办学经验的积累和校园文化精神的积淀，不断地总结提炼，把其上升为理论，努力探索适合学校实际和发展需求的管理模式，形成自己的办学特色和管理风格。

金坤荣校长的教育写作有理论的支撑点、独特的视角。教育管理的经验总结需要找寻到理论的支撑。理论不仅能提升人对事实的认识能力、鉴别能力，还能使人对总结对象做出概括与界定，而且能使我们学会从不同角度来观察、分析和概括问题，从理性的高度审视事物现象，洞察事物本质。而这也正是教育管理所需要的"立足点、外显点、着力点、落脚点"。关于特色学校创建的思考，他说，"特色是一种风格，它让学校走上更高的境界；特色是一种质量，会改变学校的命运"。他深度概括："把握立足点——继承创新""扩大外显点——环境文化""夯实着力点——课堂质量""注重落脚点——学生发展"。这篇文章正是金坤荣校长基于理论高度与深刻的思想写出来的，也正是思想、认识有"高度"，他的管理才有"格局"。

金坤荣校长的论文注重理论，而理论源于他的多年教学实践，做到"三思考"：一是对"旧现象"进行"新思考"；二是对"热度话题"进行"冷静思考"；三是对"浅显问题"进行"深度思考"。《如何继承发展：接任校长的重要命题》就是关于教学管理独特新颖的文章，"继承，不丢弃有价值的做法""继承，不忽视有影响的文化""继承，不固步有活力的创新"。

金坤荣校长的实践昭示了教育写作之于教育管理的关系、价值与意义：教育写作与教育管理在本质上是一致的，聚焦主题，调研、学习、研究、反思是两者共通的行为方式；教育管理工作为教育写作提供了丰富的材料，是教育写作"源于实践，高于实践"的基础。教育写作是整理思想的过程，需要植入先进的教育理念。因此，教育写作具有思维系统化、理念前瞻性等特点，既能总结教育管理实践，更能指导教育管理实践的创新。

"做一个有情怀的校长""做一个有境界的学校管理者"是金坤荣校长的理想，他这样说了，也这样做了。在《做一个"五有"的管理者》一文中，金坤荣校长说："发现问题，做有眼光的管理者""研究思考，做有方略的管理者""心系课堂，做有根基的管理者""认真读书，做有底蕴的管理者""助人成功，做有胸怀的管理者"。这便是他的管理特质，也是我们每一位校长需要努力追求的境界。

沈正元

2021 年 5 月

沈正元，吴江区教育局原副局长，现吴江区教育学会会长，苏州市名教师，苏州市学术带头人，江苏省"333 高层次人才培养工程"中青年科学技术带头人。

# 序二

# 一位勤勉务实而睿智的管理者

春天来了，百花盛开！

伴随着"姹紫嫣红、醉人芬芳"的是教育管理者的智慧和创新。

"用真诚培育知识，以善美润养心灵"，一所学校的大厅上镌刻着这样两行字，这是一所学校的文化理念，这是一位校长的教育追求。多年来，他以勤勉的态度、刻苦扎实的作风，努力践行、积极探索。通过他多年的努力，学校和师生都获得了飞跃和发展，他就是金坤荣校长！他身处最基层的农村初中学校，却能够不放弃自己的追求，对教学始终拥有满腔热爱和务实精神，令人敬佩。

金坤荣校长的新著《追寻管理之善》即将出版，寄来书稿，嘱我作序。虽然我工作繁忙，但当我拿起书稿时，看着一篇篇闪耀智慧、凝聚心血的文章，着实感动，心生感悟。

本书内容中没有过于严谨的理论分析和深奥的观点表述，文字更多的表达出了接地气的管理故事和管理举措。正如每一朵花都隐藏着春天的奥秘一样，每一个故事、每一段感悟、每一项创新与改革都蕴藏着作者的智慧。在这本书的内容中，你可以得到共鸣、启示、乐趣和智慧。

"学校要在'读书研修'上多营造学习氛围，在'师徒结对'上多加督促，在'教研平台'上多举办活动，在'发展指导'上多贯彻落实。""建设特色学校，要在继承创新上立足，在环境文化上外显，在课堂质量上着力，在学生发展上落脚。""接任校长要继承发展，就要不丢弃有价值的做法，不冷淡有影响的物件，不故步有活力的创新。"金坤荣校长用严谨的语言、创新的思维、智慧的火花，深刻地启示着我们。

我与金坤荣校长的相识，是在2008年。那年，我在乡镇上工作，负责分管教育等多个领域。每次他来镇上汇报交流，我都会对他工作的认真热情、对管理的专注探求十分敬佩。他丰富的学识、睿智的思想、独特的见解，以及务实的作风，给我留下了深刻的印象，让我不得不对他刮目相看。

有句话说：管理的最高境界是管理自己。在现实中，管理者最难做到的就是管理自己，金坤荣校长是一位极为自律的校长，始终在不断的理论学习和实践管理中提升自己。从《做一个五有的管理者》《用智慧提升校长管理的领导力》《在每天四问中深化学校管理》等文章中，我们看到了一位校长的虚心、诚心和用心。金坤荣校长努力与教师沟通，努力拉近与师生的距离，努力让管理接地气；他专注校园，巡视管理。研究的问题都是最基层的问题。金坤荣校长始终深入一线，指挥做、带头做、亲自做，他指导新教师培养，他指导教师做学生管理；他指导校本教研要深入有效；他深入课堂，构建"习得教育"、实践真善理念……由此，我们看到了一位校长的敬业、踏实。金坤荣校长扎根农村初中。这部作品是他多年来教育管理的实践探索和思考研究的一个总结。拜读之后，我由衷地认为他的管理心得是从学校实际情况出发，能有效促进学校发展。

吴江教育需要一代代具有前瞻性眼光的教育家绘制宏伟蓝图，需要像《追寻管理之善》中这样娓娓道来的经验、谋略，需要像金坤荣校长这样具有丰富的教育管理经验，又能勤勉睿智管理校园的实干者。如今，这位具文化思考力、管理执行力的校长把自己的管理思考和探索实践，通过充实的内容、丰富的案例、精准的文字提炼出来，相信此书的出版一定会引起广大校园管理者的关注，对校园工作者及教育者具有广泛的引领和借鉴价值。

时代呼唤更多的勤勉睿智的耕耘者！

我们祈愿：百般红紫，春色满园！

周萍

2021 年春天

周萍，苏州市吴江区教育工委委员、吴江区教育局副局长。

# 目 录
contents

## 第二章　研究学生

## 第三章　领导教学

## 第四章　专注校园

## 第五章　创意管理

# 第一章　读懂教师

　　"为别人照亮道路，自己必须放出光芒。"教师是学校发展的力量，是新时代教育变革的主体。教师管理者只有读懂教师并关注教师的状态及需求和时代变化，才能更好地促进、帮助教师智慧发展，从而促进学生的成长。教育依赖沟通，教师管理是一门技术，更是一门艺术。读懂教师，不仅要读懂教师的情绪，注意教师管理中的情感沟通，还要读懂教师目前工作中所面临的困难，探索引导教师专业发展的有效方式，引导教师走上教学幸福路。读懂教师，做有温度的教师管理者，唤醒教师成长内在驱动力，实现学校与教师发展的互利共赢。

# 教师要"顶天立地"

曾听说这样一件事情:一位教育专家与一位中学老师相遇在新华书店,教育专家向这位老师推荐了一位教育家论述新课程教学的著作。可这位中学老师"不领情",不购买该著作,却大量购买了一些同步练习等辅导资料。这位教育专家不禁感慨:"当今时代的老师太不注重个人教学能力的提升了!"

以上的事情使我不禁想起一个经典故事:有人问三个建筑工人:"你们在做什么?"第一个工人回答:"砌砖。"第二个工人回答:"挣钱。"第三个工人回答:"建造世界上最好的房子。"多年后,前两个工人依旧业绩平平,第三个工人却成为了有名的建筑师。

第三个工人为什么可以成就自我?其中有一个很重要的因素,便是"建造世界上最好的房子的信念"。这份信念在支撑着他,使他不断追求发展,精益求精。可见有什么样的信念,就有什么样的行动;播种怎样的思想,就会收获怎样的人生。

而如今,许多教师的案头上只有教学设计、优秀教案、模拟试卷一类书籍教材,而教育理论著作却难觅踪影。正因为只盯住课本、试卷、教案,导致教师对教育理论知识和新信息把握不够准确,所以不能得心应手地教学,不能很好地适应目前新课程教学的需要。一些教师不思考、不深入研究教育教学的现象及其规律,不深入剖析其中所蕴含的教育理念、教育道理,导致的结果往往是事倍功半,教学效果甚微,也致使他们对所从事的工作感到平淡、索然无味。这样的教师最终可能会滑入"教书匠"的行列。

人们常说"观念改变,行动改变;行动改变,命运改变"。著名特级教师靳家彦也说:"教育理念决定着教学设计,教学设计决定着课堂教学质量,从而决定着学生的学习质量。"因而,我们不能仅仅把教师这一职业当成谋生的需要,而更应该把它当成一项事业来追求。我们要努力提高教育教学水平,用先进教育理论武装自己,用新课程理念来指导自己的教学实践。我们要立足课堂教学,审视、反思自己的教学过程;教师要在教学工作中,树立正确的教育理想信念,在具体工作中反映出自己的教育追求;教师要善于用教育理论改进自己的教学过程,并将自己教学的经验提升到理论高度。

总之，教师应该从教育理论的高度来看待教学，用教育理论来改进教学，用教育理论引领教学、烛照教学。只有这样，教师才能收获教育的累累硕果，才能使自己走出"教书匠"的圈子，逐步趋向名师、大师的教育境界。

一句话，教师要"顶天立地"——顶着教育理想的天，立着课堂教学的地；在教育理论、课程理念不断发展的背景下，教师要努力学习、实践、反思、探索，不断向更高的层次发展。

（本文发表于 2005 年《教育导报》）

# 成长教师：学校可持续发展的基础

一所学校想要可持续发展，首要的基础便是具备过硬的师资队伍，有善教能研的教师。为此，我们把教师发展成为作为一项重要的工程。我们搭建平台、构筑阶梯、开辟一方区位，以此促进教师专业成长，实现教师和学校共发展。

**1.搭建发展平台，促进全体教师成长**

（1）学校引导教师确立"终身学习""全员学习""团体学习"的观念，积极把学校创建成师生共同成长的环境。请名师、教授讲学，编印专题学习材料，组织"读一本教育理论专著"活动，开展读书体会交流活动，倡导集体备课、研课，组织有序的专业培训，让教师在学习型组织中不断学习与进修，使教师及时掌握现代教育理论，不断与最前卫的教育理念进行沟通。

（2）学校把加强课标、教材的培训作为转变教师观念的重点，确立"分层渗透、以培促教、用教炼能"的校本培训策略，将教研与科研紧密融合，通过对传统教研活动的改造与重建，实现"教、学、研一体化"，为全体教师的成长提供有力的学习环境和发展背景。

（3）创新组织各种教研活动，使全体教师在活动中成长。组织主题性发言的教研活动，既可以规范教研活动形式，又可以推进校本研究进程，更能锻炼各位教师。积极组织青年教师参与"同课题""对比课"活动，观摩别人，对照自己，比照提高。邀请专家来学校做专题性讲座，不断提高教师的教学水平，促进教师从理论的高度来反思自己的教学行为。积极倡导每一位教师成为善于思考的人，引导教师做课后笔记、反思日记，进行专题调查研究，以此发现教学的得与失，明确成功与失败的原因，引导教师不断改进、改善自己的教学行为。

**2. 构筑一个发展阶梯，促进教师分层提升**

（1）开展"师徒结对"活动，加速对青年教师的培养。每学年初，学校会及时召开会议，向青年教师提出"站得稳讲台、吃得透教材"的具体要求，促使青年教师在教学实践中不断历练。学校对青年教师的"备、教、批、辅、研"等进行全面指导；新上岗教师们也自定目标、自加压力、自定措施、自主发展，使自身才能得到激发。

（2）实施骨干教师发展工程，加速对骨干教师的培养。学校制订了《骨干教师发展工程规划》，以"让教师与学校一起发展，让教师与学生共同成长"为培养目标，采取多层次、多途径的培养措施，努力建设一支具有创新精神的新型骨干教师队伍。学校为各位青年教师共同设定目标，制订近期、中期、远期奋斗目标，激励青年教师加强学习和锻炼，缩短对教学岗位的熟悉期。学校骨干教师更要为青年教师做好榜样，并且与学校签订《发展承诺书》，以承诺的条约时刻警醒自己要不断发展。

（3）积极召开恳谈会、交流会，以理解、信任、鼓励来促进骨干教师的发展。学校关注骨干教师所想，每月召开骨干教师发展座谈会，及时倾听他们的心声，了解他们工作中的问题，为教师的发展创造良好的环境。同时针对教师教育教学实践中的问题，学校组织"周六科研论坛"活动，通过每一次论坛的交流和思想的交锋，加强教师对新课程的理解，并且引导他们及时地发现问题、总结经验，练就科研的"火眼金睛"，促进科研水平的提高。

（4）学校积极为骨干教师发展创造条件，优先为他们提供平台和资源。学校鼓励他们参加市级以上培训进修，优先推荐参加市级竞争评比。学校向每位骨干教师赠订两份教育杂志，激励他们潜心读书，开阔视野，增长智慧，积极实践，不断提升业务能力。

**3. 开辟一方发展区位，促进教师个性成长**

俗话说：井无压力不出油，人无压力轻飘飘。农村学校对教师的发展过程进行直接"干预"和"影响"十分必要。学校坚持"教师发展目标是多元的、发展途径是多向的"观点，积极地为每个教师设置了就近发展区，促使教师明确发展目标。

（1）学校千方百计为教师争取展示自我的机会。对于农村学校来说，教师能展示自我的机会是难得的，需要校长去努力争取。因而，学校领导要想尽办法，内外通融，上下努力。学样可以对教师进行适度的"包装"，让教师作为学校的代表跟有关教研部门加强沟通，让上级部门关注学校教师，也可以热情承担各项教研活动，做教研活动的"热心人"，让学校教师在教研活动中崭露头角。总之，要尽最大可能给学校教师展示自我的机会。

（2）学校对教师换一种方式定位，争取发挥教师的特长。想方设法为教师提供"跳一跳就能摘到果子"的发展区，为其提供一切有助于其发展的条件，使教师的潜能得到充分的展示，体会到事业成功的快乐。有一位教师虽然在学科教学上并不突出，但他动手实践能力强。学校看准他的这一特长，让他担任劳动技术课的任课教师，并为他建立了专门的工作室。这位教师从此便如鱼得水，把劳动技术课办得有声有色，很快成为市学科带头人。

（3）创造条件满足教师的合理需要。教师在专业发展上的需要是多层次的，尽管有些需求与教育教学没有直接的关联，但是适度地满足教师的需要会极大地鼓舞教师的工作激情，对教师发展具有推动作用。一位教师因学校离家太远，要求住在学校。学校考虑他的实际困难，特意安排他兼做学生宿舍管理工作。这位教师工作热情高涨，严格要求自己，专业发展也更加深入了。

总之，教师的专业成长将直接影响着学校的成败和可持续发展。为此，学校要在"平台、阶梯、区位"上搞活动，积极创造条件，尽力缩短教师发展的"磨合期"，为学校教师的快速成长铺路搭桥。只有这样，才能使青年教师的成长站稳脚跟，才能为学校的可持续发展夯实基础。

（本文发表于 2008 年第 2 期《长三角教育》）

# 从一位教师课改遭遇引发的思考

新课程改革开始后，一位教师在教学中积极探索，广泛开展自主、合作、探究等多种形式的学习活动，积极让学生做学习的主人。课堂上，他让学生自主讨论、阅读教材，体验知识的形成过程；同时他也注重课外的拓展延伸学习，开阔思路视野。因此，学生愿意上他的课，学校领导也大力表扬这位教师，树"他"为课改标兵。但在苏州市组织的期末考试中，他任教的班级，学生平均成绩远远低于其他班级。这位教师因此迷茫，同时陷入深思。

笔者听了这个教师的遭遇，内心也掀起了阵阵波澜。这位教师对新课程教学的尝试和实践都是有益的。新课程教学改革符合了时代要求，顺应了教育发展的潮流，与时俱进。倡导并推进新课程改革，是大势所趋，是教育发展的必然要求。因而教师在教学工作中要适应并大胆尝试新课程改革。从这个意义上出发，这位教师无疑是教学改革的先锋者，可敬可贺。同时我们应该看到，不能凭一次期末考试的不理想，就全盘否定了这位教师的教学探索。考试是评价，但教学评价并不只限于考试成绩。一张试卷总有不完善之处，也不可能覆盖所有的知识。况且新课程教学注重三个维度：知识与能力、过程和方法、情感态度价值观。一张试卷不可能把这三个维度的内容一一考查到，更何况新课程所注重的能力培养是一个长期积累的、厚积薄发的过程，不可能立竿见影。因此，新课程教学中出现的"成绩不如别人"的现象是暂时的。对此，教师要经受住考验，认准方向，真"走自己的路，让别人说去吧"的心态。可以预见，持之以恒地实施新课程教学，最终会取得令人满意的成绩。

与此同时，作为全面推进课改工作的试点地区，苏州市的期末考试卷，应该具有引导教师课改的作用。一线教师应该研究试卷成绩，反思自己的教学行为。审视当今新课程实施的现状，笔者认为要抓好以下三个"反思"。

**反思之一：实施课改不能忽视基础。**尽管评价是多层次、多方面的，但新课程教学仍把成绩评价作为课程改革重要支撑点。课改无论怎样改，基础的东西不能丢。"练武不练功，到头一场空。"忽视了教学基础，容易造成华而不实的现象，学生难出成绩。因此，教师反思新课程教学，应检查自己是否坚持"夯实基础"的策略。一些基本知识、基本内容要让学生牢记并理解，一些基本技能要让学生熟练掌握，否则自主探究学习往往没有根基，犹如空中楼阁，最终必然要倒塌。

**反思之二：实施课改要注意方式，掌握好尺度。**课程改革不是空穴来风，而是在继承传统、吸取精华的基础上创新。因此，教师开展新课程就要处理好传统与创新的关系。学生自主学习，应该在教师指导下进行，否则往往变成盲目学习。开展合作学习，学生须自己先学会思索，待心中有了"谱"后再交流讨论。进行探究学习，须注意并非每个问题都可探究，要注意探究的时间及场合和问题的实质。笔者听了一位老师讲授的《死海不死》一课，他在整堂课中，花了三分之二的时间让学生探究"怎样才能让死海不死"这个问题。学生大谈设想、广征博引、畅所欲言，但学生却忽略了文本内容，甚至一些学生连课文都没有读熟。新课程教学提倡发散与多元，但也不能忽视课堂教学规范。

**反思之三：实施课改，要真正触动学生思维。**课改的目的是为了促进学生主动学习。因而新课程教学要调动起学生的积极性，促进学生思维的深入和拓展。笔者注意到，一些教师在课改实践中热衷于华而不实的提问。浅层次的提问引来了肤浅的热烈，但造成动态教学的生成性不够，学生思维得不到有效的发展。如一位教师在教学《小石潭记》一文时，引导学生走进文本，理解文字背后的情感、意趣，并制作了几幅精美的图片，课堂上一边展示图片，一边讲读课文。把文字还原为图片，增添了学生的想象空间，却又简化了作者情感的表达。这样的教学往往陷入形式主义、华而不实的泥潭。因此新课程教学要去掉形式，追求实质发展。教师要有效地开展活动，使学习的内容经过学生的思考再进入他们的头脑，使学生享受到独特的感受、体验和理解。

总而言之，实施新课程前景灿烂。但如何有效实施，还需我们在教学实践中认真思考、不断探索、积极反思。

（本文发表于 2005 年第 6 期《基础教育课程》）

# 关注教师成长，培养教师专业发展

教师的成长是一个漫长的过程，在专业发展的历程中，教师要掌控自己成长的速度和高度。要勇于创新，勇于突破自己原来的"围城"，突破专业成长中的困惑和难点，突破自我僵化、保守陈旧的思想观念，突破安于现状、不思进取的态度，不断克服教师专业成长中的困难，最终实现专业成长的跨越式发展。

那么，在教师专业成长过程中，有哪几个关键时期呢？笔者通过观察和调查，发现许多问题，对问题进行了思考，并研究了以下几点策略。

## 一、"点水蜻蜓款款飞"的起始适应期

【案例】

李老师是从外地聘请的青年语文教师，不知是因为课堂表达欠佳还是受方言的影响，他的课堂教学水平和教学质量效果不好，可他爱看书、能写作、时常有文章在省市报刊上发表。对此，一些教师语含讥讽："吃饱了没事做，专门写文章。"好心人劝李老师："还是用心抓课堂教学吧。"而学校领导却没有把李老师看成另类，反而支持他坚持下去。让他做了两件事：①组织学生写作兴趣小组；在李老师的精心策划和指导下，兴趣活动形式多样，讲座互动成效显著。经他修改和指点的学生作文，时常在市报和杂志上发表。学生的作文使他感受到了成功的喜悦，也使他在师生中的威信逐

渐树立起来。②担任编外的教科研工作，让他跟随领导一起去听课，总结骨干老师的成功教学经验，梳理新上岗教师的教学不足。由于学校的支持和信任，也由于领导的压力（要写出有关文章来"交差"），他课余时间钻研理论书籍、琢磨教师课堂、探索提高质量的思路及独特视角。这个"苦差事"使他积累了许多教学案例，教学理论功底扎实了，提升了课堂评价及研讨的分量。一年下来，李老师写出了多篇见解精辟、思维缜密、材料翔实、说理透彻的文章，在省市级教育报刊发表。说来也"怪"，自从李老师做了这两件事情后，他的课堂教学也渐渐走上了正轨，教学也走出了低谷，几年时间，他的课堂教学有了明显的进步。现在他已经是市学科学术的知名带头人了。

## 【分析】

人的能力结构有多元性，人的发展有多向性。教师不可能千人一面。抓课堂抓质量固然是教师的立身之本，也是一个好教师的重要组成部分，但达到这个目标的方式是多种多样的。正像指战员要攻占一个山头，可以直接正面进攻、可以背面包抄攻击、也可以构筑地下工事挺进，更可以借助空中力量打击。如若硬要李老师放弃写作，钻研课堂教学，我想肯定是"按着牛头吃草"，最后结果可能不尽如人意。事实上，当教师某个方面得到发展的时候，他的能力也会发生变化，潜移默化地影响着他其他方面的工作。更何况领导发挥了李老师的长处和优点——李老师实实在在地总结他人的经验，指出别人的不足。这与其说是总结别人，不如说是丰富自己；这既是扬他的长，也是补他的短。李老师在课堂听课评议中，在理念的探索实践中，在他人的成功与失败的总结中，渐渐把握了课堂教学的要点，提升了教学水平。可见，有效培养和发展教师，是扬长避短，还是避长扬短，这是值得思考并注意的。

## 【思考】

教师专业发展的起始期，是一个充满激情、充满梦想的时期。抓早、抓实、抓好这个关键期，将是奠定一个教师成长的基石，确立一个教师专业发展的基本架构。反之，忽视这第一个专业成长的黄金期，教师有可能在安逸悠闲的状态中变得平淡无奇。我们可以关注以下几点：①要设定一个需要"跳一跳"才能摘到苹果的"最近发展区"，鼓励新教师展示自我，体验初次成功的愉悦，激发奋力上进的内驱力。②要对教师换一种方式定位，争取发挥教师的特长，提供一切有助于他发展的条件，促进其潜能得到充分展示。③要选好导师，有机引导。新教师既要学习导师的精湛技艺，又要学习他们人格品质。在师徒结对时可采取"拜师"的方式，避免师徒两人同年级竞争；使师父毫无保留地传授知识和技能，使新教师从中取到真经。

通过以上举措，促进每位新教师在工作与学习中熟悉教育教学常规，把握学生成长规律，尽快成为一个学生欢迎、同事认可、家长接纳、站稳讲台，充满信心的合格教师。

## 二、"山重水复疑无路"的困顿失落期

**【案例】**

在一次青年教师座谈会上，一位崭露头角的女教师介绍自己的成长情况。她对工作中教学上"摔跟头"的经历记忆犹新。她说，在"摔倒"之时，学校校长声色俱厉地批评她，声言要她下岗；家长不放心她的教学，要求孩子转班。她遇到了前所未有的压力，她感觉此时眼前一片漆黑，没路可走了。此时学校里的一位副校长言辞恳切地告诉她："这是许多老师在成长过程中都曾经历过的，我也有类似的遭遇。"一句话说得她抬起头来，心里暖烘烘的。这位领导把自己当初的遭遇讲给她听，和她做了坦诚的交流。之后她从阴影中慢慢走了出来，汲取教训、振奋精神、扬长避短，终于在教学岗位上站稳脚跟，初步展现出她教学的成功。她深深感谢这位雪中送炭、给她启发引导的学校副校长。

**【分析】**

如何引导教学过程中遇见挫折的青年教师，并激发他们的教学信心呢？是声嘶力竭的批评教育、依章依本的处罚惩戒、还是将心比心的亲情化的引导关心？上述案例给我们一个启示：青年教师刚踏上工作岗位，工作中难免会遇到许多问题，出现失误。这时候，校长应冷静对待，多给一些理解和支持，不要不分场合地对教师横加指责，帮助教师们分析原因，查找挫折与失败的根源，鼓励教师"从哪里跌倒，就从哪里爬起来"。可以用"我也有类似遭遇"等话语来表达安慰之心，来做好疏导引导工作，激励教师打消畏怯，反思自我，从而看到希望。这样有利于坚定青年教师工作的自信心，变消极情绪为积极因素，使挫折和失败转化为经验并逐步获得成功。

**【思考】**

人生不如意者十有八九，教师在成长过程中遭遇挫折在所难免。面对诸多的不如意，该如何使教师平稳度过这"困顿失落"时段呢？①领导要真心关爱、保驾护航。要设身处地地考虑青年教师受挫时的心境，做到将心比心。当教师遇到沟沟坎坎跳不过去时，校长就要帮助教师专心搭桥、热情铺路；当教师遇到困惑疑难时，校长就要帮助教师解疑答惑、指点迷津；当教师遇到犹豫退却时，校长就要指导、鼓励教师；

当教师遇到生活困难或其他问题时，校长就要急教师所急，想教师所想，力争把关心送到教师的心坎上。②教师要冷静分析原因，制订方案措施。凡属客观环境导致的，大可不必对自己过于苛求，只要今后更加关注成长的必备条件即可。至于因自身的实力不足或技术策略失误所导致的失误，则宜条分缕析、逐一归因，整理出补救的具体举措，以求"吃一堑，长一智"。③教师要付诸行动，勇敢前行。走出困顿，单靠解压、慰籍、剖析、归因是不够的，最终要靠自己实实在在的行动来突破"围城"。目标专一、奋发进取、勤奋刻苦，哪怕这第一步举步维艰、痛苦不堪，教师也要豁出去勇于裂变。"衣带渐宽终不悔，为伊消得人憔悴。"有效的反思、实在的行动，必将使教师走上专业发展的常态化轨道。

## 三、"自在娇莺恰恰啼"的倦怠安逸期

【案例】

　　一些学校在组织教师理论学习、开展科研讲座时，有些老教师总是迟到，还开玩笑说："我怎么也要学习啊？我差不多了。"引起了大家的一阵哄笑。学习听讲时，他们也总是摆出一副老资格的架式，或与你争辩，让你下不了台，或背地里说风凉话。有时学校索性把功成名就的老师撇在一边，不要求他们参加学习研讨活动。但在会场之外、活动之外的议论，可能令领导们耳根不再清静："领导不要我们了""用不着我们做工作了，我们只需捧个茶杯好了。"就这样，一个浓厚的研讨学习气氛被搅浑了，组织者欲哭无泪，对于青年教师成长也造成了负面影响。

【分析】

　　如何解决具有丰富教学经验的教师不学习的问题？笔者认为，把他们排除在活动之外、排除在学习之外，显然是不对的。资深教师也是教师队伍中的一员，学校领导应该有责任引导他们参与到学习研讨或教育活动中来。只有资深教师和青年教师并肩作战，学校工作才能"齐步走"，出现蒸蒸日上的良好局面。

　　管理不是压制，而是唤醒。对待教师，关键是如何引导如何管理，在校本培训中，可以采取有别于青年教师的方式来让他们参与活动。对待青年教师，可以利用研讨沙龙、理论学习、撰写文章等硬性方式；而对待资深教师，只能转换思维视角。可以利用他们的特长、经验，采取让他们现身说法、向年轻教师作讲座等方式，促使他们参与到校本活动中来，以他们的教学智慧和实践经验来言传身教，激励青年教师成长。许多资深教师善于组织管理、教育学生，可让他们去培训年轻班主任。教学业务

好、课堂质量高，可让年轻教师去听课堂；教师动手实践能力强，可带领年轻教师和学生一起开展有关的综合实践活动。即使一些教师没有什么突出的地方，学校领导也要尽可能让他们在校本培训中"露露脸、照照面"，可让他们讲讲自己教学的实践经验，说说教育工作中的"困惑"。资深教师的这些实践体会，往往是宝贵的教育培训资源，能够营造出一个有效、务实、探索的教研氛围，对青年教师的成长具有重要的借鉴意义。如此做法，资深教师觉得领导对他们很重视，也觉得自己有一技之长，在校本培训中有用武之地，能发挥出自己的才华和能力，心理上渐渐平衡了，一些不中听的话语也就不随意"广播"开来了，从而渐渐地加入了学习型组织的队伍。也正由于是任务在身（要指导培训），面对一些新的理论、新的做法，他们也会自觉地去钻研理解，从而发展了他们头脑中的新理念，促使他们观念的更新。通过这样的活动，他们往往不再摆资深教师的常态，而是比较谦虚谨慎、认真耐心，与领导、同行的关系逐渐和谐融洽。这样一来，校本培训得以顺利开展，学校管理也和谐有效。

巧妙适应，因材施管。与其"推开""不管"，不如转换思维引导教师参与。同时，这样的"融通"管理，也使资深教师参与到培训中来，带动新教师的专业发展之路。

【思考】

应该看到，一些教师经过努力，获得了带头人的荣誉，排列上了"高级教师"位置，但在年龄上也达五十开外了。于是，车到站、船靠岸一类的思想意识油然而生，工作上不思进取、缺乏热情，倦怠心滋长也蔓延开来。

如何让这些教师不仅不发酵霉变，而且继续前行呢？我们认为：①要给予特别的人文关怀。校长对遭遇"天花板"现象的教师要有"多看一眼"的用心，平时多交流沟通、多了解他们的烦恼苦闷、了解他们的内心需求、帮助化解心理困惑，尽量解决他们的实际困难，努力营造学校风清气正、融洽宽松的宜人氛围。②要提供合适的展示平台。要从资深教师群体的特别需求出发，专门设置适合他们年龄特征、教育教学经验的展示平台，如中老年教师组专项展演、比赛、评奖等，创设各种机会，让他们想参加、能参加、会成功，从而逐渐强化其"我能行"的自我认同感。③要出台合适的激励奖励制度。如在绩效考核中可以专门有中老年教师做辅导讲座的说明，可以有他们培养徒弟成才成功的奖励方案，甚至可以有高级教师履职考核制度，等等，这样通过引导，有效激励教师焕发生命活力、追求工作幸福、实现人生价值的热情，有助于教师始终不忘教书育人、为人师表的神圣职责。

总之，关注教师特殊成长时期，以人为本、以校为本、遵循规律、扎实行动，就能奠定教师专业发展的基础。同时，我们也深刻认识到，在三个特殊时期的把握中，仅仅有意识是不够的，有短期的工作计划和长远的事业规划是非常必要的。如果教师没有明确的人生规划、没有专业化发展的阶段计划，这种盲目性必然减缓甚至阻碍其专业化发展的步伐。

具体怎样规划，该怎么做呢？为此，我们进行了理性的分析思考。

（1）**学校要引导教师进行职业规划**。学校要制订适合学校的《教师培养计划》，要有操作性强的实施细则，设定教师成长不同阶段的发展目标。如优秀课教师、教坛（科）新秀、教学（科研）能手、学科（学术）带头人等，这些阶段性较强的评选活动，能够为教师进行职业规划提供有效的载体。

（2）**教师要做到善于规划思考五步法**。第一步：明确"我是谁？"要对自己进行一个全面的分析，如我的性格、特长、优点、缺点、情感、价值观等等。第二步：明确"我想做一个什么样的教师？"在工作的过程中，一定要回答这个问题。答案可以是合格的老师、优秀的老师、学者型、专家型等等。第三步：明确"我在哪里？"这是一个环境分析。我生活在一个什么样的经济环境、人文环境里，对于自己的专业化成长有利，哪些不利，怎样克服。第四步：明确"我的规划和目标是什么？"这一步需要我们明确地记录下来，如我的学期目标、年度目标，三年规划、五年规划、十年规划等等。同时在实现规划过程中还需根据情况自我调整或进行微调。第五步：明确"我的实在行动有哪些？"规划要实现，要行动。例如，我做了哪些有益的事情、参加了哪些培训、克服了哪些困难挫折、经历了哪些成功或失败的体验、收获了哪些成果等。

综上所述，一位教师的专业化发展道路是漫长且艰苦的，其特殊成长时期也并不局限于以上三个，它有着多变的内容和多样的形式。笔者认为，学校如果要引导教师专业化发展，就要创设专业发展的平台阶梯，引导教师为自己制订可行的目标规划，关注自己的内心世界、谋求灵魂的充实成长、达成厚实的行动成果。因而，我们要关注教师特殊成长时期，关注其中的思想、规划、行动。我们要让"专业发展"，释放真正的精彩，要让"专业发展"充满成长的期待！

（本文荣获2012年江苏省"师陶杯"论文竞赛省一等奖）

# 短信息：助力教师管理

当前，在教师管理工作中，有许多学校的管理往往远离校情和师情，还依靠着生硬的说教式进行管理。管理虽然有声有势，但效果甚微。随着互联网和大数据时代的到来，作为学校的管理者，该如何顺应新形势、与时俱进？笔者以为，可以借助手机短消息，收获教师管理的别样风采。

## 一、恰到好处，巧妙去鼓励

地理课的会考即将开始，几位任课教师一个班级一个班级地轮流辅导，上了 1 班再上 2 班，上了一节课又上另一节课，精疲力竭，嗓子都快喊破了。这些任课教师心里抱怨着，嘴上唠叨着："真的要累死了……"。话传到校长耳朵里，校长首先想到：会考是非常时期，教师最近确实很辛苦……而后校长进一步思索着，该如何委婉地表示出对教师的关心呢？

于是，校长想到了微信，何不利用"短消息"表示一下自己的态度，给教师以鼓励呢？于是，校长郑重其事地写下下面的短消息："地理会考将要举行，真诚感谢您的辛勤辅导和有效督促，我真心谢谢您……"教师看了"短消息"，先是一个意外，接着是舒心地笑了。他们也回了消息："谢谢校长关心，我们不好意思了""这是我们应该做的，谢谢校长对我们工作的关心"……校长的"短消息"，及时地鼓舞了教师的干劲，恰到好处地温暖了教师的心田，这些教师尽管比较疲惫，但他们辅导的劲头更足了。又如，一位教师即将参加班主任基本功比赛，赛前校长以"认真准备，沉着应答。祝成功！"的短消息给予鼓励，教师也即刻有了回复："谢谢校长。我一定尽力。"

短消息，让校长与教师的沟通更加自由、更加便捷、更加顺畅、更加和谐。通过"短消息"传递，对方会觉得分外亲切，容易接受。用手机"短消息"来沟通彼此，可以尽情、尽兴、尽意。

## 二、因势利导，无言关心

铃——中午自修课的铃声响了起来。校长照例精神抖擞地向教室方向走去。按照学校规定，上自修课的教师可以不讲课，但须在教室内维持班级的秩序、督促学生自修作业。随着铃声响起，校园顿时安静下来。校长微笑地在教学走廊走着看着。转到三楼，嘻嘻哈哈的声音传了过来。当走近教室门口时，笑声顿时消失。校长看见，教室里没有教师，校长心头的火便冒了上来：是谁？这么不负责任！但转念一想：教师可能有重要事情。校长打开手机备忘录，一查：哦，是黄老师。校长记得，黄老师有两个孩子，小儿子两岁，丈夫又在外地工作，每天中午她都要回家帮助婆婆照看孩子。可能今天有事情耽搁了。想到这里，校长就走进了教室，微笑地对大家说："老师马上过来了。大家要注意自修纪律。"同时，校长给黄老师发了一则信息："黄老师：今天3班的午自修轮到你了，有什么情况吗？如果有事，我先给你照看着。"在校长的关注下，教室里安静下来。五分钟后，黄老师出现在教室门口，很尴尬的样子。校长大大方方地迎了上去，面带微笑："你班的学生很乖的。你辛苦了。"校长走了，教室里一切正常。事后，校长收到了黄老师的信息："今天中午我迟到了，不好意思了，谢谢校长。"

学校管理应追求制度与人性化的和谐统一。在管理过程中，常常会遇到一些尴尬的情况，那就是教师偶尔迟到等等特殊情况，虽然事情不大，但若任其发展，学校教师很可能会纪律松散，但如果一针见血地立刻指出来，往往显得死板严肃。而这时通过一个短信的发送提醒，效果可能会更佳。上述案例中，校长巧妙地以信息提示黄老师，又以自己亲自在教室看护的举动，表达对黄老师的关心，"此时无声胜有声！"校长的轻轻点拨、无声的提醒，会使校长和教师的彼此心理趋于和谐，会使教师对校长产生特殊的信任与感激。

## 三、理情交融，默默去提示

学校的管理主要是人的管理。在管理工作中产生一些矛盾在所难免，高明的管理者常常采用促膝谈心的方式将问题及时化解。然而由于面对面的交流，一些问题往往难以直接启齿，不能直截了当地提出来。如果管理者在管理中适时辅以短信，默默去提醒，可能会有意外的收获。如，期末考试阶段教师要处理的事务往往较"乱"，监考阅卷及学生管理等，事情多、任务重。考务会开过了，但部分教师可能不上心，致使工作落实不到位。怎么办？学校教务处随时以短消息的形式"温馨提示"："今天期末考试进入第二天，又要考前看课辅导又要监考；今天片内两学科教师又来我校进行网上阅卷。请教师注意看课程表、监考的时间，做到按时到位。谢谢！""王老师，你好！明天早晨轮到你考前辅导，时间是 7：15—8：15。谢谢合作！""提示：考试阶段班级管理十分重要。请值班教师检查考前辅导时教师到位情况，并做好记录。谢谢！"这样的短消息，使平时懒散的教师再也不会以"忘记了"为借口而迟到，保证了班级的管理秩序和考试的正常进行。又如，外校一教师在教育过程中，和学生发生纠纷，闹得沸沸扬扬。校长听到消息后，郑重其事地给教师们发了短消息："温馨提示：在教育教学中，我们教师要遵守规定、要严格自励——要耐心细致，切忌简单粗暴；要杜绝罚抄单词、课文等现象；严禁体罚和变相体罚。既要教育好学生，又要保护了自己。谢谢您的辛劳！"这个信息，既对全体教师提出了要求，实施了警戒教育，又避免了和相关教师直接言语交流的尴尬；否则，校长好心好意去关照呵护教师，反而会讨个没趣，或吃个闭门羹，不利于学校的和谐管理。

"短消息"是无声的提示，它可以讲清道理，可以融入感情；它可以使阅读信息的教师受到一种"无声"的感染。

## 四、方便快捷，激情去传递

短信息方便快捷，不必凭借教师会的召开，不必依托广播喇叭的声音，不必靠着主体人员的辛勤；它会把校园里发生的事情传播出去，会把教师关注的信息传递到位，从而建立起完整的沟通体系，营造了良好的氛围；"广而告之，"解决了管理过程中的问题，加强教师之间的信任默契，又可以提升学校的知名度，激发教师的职业幸福感，使学校管理更加和谐。

手机短信息能传递信息，能表达情感，能参与校本管理。在校本管理必须以人为本的情势下，短信息展示了其恰到好处、因势利导、情理交融、方便快捷等诸多优点，达到了以情感人、以理服人、以德治人的目标，这样必将增添校本管理的无穷魅力，收获教师管理的别样的累累果实。

（本文发表于 2017 年 9 月《苏州教育研究与实践》）

# 教师管理中的"模糊"艺术

随着细节化管理的实践，教师管理制度有了很大的变化。应该看到，教师管理与工人管理有着本质的区别，教师管理不能仅仅重视眼前的绩效，应该更多地关注教师与学生的共同发展与成长。教师发展的许多要素是无法细化和量化的。因此，对于教师的管理，不应该单单量化考核，也应该更好地运用"模糊"管理的艺术，使管理更好地适应教师工作的性质、特点，更好地发挥教师的积极性和创造性，促使管理和谐有效。本文以下内容对此问题展开探究。

## 一、"模糊"地看待教师的教学工作

学校常规管理主要表现在出勤、备课、上课、作业批改、课后辅导、教研活动、教学成绩考核等方面。评价教师的教学工作，既要有规范化的标准，更要在适当规范的基础上"模糊"一点儿，要给予教师较大的弹性空间和自由发挥。因为教师的工作有一个创造性的特点，有不可量化的因素。如对教师的备课和批改作业提出量化、规范化的要求，这是恰当的。但如果过分细化量化，往往使教师觉得受到了控制和监督，使教师不能专心研究教育，不利于教学个性化的发展，不利于教学创造性的发挥。更何况，教师备课的质量、精心思考的一个教学设计、充满激励的教学诱导等，都是无法明确量化的。

在教学工作的诸多因素中，教学成绩也要模糊地看待。由于受考试内容、方式及学生发挥情况等因素的影响，学生的考试成绩并不一定能全面、真实地反映每一位教师的教学水平，更不能作为评价教师教学质量的唯一标准，有些教师靠加班拼磨学生时间来提高成绩，有些教师靠对学生的"凶""吓"和严厉的惩罚来提高成绩，这样做引起了其他任课教师的反感，也加重了学生的负担，这与素质教育的实施、教学行为的规范背道而驰。评价一个教师的教学质量，要看教师的综合素养，它包括教学基本功、思想、方法、效率等多项因素。体现在日常教学中，它具体表现为：师德素养是否高尚、责任感是否强烈、教学目标是否明确、教学设计是否合理、学生是否主动合作探究有创新、教师对课堂教学是否起到有效调控、考查方案的设计是否科学、学生和社会的反馈等。若学校管理者把视线只聚焦在学生的考试成绩上，以一好遮百丑，以学生的考试成绩来作为评判教师工作的唯一标准，这是有失偏颇的。"模糊"地看待教师的教学质量，我们也许会更容易发现教师身上的"闪光点"。

## 二、"模糊"地看待教师的不足

古人云："金无足赤，人无完人。"即使再优秀的人，也总有不足的地方，教师也同样如此。学校管理者在接受教师的优点的同时，也要有胸怀接受他们的不足。不要抓住教师身上的缺点不放，而应该抱着宽容理解之心，要看到并放大教师的长处，给他们一个发挥才能的机会，有效纳入积极向上的队伍之中。要多与教师沟通，了解他们的性格特点和不足之处，努力安排一个合适的工作岗位，力求在教学工作中扬其长避其短，努力"裨补缺漏"。如一教师的特点是好胜要强，学校可安排一个既充满竞争又须付出较大努力的岗位给他，满足其好胜要强的性格，将不利面化为有利面等。

在工作落实管理中，管理者要针对教师的不足，采取模糊批评的方法。针对教师的某一问题，用严厉而诚恳的方式提出，用模糊而灵活的语言提醒，并且对事不对人，只批评现象不直接点名。这样，既能保护教师的自尊心，又能纠正教师的问题，避免揪住不放、伤害感情的事情发生。

"模糊"看待教师的不足，模糊批评教师的缺点，定能使之"困于心，衡于虑，而后作。""模糊"的目的是使之反省反思，自觉改正，它和纵容包庇是截然不同的。如果学校管理者不能"模糊"对待教师的不足，甚至将其扩大化，就可能导致那些有不足之处的教师因得不到有效指导而丧失进取心，甚至产生逆反心理。

## 三、模糊地协调教师之间的关系

学校教师的特点是结构较复杂的管理对象，即使在教育目标一致的前提下能够形成一体，但在一些细节问题上还可能出现裂缝和摩擦。学校管理者要善于使用模糊艺术，对一些不涉及大是大非的问题，运用模糊语言进行表述，往往可以淡化矛盾，避免激化矛盾，有助于形成较为融洽的氛围。如果学校领导对教师之间的什么事都要弄个水落石出，说个"你对他错"，搞不好就会出现人人自危的局面，不利于学校的安定团结。在领导和教师之间的关系上，也要模糊地处理。两者之间是平等的关系，是相互信赖的朋友关系，而不是泾渭分明、相距甚远的对立关系，更不是一个在天一个在地。在日常交往和工作安排中，领导要善于同教师"打成一片"，要以诚相待，多商讨、多研究、多合作。

在当前的教育中应适当存在着大量的模糊特征。"大事清楚，小事糊涂"，应该成为学校领导者的格局。即对于不影响大局的事情，不要急于去解释或弄个真相大白，待实践去证明为好。"水至清则无鱼，人至察则无徒"，应成为学校领导者的行为戒律。即在处理人际关系时，对涉及政策、原则问题的大事要弄清楚，而对无关大局的小事则应"糊涂"。这样才能与教师和睦相处，才能深层次地挖掘其潜能，提高其工作效率，从而团结更多的人。

## 四、"模糊"地表明管理的"无能""无耐"

在学校管理工作中，许多校长都擅长管理，校长能发现许多新问题，能创造许多新点子。但是，当一所学校的制度、措施、办法都属于校长"专用"时，这所学校的管理往往变成校长的一言堂和独断专行，全体老师都在为校长服务、为校长做事，校长成了高高在上、无所不能的"圣人"。笔者以为，这是对校长"领导"的误解，不利于调动老师的积极性，也难以达成管理的和谐。

因此，学校管理者要放下架子，在管理上更要大智若愚、集思广益、博采众长，要"模糊"地表明管理的"无奈"。例如：一位校长在制订相关制度和管理策略时，除了自己思考琢磨外，总是召集一线教师，对他们说：一个人的看法有局限性，我也比较迟钝，请你们帮忙想想办法。校长的这番谦虚之言激励大家用心去思考，开启集体的智慧。即使有些事情校长已经"胸有成竹"，也要先说"想不到"，让相关人员拿出主意来。这样，既体现了校长对下属的尊重，又可能发掘出更好的方案，使这个由教师商议出来的方案在教师中能顺利推行。适时表明管理的"无能"，诱导教师自己想出学校管理的"灵丹妙药"，能充分尊重每个教师对学校工作提出批评和建议的权利，教师会感觉自己有职有权也有义务要遵循这个管理规定。管理者的适时的"无能"，赢得了管理的顺畅。

总之，教师的"模糊"管理是一门艺术。"模糊"也不是无原则的迁就，不是无标准的评价。它是在量化基础上的模糊，是和量化管理和谐统一的。它需要有"刚"的一面，这就是约束；同时也需要有"柔"的一面，这就是激励。二者相辅相成，缺一不可。学校管理者只有明白管理之道，才能营造相对宽松教育的教学环境，激励教师的创新精神，使教师在轻松的氛围中接受管理、参与管理，也使学校的民主管理生机勃勃，充满活力。

（本文发表于 2012 年第 2 期《师资建设》）

# 浅谈与教师交流沟通的有效方式

著名组织管理学家巴纳德认为："沟通是一个把组织的成员联系在一起，以实现共同目标的手段。"善于与教师沟通的校长才能让教师内众志成城。面对学校管理中出现的问题，管理者该如何与教师沟通？笔者在教师管理的思考实践中，认为以下三种方式值得尝试。

## 一、发送短信——不见面的沟通

事实证明，短消息能够架起沟通的桥梁。校长的短消息，能够让校园工作更加人性化并且充满温馨；能够让教师的快乐加倍、烦恼减半，能够避免面对面交流的尴尬，短信沟通有利于双方冷静客观地分析问题，对解决问题大有益处。短消息，让校长与教师的沟通更加自由、更加方便、更加顺畅、更加和谐。有时，同样一个道理，通过短消息传递，会让人觉得分外亲切，使人更容易接受。

由此，在学校管理中，在安慰、鼓励教师时，校长不妨用手机短消息来加强沟通，来个"不见面的交流"。

## 二、家访教师——温馨的沟通

笔者听说有一位校长，总是利用双休日、节假日，到教师家里走访。对此，笔者深有感慨。虽说管理制度是学校发展的基础，严格管理必不可少，但要把教育理念、教育理想内化为教师的自觉行动，就需要校长的"用心"。而校长家访教师，就是校长"用心"的表现，能够有效激起教师工作的积极性。更何况，校长家访教师，有利于校长与教师在积极和谐的氛围中相互理解、相互包容、相互接纳，从而促进学校工作的顺利推进。

校长走进教师的家，喝一杯热茶，听一听教师的需求、困惑，以及对学校发展的意见和建议，这样的"听"，来得真切而自然。由于教师是在自己家里，因而和校长聊起来很轻松，比在办公室随意多了，距离能够被缩短，感情可因此增进，双方能够以坦诚的态度交换意见，以心换心，能够获得最大程度的交流和沟通。

校长家访教师，是对教师的尊重。看到校长登门拜访，谈谈话、说说事，教师往往会认同校长的这份心意。看到校长这样平易近人，在领悟校长的坦诚相待、感受校长嘘校长家访教师，在直接面对教师家属的同时，能够"广而告之"教师的荣誉及其突出表现，校长能够更深入地了解教师的家庭情况，以更好地为教师排忧解难，鼓舞教师奋发向上。一位青年教师在教学评优课中获得了市一等奖，校长除大力奖励外，又到他家中报喜祝贺。他的家人感慨万千，他的邻居非常羡慕。后来，这位教师不负众望，工作更加出色，很快成长为有较高知名度的教学骨干。

事实上，当校长走进教师家里，谈一些在学校中很少提到的生活中的话题，校长就可能了解教师真正的心声，使教师得到更多的尊重，使校长和教师的关系更加和谐、亲近。从某种程度上说，校长在走进教师家里的同时，也走进了教师的心里。

## 三、"商量着"——可接受性的沟通

曾经和一位资深教研员促膝交谈，他告诉笔者，评议教师的课堂教学，不能只说美中不足，也不能一味地批评指责，而应"商量着"评议："这个拓展的环节是否必需？""能不能简化点儿？""这部分内容的教学，换一种方法，你看可不可以？"……这种"商量着"的评议，既照顾了上课老师的面子，易于为开课老师所接受，又能引导老师开阔思维、注重反思。笔者认为，这个"商量着"的做法值得发扬光大。

听课评议是"商量着"的，与教师交流沟通又何尝不是"商量着"的呢？

校长要实施有效的管理，就要获取校内信息，了解教师状况。而"商量着"的做法，能了解教师的所思所想，了解教师的关注点和对学校发展的期待，等等。"商量着"管理，把"冷冰冰"的管理化转化为富有人情味的交流，能营造出一种民主宽松的环境，使管理和谐。例如校长看到教师在上班时间打电脑游戏，如果商量着提出要求："现在玩游戏不好。能不能换个时间换个地点再玩呢？"校长笑眯眯的话语，既照顾了教师的心理，又提出了要求，说话比较客气得体，往往能使教师不好意思地关闭游戏，接受校长的要求建议，达到心理相容、一气贯通的管理效果。

"商量着"管理，还能有效激发学校干部和教师的工作积极性，有利于教师在工作中发扬主人翁精神，参与到学校管理的各项工作之中。如在有关专门性会议上或教师个别谈话中，针对某种教育现象或问题，校长在做出某项决策之前，可以"商量着"管理——请大家帮忙议一议、想一想："怎样看待某种现象？""怎样化解这种问题或矛盾？""能不能想出一些好办法好点子？"校长的这番"商量着"管理，能够激发教师积极思考，而且通过商量问询、征求意见，校长的意图已经转变为大家的意图，克服了领导同教师可能存在分歧的现象，从而快速疏通管理障碍，充分理清矛盾问题，有效推进教育管理的顺利进行。这种"商量着"管理，使管理行为更全面，极大增强了措施做法的可接受性，能够取得双赢的良好效果。

总之，短信、家访是学校管理者对教师的尊重。教师是有思想、有感情、有独立人格的人。在实行人本化管理的今天，学校领导不妨采取多种多样的方式，积极做好交流沟通工作，有效促进学校管理的和谐发展。

（本文发表于 2013 年《江西教育》）

# 新教师培养中的几个"不急于"

教师是学校发展的原动力，教师的发展决定着学校发展，所以对教师的培训尤为重要，尤其是对新教师的培养。那么，如何积极地为新教师设置培训发展区，促使教师们可持续地发展呢？笔者以为，下面几个"不急于"做法值得思考关注。

## 一、不急于结对同行，可以"错位"拜师

新学期开始了，学校又招聘了几位新老师。按照惯例，学校要为新老师举行一个拜师仪式。在选定师父时，教务主任别出心裁地给新老师"拉郎配"：让任教初一的新老师拜初二老师为师，让任教初二的新老师去拜初三老师甚至初一老师为师。师徒结对会议上，几个师父直嘀咕："是否结对搞混了？"教务主任微笑着解释："就这样吧，一样的。"笔者身在其中，想想也有点儿道理。

大多数学校的师徒结对，领导总是安排同年级教师结对，这可能是为了使新教师能更快熟悉教学，但从实际效果看，这样的结对指导要打个折扣。师父和徒弟在同一个战场里，处于同一年级学科教学的风口浪尖，同年级平行班竞争，师父出于面子的缘故，总想比徒弟高出一点儿，甚至高出一截儿，于是在课文设计、重点把握、练习布置等方面，师父有时会"留一手""藏藏掖掖"，而不是毫无保留地传授。笔者听说一位资深教师指导同年级同学科的新教师，共同探讨一些"陈题旧题"，而对精编重点问题采取"闭关自守"政策，单独享有，从某种程度上说，师徒两人不是真正的资源共享、真诚合作。考试成绩揭晓，师父班级要比徒弟班级高很多。学校要对平行班考核竞争，师父要有面上的光彩。同行是"冤家"，同级同行更是"冤家"。这样就导致了同行同级的结对，效果可能不大理想。而"错位"拜师，徒弟可拜与自己不在同一年级任教的老师为师，就可以避免这样的尴尬。尽管年级教材不同，但师父没有"面子"的压力，没有同行竞争

的负担，指导起来更顺手，会毫无保留地传授知识，这样徒弟能学到师父真正的本领。有时可以让不同学科的新老教师相互交流学习，展开讨论会，因为课堂教学原理相同，教技本领相通，学科知识又相互渗透沟通，新教师也可以从中学到教育教学的真经。

## 二、不急于勇挑重担，可以稳扎稳打

对于新教师上岗，一些学校领导信奉"新教师就要压一压"的教条，在安排课务和分配工作时，总是让新教师挑重担，比如两个班级语文（或数学、英语）教学再加班主任工作，三个班级的物理（化学）教学等。在这样的重压之下，新教师忙得团团转、忙得没有目标方向。而领导却说："越忙越好，越忙越有成效……"。起初笔者对这种现象不置可否，认为新教师是应该"压压担子"的，但后来一所学校的"别样"管理，开拓了笔者全新的思路。

这所学校在学期初新招了一位化学老师。新教师入职，课务繁重，新老师应该至少上两个班级的化学。但学校里安排给新老师的任务却是一个班级化学教学和一点儿额外教学，而给原有的化学老师都是2—3个班级化学教学。为什么新老师只教一个班？为什么不让他顶起3个班级的担子呢？请教询问后，才了解了事情原委。新老师刚走上教学岗位，尽管本科毕业，知识充足，但对于一线的实际教育教学还有一个适应的过程。他们对于学科知识的教和学，不一定马上对教学内容了如指掌；对于教学重点难点和教学方法，不一定马上切中肯綮；对于教学过程中的辅导、督促、提示和给学生各种问题的解惑，不一定马上稳当妥帖。换句话说，新老师经验还欠丰富，教学还需历练。在这样的情况之下，让新老师教学担子暂时轻松点儿，可以使他有更多的精力去研究教材、去研究学生、去研究课堂，可以使他更有时间去听课、去学习、去借鉴。这所学校还给新老师一个硬性任务——每周务必听课达3节以上，每周要写听课心得。笔者以为，这个听课任务可能不算轻松。不说听课量，就是听课后的反思消化更值得玩味。

据该校领导介绍，新老师上一个班级，就是让他多听课、多反思、多研究、多积累，目的是期待新老师——知识通晓点儿、经验积累点儿、管理成熟点儿，期待他在学科教学上稳扎稳打。应该说，新入职老师的成熟，不是一蹴而就的，而是一个积累、逐步提高的过程。通过这样的上岗磨练，就能使新老师很好地脱掉"暂时"，及时地转入教学正轨，勇挑重担，有效地充当教学"急先锋"。实践证明，先让新老师稳扎稳打、而后"扩大战果"，这个办法行得通。

## 三、不急于论文科研，可以积累反思

一位资深校长在校长论坛上发言，阐述了新教师培养中的几个经验。他说，对新教师学校里不要急于让他们写教育教学论文，不要急于给他们科研论文的任务。新教师在参加工作的头两年时间里，要耐着性子，多多记录课堂的点点滴滴，多多写下心得体会，反思教学的过程。

论文是思考的积累，是教育教学经验的总结。科研应该着眼学生、着眼课堂、着眼教育教学实际。科研的重点应定位教师亲身经历的大量教育教学实践基础上的反思和提升。新老师刚刚走上工作岗位，在课堂管理、学生教育等方面缺乏经验。在这个时候，让他去研究课题、撰写论文，就可能是勉为其难。没有从事过教育教学一线的科研，可能类似无源之水；没有联系实际的论文，可能毫无价值。

一位名人说过："实践＋反思＝成功"。新老师要沉浸于实践之中，要对实践中的问题现象多多分析思考。上完课后，要记下自己的成功体会，记下自己的遗憾疏漏，更要记下自己的"失败"教训。日积月累，就是一笔十分宝贵的精神财富。两三年之后，课堂逐步稳固，教学趋于成熟，何愁还写不出有价值的教学论文呢？

新教师只要做一个有心人，炼就火眼金睛，那么自己教育教学中的种种现象都会迎刃而解。例如，如何避免学生抄作业的现象，如何搞好学生不沉迷网络游戏的教育问题，如何有效地抓实课堂效益，等等。想一想、记一记、研一研，就能不断地解决教育教学中的实际困惑，就能为今后的写论文和搞科研积累大量丰富的第一手资料。"问渠哪得清如许，为有源头活水来"。夯实积累，不断反思，在这之后再来进行课题研究，就能走上专业发展的快速道路。

总之，在新老师的培养中，学校不要急于"赶鸭子上架"，而要以长远的眼光去思考，以发展的策略去实施，使教师在研究、反思、积累的基础上，朝着目标踏实认真地行动，可持续地勇往直前！

（本文发表于 2016 年《江西教育》）

# 用鼓励把新教师拉出"困境"

每年暑假期间，许多学校都会招聘新教师，为学校的发展注入新鲜血液。新教师在开始教学生涯的时候，都会有满腔的热情，但在教学业务上还相当生疏，在教学技能上还存在着许多不足，工作中难免有这样或那样的问题和困难。如何引导新教师走出"困境"，是当下学校管理者必须要考虑的问题。下面这则案例，或许可以给我们启示。

【案例】

一所学校正在举行课堂教学评估活动，开课的是一位暑期刚走上工作岗位的新教师，领导们都去听课。说实话，这位新教师上的课真的令人昏昏欲睡。且不说课堂教学死板，环境气氛沉闷，单单是歪扭潦草的粉笔字，就令人眉头大皱。

下课了，校长沉思着：如何评判这位新老师的课堂教学呢？她是一位刚上岗两个月的新教师，"革命"征途才刚刚起步，如果以挑剔的眼光来看待，以严格的标准来要求，把她的课批得一文不值，将极大挫伤她的积极性，彻底湮灭了她向上的热情，可能使她从此偃旗息鼓，一蹶不振。怎么办呢？校长犯起了愁。

忽然，校长回想起自己当初刚走上工作岗位的老校长来听课的情形。看到老校长端坐在教室后面，他紧张极了，胡乱地讲了一通，自己准备好的重点环节也全忘了。下课了，本以为会被"刮鼻子"，没想到换来的是校长"还可以"的评价，抚慰了他忐忑不安的心。不知那时老校长是出于关爱他，还是自己的课真的属于"还可以"，但就是这个"还可以"的评价，使自己看到了希望，激发了他努力上进的信心，引领他在教学岗位上站稳脚跟、崭露头角。想到这里，校长嘴角边露出了一丝微笑。于是，校长在教研会上挖掘了这位新老师教学中的闪光点，也适当地指出她的一两个关键点的失误。听着评议，这位新教师的眉宇松开了，紧张的神情也缓和了。会后，校长还和这位新教师单独交流探讨了这堂课的教学。

如何引导在教学中受挫折的青年教师，并激发他们上进心呢？是声嘶力竭的批评教育，是依章依本的处罚惩戒，还是将心比心的引导关心？以上案例可以给我们以深深的启示。现在的青年教师，在逆境中容易消极颓废、一蹶不振，因此，笔者以为，如果，一开始就让新教师经历风浪、困苦，可能会给他们带来惶恐不安的心理阴影，对学校、对工作、对生活失去信心，这对他们的成长来说不是最好的办法。而让青年教师尝到成功，哪怕是点滴的成功，也会激发他们从教的积极性和自我发展的内在驱动力。

（本文发表于 2007 年 7 月《中国教育报》）

# 有效的教师培训方式探析

在教师培训工作中，如何为教师提供一个能在实践中学习、研究、反思的平台，使培训与教师所从事的教学工作紧密相连，使培训有效促进教师的专业发展呢？笔者认为，教师培训既要关注全校教师整体素质提升，又要注重教师个体突破。学校要根据教师岗位特点，采取灵活多样的培训方式，做到既有层次性，又有针对性，既有统一性，又有灵活性，努力为学校教育教学活动水准的提升和教师专业水平的提高奠定良好的基础。

## 1. 常规性培训，关注教师的整体性

常规性培训是依据自己学校的特点，总结传承本校的优势及经验，结合常规的教学管理要求，以及不同阶段中教师的教学需求，"实实在在"地帮助教师明确实际操作的抓手，明确教育教学的基本要点。这一层面的培训主要关注教师整体素质的提高，促进常规性要求的落实。

在常规培训中，我们关注教师进入课堂的常规要求（比如上课关闭手机、实行候课制度等），关注课前预设和课堂生成的相互关系，关注教学的五个认真（认真备课、认真上课、认真批改作业、认真组织考试、认真辅导学生）的具体要求，等等。组织教师"一知二用三落实"，使教学常规在教师的工作实践中得到扎实的体现。我们还根据各教研组特点，挖掘教研组的教研力量，开展有针对性的学科专业知识和教育教学方法的培训，有助于教师对教材教法的把握。

在常规培训中，我们还要求教师制订学期工作目标，比如一学期开设几节公开课，撰写几篇教研文章，在课堂教学上力求在哪些方面有所突破等，让教师对照目标要求，行动有方向，让目标引领教师的教学研究和实践。

## 2. 跟踪式培训，关注教师的发展性

跟踪式培训中的跟踪对象是具有"可塑性"的青年教师。对这部分教师我们采取的方法是"锁定目标，强化训练"。例如，学校青年教师王老师，刚进校时，是学校年龄最小的教师。领导第一次听她的上岗课时，明显感觉到她教学时的语速较快，学

生不适应；课堂教学设计抓不住重点。为此，我们为她聘请了师父，由领导和她的师父一起针对课堂教学给她开出了一份"跟踪菜单"：每周商议一份精品教案、每周互听互评一节课、每学期合作一节汇报课。一个学期下来，王老师的课堂教学能够做到语速抑扬顿挫、教学设计突出重点，课堂教学取得了大进步。跟踪策略在其他老师身上也产生了可喜的效果。

在培训中，我们要求教师每一学期实事求是地剖析自己的问题，从教育教学实践中寻找自己与优秀教师的差距。学期末再来衡量这些不足之处，看看自己在这些方面有没有提高、提高了多少，以发展的眼光看待自己的进步。在教师中进行有目标的"跟踪式"培训，推动教师个人的成长，激活整个教师群体的工作氛围，促使师资力量呈阶梯式可持续发展状态。

## 3. 结对式培训，关注教师的互助性

"赢得青年教师就赢得未来"。对青年教师的培养，我们主要通过"良师益友"结对的形式来进行，要求师父从基本功、课堂教学和教育科研三个方面进行结对式培训，学年结束对青年教师进行综合评价。为避免师徒教学竞争的尴尬，我们采取"错位"拜师的方法。徒弟可拜与自己不在同一年级任教的教师为师。这样拜师，师父没有"面子"的压力，没有同年级竞争的负担，指导起来更顺手、更随机，会毫无保留地传授知识和教技，徒弟也能学到师父真正的本领。

在实践中，我们体会到结对式培训并不是单向的，而是双向的。资深教师教学经验丰富、实践阅历广泛、教材驾驭能力较强。结对式培训能使青年教师更快入门。同时，青年教师有着活跃的思想，精力充沛，不受传统教学观念的束缚，敢说敢做。这在某种程度上也会促进资深教师对自己的教学经验进行反思。何况，青年教师接受新知识快，电脑运用熟练，他们上网搜集资料效率高、课件制作精美，这在较大程度上有效影响和促进老教师掌握现代教学手段的能力。因此，结对式培训能促进各个层面的教师共同提高。

## 4. 专题式培训，关注教师的需求性

专题式培训即是以专题的形式开展的教师培训。我们的做法是：明确主题、骨干先行、广泛互动、专家点评，力争做到一题一解。如在新课改之初，我们精选新课程改革的文章，在每周的教师业务学习会上，组织大家研读、探索、谈心，为教师提供比较前沿的理论支撑；组织教师看光盘、听讲座、观课例、析个案，拓展多种渠道，让教师们接收最前沿的教改信息，促进教师教育观念的转变，为实施新课程提供了思

想准备。

专题式培训，可以邀请专家来学校内做专题讲座；可以让专家和教师围绕共同的话题展开探讨，实现思想启迪和智慧碰撞；可以让校内教师开展沙龙论坛活动，激发教师的潜能和智慧。为使培训教师有更深入的思考，有更深厚的收获，我们往往把课堂教学作为其中的一个切入口，"因材施教"，进行专题培训。每次培训确定一个重点，如课堂教学怎样高效地课前导入、怎样引导学生自主学习、怎样进行课堂教学反思、怎样设计课堂提问等。这样的培训，可操作性强，更能激发教师的共鸣，能够更好地提高教师的课堂教学能力。

## 5. 课题式培训，关注教师的拓展性

课题式教师培训旨在通过对科研课题的研究，突破教师在教学过程中遇到的难题，使教学理论和教学实践在紧密结合的基础上有所突破，促进教师在教学领域有所发现、有所创造、有所进步，成长为与时俱进的、持续发展的教师。研究课题产生于教学实践，活动方式以课题研究小组为主。例如针对"探究性学习"课题的师资培训，课题组教师多次外出学习，聆听了专家学者的专题报告，观摩了外地学校探究性学习示范课例，尝试了校内探究性教学的模式，有效引领和推动了学校教师新课程实施的热情，提高了新课程的教学水平。

在课题式教师培训中，我们是在学校总课题下，设计若干个子课题，要求教师在日常教学中边实践边研究。这样做，既是课题研究，又是扎实培训，使教师行动有目标，针对性强。课题式教师培训，充分反映了在实践中研究、在研究中成长的积极状态；能够引领教师深入研究反思，帮助教师对专业知识做理性的思考和价值的提升，有效提高教师的理论素养。

实践证明，学习无处不在，培训也无处不在。多样化的培训方式，能够促使教师的培训要求落实在教育教学实际工作之中，有效地整合本校的培训资源，充分调动教师专业化发展的内驱力，促使校本培训工作取得最佳的效果。

（本文发表于 2008 年 9 月《中国教师报》）

# 助力、引路、历练、切脉

## ——引导青年教师发展成长的案例研究

"教师兴则学校兴；教师强则学校强"。教师的专业发展将直接影响着学校的可持续发展。如何促进教师的专业发展，是学校管理者需要思考的重要课题。我们认为，在教师的专业发展过程中，助力、引路、历练、切脉这四个要素的运作，能够为教师的成长铺路搭桥，促使青年教师在适当的风雨磨难中逐渐崭露头角。

## 一、读书研修培训，为起航助力

【案例】

傍晚五点半，学校会议室里仍然灯火通明。大红色的横幅上，"'镜湖研修'读书会"几个大字，十分醒目。老师们你一言我一语，发言热烈；有的低头沉思，笔走如飞。原来，今天是新学期第一期"镜湖研修"读书会活动。分管科研的陈校长正在与大家分享著名特级教师薛法根校长撰写的文章《寻找教师的成长密码》。新学期、新起点、新征程，每位老师都有自己"成长"的空间。薛校长在文中提出的以促进教师成长来带动学校发展的观点和富有个性特色的做法，赢得了读书会成员的阵阵掌声。同样作为读书会成员的金校长对大家意味深长地说："读了这篇文章，大家反响热烈，很好！我们就是要做一个爱读书的教书人，做一个会读书的教育者。针对专家提出的做法，我们要去反思——我做了什么，我想做什么，我会做什么。我们要反思自己的教学实践，总结一些经验，寻找提升空间。坚持下去，就能解开属于你的'成长密码'！"

【思考】

教师在教学过程中会遇见不同类型的问题，而同时，工作也会给教师带来诸多的压力。久而久之，教师教学工作难免懈怠，这就需要学校帮助教师找回归属感。这时，学校就需要积极开展读书活动，开展研修培训。案例中的学校组织"镜湖研修"读书会，就是让教师在读书中汲取营养，增加能量。

学校读书会的组织，站位要高一些，要制订好读理论著作的计划，为教师架起阅读框架，为教师长期阅读布局，以推动教师的阅读工程。教师阅读能力提高了，理论素养也就慢慢提升了，教学实践也就有了根基，读书与日常的教学就能紧密结合起来。要定期组织活动，积极交流读书心得，做好激励、评定等工作，使读书成为学校生活的主旋律、教师课余生活的必备。读书学习培训搞得好的学校，其教研氛围往往也十分浓厚。同时，读书研修组织要根据教学之需，适时开展培训。某校在课堂教学如何提质增效的议题下，邀请外校专家来校分享经验做法。专家从课堂目标、课前管理、课堂管理、课后管理等四个方面，交流了有益的思想观点，使参加培训的教师受到了启发。正是这样的读书研修"共同体"活动，为教师提供了一个很好的研修平台，使教师能够掌握有效工作的方式，使教师受到了理论和精神滋养。对教师来说，读书研修的"共同体"活动，能够帮助教师积累经验，帮助教师适应教育教学实际，为教师的踏步启航积极助力，奠定良好的理论基础。

## 二、师徒结对帮助，为成长引路

### 【案例】

办公室里，两位新上岗的语文教师：刘老师和张老师围在师父金老师的办公桌边。刚才两人进行了同题开课，现在正听取师父的指导。"刘老师，语文课就要扣住文本来点拨、来拓展，要上出语文味。你可以引导学生找出文段中的关键词语和重点句子，让学生来体会文句中的思想感情……"金老师左手捧着课本，右手比划着书上的句子；刘老师静静地听着，不时点点头。"张老师，你的教学设计是能够切合学情的，但是教学的启发性好像还不够。教学，就是教学生学，要引导学生思考，要给足学生想、问和讨论的时间和空间……"听着金老师的话语，张老师眨着眼睛问："金老师，那这里怎么启发学生思考呢？……"

### 【思考】

成长路上，教师既要自己摸索，更要旁人指点引路。青年教师在教育教学中，总有一些迷茫和不安。这时，学校里开展的"青蓝工程"师徒结对活动，就能很好地顺应这一情势。同处一所学校，相同的熟悉的教学环境，使得师父对徒弟的指点引路能够手把手、面对面。一般来说，师父工作经验丰富，洞悉教育教学流程，对校园文化建设和校内人情世故等情况较为熟悉，因而能在一定程度上帮助徒弟有效地减少焦虑、较快地适应教育教学工作。在教学方面，师父指点徒弟的内容往往有：教学的备课环节、课堂的教学设计、课堂的驾驭调节、学生的指导等等。因为师徒结对，师父走进徒弟课堂，可进行全方位的过程指导，在细节处落实整改，促使徒弟踏实提升；因为师徒结对，两人的研讨比较实在，显得亲切自然，哪怕师父说了严厉点儿的话，也不要紧；因为师徒结对，徒弟也进入师父课堂，在观摩学习中领悟原理、内化方法。也因为师徒结对，在工作中、在生活中师父常常关心呵护徒弟，徒弟也尊重师父，认真听从师父的教导。所以，面临徒弟一时发懵的现象，师父的提醒督促往往效果特别好。一女教师在新学期上班第一天穿着很随意，可能给学生"不好"的印象；而这位女教师性格又比较倔强，学校领导一时"干着急"着。后来，她的师父出面找她，顺势谈起穿着，女教师立刻改正。可以这样说，师徒结对，密切了师徒两人的关系，开辟了教师发展的引路途径。师父及时有效地指导与纠错，把徒弟引上了成长的阳光大道。

## 三、教研平台展示，为进步历练

【案例】

　　徐老师虽然上岗工作只有两年，但她频频在各类展示课、汇报课活动中亮相。学校里青年教师汇报课活动，她第一个报了名。区写作课例研讨活动，她也去上课露脸。她说："我的课堂教学有许多不成熟的地方。但正因为有欠缺，所以要多多通过展示来炼炼自己，也使教研大家'看到'我、批评我、指点我。"在师父的指导下，徐老师参加了区级语文名师工作室的活动，成为其中的一员；又在大市级的语文共同体活动中开了课，留下了活跃的身影。她见识了许多名师的课堂风采，也得到了八方名师的指点。久而久之，在低层次的、中层次的、高层次的教研活动中，忙着听课、忙着开课的徐老师既有着遗憾的甚至"灰溜溜"的现场曝光，也有着精彩的教学表现。但就是在这样的历练中，徐老师在课堂教学业务上逐步成熟起来。

【思考】

　　如何促进教师业务成长？我认为，要让青年教师多上课、多历练。徐老师频频在公开课活动中亮相，逐步成长，就是一个生动的例子。事实上，公开课是教师专业化发展的强而有力的支点。在上公开课、汇报课的过程中，磨课、试教、研讨、反思等环节，往往能让青年教师不论从理论上，还是从教育教学能力上都获得较大程度的进步。虽然公开课与日常教学有所不同，但对教学来说，公开课、汇报课是打破日常教学习惯做法的一个契机。公开课把教师从日常教学的习惯情境中拉到一个需要特别关注的特殊情境，在这种情境中，教师需要从日常教学的框架中走出来，要认真地钻研文本和关注学生，不得不推敲和研究教学设计，不得不接受别人的检阅和指指点点，不得不反思自己的教学行为。这样一来，教师的"研""磨""教"的功夫和能力自然而然地得到了提升，也在无形之中提高了课堂教学水平。一些学校组织的"骨干教师示范课""青年教师汇报课""课改观摩课"等公开课活动，实质就是尽力搭建一种教研平台，让教师多展示、多磨砺。有时这些公开课活动，由市区教研部门组织，许多名师和带头人参与其中，更给青年教师以学习发展的空间，使参与教师在看到外面世界的同时对照自己表现、既投入活动又学习反思。从这个角度上说，多展示教研平台，能有效历练教师，促进他们深入教学研究，从而有效推动教师的专业发展。

## 四、专业发展指导，为提升切脉

【案例】

办公室里的门上"教师发展指导中心"的子牌，虽然有点儿旧，但在灯光的映衬下也熠熠发亮。里面两组老师在热烈地讨论。其中角落里的一组只有两位老师，——一位年轻的王老师和一位年长的大胖国字脸老师。只见，年长老师语重心长地说："你现在的教学工作很认真。我从你的档案里了解到，你能在大市级基本功评比中获得二等奖，不错。你又获得了学科素养比赛区一等奖、市二等奖。又参加了学校有关"真善课堂"的课题研究。这说明，你很有实力，发展前途比较好。我希望你认真思考自己的教学工作，反思教学得失，把教学随笔和教学论文真正写出来。每学期好写1—2篇，要发表获奖。这样坚持下去，一年就有三四篇，两年就有五六篇。这样，你的业务成长就更加坚实，脚步踏得更稳……"

【思考】

青年教师都想发展，但如何发展，自身特点是什么，在发展过程中有什么缺陷，对这些问题，青年教师自己往往不甚清楚。当局者迷，旁观者清。在这种情况下，学校成立"青年教师发展中心"，邀请专家名师对每位老师把脉诊断、悉心指导。学校"教师发展中心"，为青年教师建立"成长档案袋"，教师的个人特长、性格特质、教育教学表现等，均要做详细的记录，专家名师在审看材料后出具一份综合评估报告，并指出该教师的努力方向，指明进步奋斗的目标。案例中，专家就要求王老师要多写教学论文，论文发表是个关键动作，这样教师的发展脚步会更加稳健。事实上，青年教师的发展是盲目的，往往找不到方向。一位教师喜欢写作，但专门写小说散文，疏忽教学忽略论文，投稿也石沉大海，使他灰心丧气。在专家的指点下，他在写散文的同时更加注重写教学叙事教学案例，这一改变，使他的名字屡屡见诸报刊，因此，他尝到了成功的喜悦，这也带动了他其他方面的进步。专家名师的切近的指导，使青年教师明确了目标，使青年教师获得了一种积极向上的动力，也内化为工作中的冲天干劲。有了这种动力和干劲，青年教师的业务发展与思想成熟也就指日可待。

总之，教师的专业发展，既是一种理念，又是一种行动；既是一个目标，也是一个过程。"路漫漫其修远兮。"学校要在"读书研修"上多营造氛围，在"师徒结对"上多夯实督促，在"教研平台"上多活动充实，在"发展指导"上多适切扎实，这样就能尽快缩短教师发展成长的"磨合期"，促使青年教师站稳脚跟、进而茁壮成长！

（本文发表于 2019 年 12 月《中学教学参考》）

# 教师自我发展成长"四追问"

第斯多惠说过："正像你不能把你没有的东西给别人一样，如果你自己没有发展、教育和培养好，你就不可能发展、教育和培养好别人。"名人的朴实的语言，就像一盏明灯，成为我们教师专业发展的航标。为此，教师就要规划好自己的专业发展，努力把自己培养好、发展好。如何谋求自我发展成长？笔者认为，要把握好四个"追问"。

## 一、聚焦点：有没有拟定目标路径

教师的专业发展是一个持续的、长期的积累过程，存在着发展的阶段性。因为时间长、过程久，所以，教师要清楚自己的情况、看清目标方向、弄清路径过程。教师想要发展，便全方位分析自身状况，更要摸清自己的长处和短处，要明白自己的特长和优势；要正确判断自身目前所处的发展状态，要了解自己的教学和班级管理存在的问题，在哪些方面需要强化。在弄清这些问题后，再明确自己的发展方向，确定发展的目标；根据自身特点和水平，制订成长规划。甲老师能说会写，科研写作比较突出，每年都有教学论文发表，但课堂教学显得乏力，也没有在市区级比赛中亮相。这位教师就应该多钻研教材，多打磨课堂，力争在公开课研讨课有所长进。乙老师担任班主任工作，管理既严格又有特色，学生和家长都信赖他。这位教师可以利用这个优势，专注班级管理才能有所发展，多分析学生心理，多组织德育活动，力争在班级管理成为骨干。根据自身因素进行自我分析，拟定发展目标路径，就能最大程度地找到最近发展区，实现最大化的发展。

在教师自身发展规划过程中，教师要善于借助外力，努力提高自身的教学能力。教师要选好成长导师，要靠近名师工作室，要走近学科教研员，让这些"大家"发现自己教学中存在的问题、提出改进建议，也让自己更加清楚自我发展的方向目标。通过名师的"把脉"指导，教师可以"缺什么补什么"，可以找准自己教育教学中的特色特长，可以更好地扬长避短。同时，名师的敬业精神，也可以激励教师不断完善自我、走向成功。

教师的自身发展，不能"脚踏西瓜皮"，滑到哪里算哪里，而要有明确的目标方向，有确定的路径过程。对准这个聚焦点，专业发展之路虽然艰难但充满阳光。

## 二、立足点：有没有把握课堂业务

教师要在教学中发展，立足点在哪里？我们认为，教师要教书育人，便离不开课堂教学。课堂是教师教学的阵地，教师要在课堂上显出本领来。一些教师虽有高学历和各种证书，有满腹经纶的才华，但讲课却结结巴巴，不善于表达讲解，学生听得云里雾里；还有一些教师以教为中心，课堂中只顾自己讲解，学生不听讲解不服管理，开小差，学习氛围一团糟。

站稳课堂，是教师发展的第一步。站稳课堂，让学生听其言信其道，让学生围绕学习内容自主探究，才能提升课堂教和学的效益。教师要切实提高课堂教学技艺，提升教学水平能力。要通过磨课、研课等方式，研究课堂教学过程，关注课堂教学细节，着力教学效度。一线教师要善于通过观摩名师课堂教学，展开课例研究，"拿来"、借鉴、内化；要聆听前辈不同的评课观点，思考不同的教学思路，以拓宽教学视野，丰厚教学素养；要提升自身研读教材的能力，善于思考，善于反思，悟出道理境界，探索寻找自己的有效教学思路和教学方法。一线教师要认真参与学科研讨活动，积极参加业务比赛，精心设计教学方案，用心组织课堂教学，在实践中不断提升课堂业务能力，促进自我成长。把握课堂业务的提升，是教师发展的立足点。

## 三、生长点：有没有认真读书交流

教师成长，固然要靠实践，更要靠读书。读书是开阔知识视野、丰厚知识根基的基础，更是寻求教育思想的捷径、寻求教育智慧的源头。很多教师自从毕业离开校园后就很少捧起书本阅读，尤其是否再学习书籍，教师胸中的专业知识像水分一样渐渐蒸发。这个时候急需补充、"加油"，方能抽枝催发新绿。经常读书，读专业的书籍，能使自己的专业知识和理论知识得到及时复苏和补充；同时，读书能提升自己的人文素养。书籍中的文史知识等能帮助教师丰厚自己的精神底蕴，也能在对照和比较中弥补自己的短板。教师就是教书育人的，教师读书，既能丰富知识扩展心胸，也能引领学生投入读书的氛围中。教师读书的姿态是很美很优雅的，教师读书，本身就是一种积极进取、沉浸科研的姿态。阅读得书籍越多，迸溅的思想火花就越多，对知识的掌握也越多，这在无形中激励着教师不断提升自我，也鼓舞着教师深入教海航船前行。

在教育实践中，有经验的教师就能把读书得来的知识、书中的内容同教育实践结合起来，生发出体会心得，将书中的内容变为现实的经验，转变成有价值的鲜活内容。在教育实践中，学校开展读书会活动，教师之间如能共同阅读、相互交流、研讨争论，能使教师把自己读过的书中的观点与他人分享，产生思想碰撞，激活自己的思维，提升自己的思辨能力。在读书中反刍理论知识，在读书中提高教学能力，在读书中交流研讨，这就是教师成长要把握好的生长点。

## 四、着力点：有没有坚持反思研究

著名教育家叶澜说："一个教师写一辈子教案难以成为名师，但如果写三年教学反思则有可能成为名师。"一位教师要想实现成长，教学之路必定不断地经历着"学习—实践—反思"的过程。

反思研究是对已知的认知和认识进一步敲打。教师在课前课后，均要进行自我反思。教师可以对自己的教学方法和过程以及对教学中的细节等问题进行总结，也可以对学生的学习状态、感受和效果进行反思。教师可以这样反思设问："这样的教学设计是否可行？""有没有更好的方法？""学生这样学习能否取得成效？""有没有启发学生的思维？""有没有更好的办法？"通过这样的反思，教学思路会更清晰、教学目标会更明晰、教学感受会更深刻。这样的反思，有别于重复的操作，是一种高层次的实践。反思研究是进一步发现，教师要对自己的教学情况进行反思，发现自己成功的因素，发现自己疏漏的地方，发现自己模糊不清的方面；要尝试着从以往的教学中发现不寻常的地方，寻找问题和困惑，探究有效的方法，获取有效的结果。

反思研究是一种远瞻。当教师能够睁开教育观察和教学反思的双眼时，课堂教学和实践探索就会出现"东方之光"，教师的专业发展也就悄然开始。抓好这个着力点，每堂课就有不一样的期待，教学之路也就充满着不尽的惊喜。

"罗马不是一天建成的"！教师的自我发展成长体现在过程之中。我想，目标路径，会引领教师发展的星空；课堂任务，会激发教师发展的动力；反思研究，会表达教师发展的内容；读书交流，会增长教师发展的智慧。因而，养成这"四个追问"的良好习惯，必将引领我们教师守望着这片多姿多彩的天地，开拓出"佳木秀而繁阴"的发展前景！

（本文发表于 2018 年《华人时刊 校长》）

# 综合实践活动中教师"引导"角色的实践与思考

近日，笔者参观一所课改先进校，聆听了该校综合实践活动的成果汇报交流。五名同学在教师的带领下完成了市旅游资源的调查，并在教师的指导下写了四千多字的结题报告，在展示会上宣读了论文。学生的结题报告写得头头有道，有课题提出、有访问过程、有调查成果、有分析与建议，内容有理有据、丰富翔实。但笔者总觉得缺少点儿什么。课后笔者追问学生："你们是怎么调查的呢？怎样开展活动的呢？花了多少时间呢？"他们面面相觑，其中一人答道："我们主要是搜集市内各旅游景点的资料。""那市内各个景点都走遍了吗？调查报告是你们写的吗？"他们不语。笔者愕然不已。

应该看到，随着新课改的深入推进，作为亮点之一的综合实践活动，确实能引导学生在实践活动中发现问题，探究新知，培养应用知识的能力和素养；能把学生带入一片自由翱翔的天空，去体验成功或失败的感受。但广大教师在指导操作中也存在着一些偏差，如选题大、假、空的多，微小、实在和切近的课题少；重视实践结果的多，注重活动过程的少；活动中教师包办的多，发挥学生自主性的少；指导中教师策划的多，参谋指点的少；评价中注重物化成果的多，关注情感的少；等等。正因为这样，使得综合实践活动产生了避实就虚的现象。

那么如何发挥好教师的"引导"角色，开展好综合实践活动，使得这一课改更有亮呢？笔者认为，教师"引导"角色的恰当正确与否，决定了综合实践活动开展的成效与质量。要达到"引导"角色的极致发挥，以下五个方面须思考研究、实践达成。

## 一、要把握选题，体现实际切近的要求

开设综合实践活动课程的目的是为了改变学生被动接受知识的学习方式，将学生置于一种主动探究并注重解决实际问题的学习状态。因此，我们不应把课程神秘化，不必追求课题的精、深、广、大。我认为综合实践活动的选题要符合因地制宜、实在切近的原则，要立足于本校、本地实际，要结合地域、环境特点，要合理选择，不能一概而论；要能真正让学生"实践"起来，体现可行性和可操作性。如"调查交通畅通"问题，可在城市学校进行，而"观察大自然"的活动则农村学校的条件比较充分；某些学校地处江南水乡，螃蟹特产闻名退迩，可以螃蟹为调查对象开展活动；某些学校位于竹林资源丰厚地区，学生可围绕竹子开展活动；有些学校依傍风景名胜区，学生可组织相关的旅游资源调查研究活动；如果学校是百年老校，人才辈出，可让学生调查校史，让校史文化熏陶学生的健康成长。即使是一所普通学校，也有好多资源可探究，好多活动可开展，如教室的环境布置、校园景点的设计等。在选题中，我们还可以依托课堂教学，从课堂中延伸拓展。语文课上学了《广告多棱镜》专题，可引导学生开展"广告的语言特色"的实践研究。数学上学了有关几何图形的内容，可让学生进行地板（地面）密铺问题的研究，等等。实践证明，学校周边富有特色的选题，由课堂拓展出来的课题，与学科内容相关的问题，往往能刺激学生的学习心理，促使学生学习研究的兴趣更加浓厚，也有利于综合实践活动的顺利开展。

## 二、要突出主体，强调学生的亲历体验

现阶段一些学校的综合实践活动，往往过于追求研究成果，喜欢结果汇报、成果展示活动，而忽略了活动本身带给学生的情感体验和思考。有些活动甚至连实践成果也是教师的"杰作"，是教师越俎代庖的结果。因而在综合实践活动的开展中，"学生的主体作用"显得尤为重要。综合实践活动的真正主体是学生，学生是问题的提出者、设计者、实施者和体验者，而教师只是活动的引导者、参与者和学生学习的伙伴。我们要为学生创设各种有利于实践的环境，关注实践结果的同时，但更应关注的是：学生在活动中实践了没有，学生在实践中学出知识没有；学生在活动过程中发现了什么问题，又是如何想方设法地解决问题的；学生在实践中获得了何种体验；学生在实践中是怎样与他人交流和合作的；学生在活动过程中是否产生了创造性体验。只有这样，才能真正体现综合实践活动课培养学生创新精神和实践能力的实质。例如，对于校园绿化的调查活动，可让学生利用生物知识去认识树木，给花木挂牌；还可让学生考虑校园花木的布局问题（如校门两边种的水杉是否合理）；可让学生去栽树种花，为花木施肥浇

水等等。只有在丰富多彩的活动中，才能发挥学生的主体作用，才能深化学生对校园一草一木的感情，使学生学到书本内容中所没有学出的知识，这样的活动可有效培养各方面能力、提升自身的责任感和人格价值。

## 三、要注重过程，培养学生的探究精神

综合实践活动，是一种以学生的经验与生活为核心的实践课程。它是"课"，不是随意地玩耍。学生要在教师的帮助下，带着问题，并且有目的、有计划地开展教学实践活动；让学生从活动中获取知识培养能力，获得情感体验，积累生活阅历，感受成功或失败带来的心情，从而促进个性全面地发展。因而，综合实践活动要以活动为主体，要求学生积极参与到各项活动中去，在一系列活动中体验和感受生活，充分发挥活动内容的引导作用。例如，我校地处"小桥流水人家"的江南，古桥资源十分丰富，为此开展了本镇"古桥文化"的综合实践活动。在教师的指导下，学生问询本镇古桥、骑车踏访古桥、照片拍摄古桥、追思记录古桥传说，研究探索古桥特点。他们为走出校门探索而兴奋，为调查探访的辛苦甚至是碰壁而懈怠，为古桥悠久和文化的深邃而震撼。在教师的点拨下，学生举办了古桥摄影展，开展了"古桥优美传说"演讲比赛，开展了"我与古桥"征文活动……在这样一个个开放的实践活动中，学生有了丰富的体验。在亲历这样的一个个过程之后，他们的情感得到良好的培育，认识必将达到真正的升华。

## 四、要强化参谋，指点研究的方法路径

在综合实践课上，传授知识已不再是教师的主要任务。教师的角色从传统课堂上的知识传授者变为主题活动中的指导者、参与者。在综合实践课上，教师要给以切实的指导，领着学生走向生活，亲身体验，不断给学生以新的内容，让学生有新的发现，进行新的开掘。在综合实践活动中，学生在前台"活动"，教师要在幕后"参谋"：学生选择课题迷失方向时，"参谋"提示他们，从自己的身边去寻找；学生把课题方案探索出来了，教师便听学生设想，并提出自己的合理建议；学生开展活动迷路晕头，"参谋"就要有效调控、点拨方法、操作引探；学生将要参加开题答辩，"参谋"传授他们怎样吸引听众，怎样机智地与评审者进行答辩……如在开展"节约用水"的综合活动中，学生除上网查阅资料了解有关水的作用，以及失去水的危害这一方法外，不知采用什么方法继续深入开展研究。教师引导学生从了解水的作用起步，思考怎么样才能节约用水，以及节约用水的意义。在教师启发引导下，学生有的亲手做实验，计算普通用水和循环用水的用水差距；有的到生活中去搜索提倡节约用水的物品；有的去实

地参观自来水厂，了解净化水的工程；有的带上照相机，拍摄一张张"节约"与"浪费"的照片加以分析……在教师"参谋"指导下，学生亲手做、亲眼看、亲耳听，逐渐走向了一扇通往知识和科技殿堂的大门。又如学生开展《走进老舍》的课题研究，已经获取大量资料，却不知如何整理利用，教师就有针对性地开设"如何搜集整理资料"的讲座，指导他们对资料进行分析比较，归类整理。学生因此豁然开朗，于是就有了"老舍生平""老舍著作""老舍之死""老舍之最""老舍爱好""老舍故居""老舍与茶"等10个小课题。实践表明，伴随着实践活动的深入开展，困惑疑难也会时时处处拦着学生，比如调查访问时如何设计问卷，调查数据如何处理，结题报告如何撰写，等等，对此，教师要在方法路径甚至资料上做适当适时的引导，不然，学生的活动可能会陷入僵局，甚至可能会半途而废。

## 五、要疏通情感，关注实践的有效评价

综合实践活动是一门体验性课程，它重视学生的感性认识，除了知识和技能、过程和发展外，还着重提出了情感、态度和价值观的要求。但学生在综合实践中，往往会出现许多意想不到的问题。因而，教师对学生要随时关注、疏通情感、适时引导。在开始阶段，学生往往热情很高，十分主动。但是，随着活动的不断深入，进度比较缓慢，他们的研究热情就会降低，甚至会停止研究，凭想象弄一个结果敷衍了事；还有的学生生性内向胆小，不善于跟社会上的人交谈；还有的学生外出采访吃"闭门羹"，致使学习情绪低落和学习兴趣减退；还有一部分家长不理解，认为实践课程会影响学习、浪费时间。对此，教师应细心观察、了解学生的内心，加强情感沟通交流，设身处地地体验学生的情感，创设宽容、理解、欣赏、激励的心理氛围，尤其要让学生之间相互鼓励安慰：请他们把自己活动中的心得体会讲给大家听，谈谈自己克服胆怯的成功体验，交流自己第一次采访碰壁的懊恼，分享自己采访成功的喜悦……也联系家长，征询家长帮助，促进协调沟通。总之，教师要为他们"铺路搭桥"，协调好各种关系，想他们所想，与他们打成一片，引导他们战胜困难，促进他们走向成功。

同时，当学生完成实践活动的时候，教师应该组织采用多种的形式来展示研究的成果，展示学生的才能。如推荐发表、组织展示、编辑成果集、课堂报告会、编辑板报、颁发奖状等，既可以让学生互相借鉴，又可以在交流展示中使学生得到鼓励，增强学习热情和信心。在评价时，教师要注重过程评价、多元评价。评价可以从以下方面入手：课题确立的角度是否新颖独特；成果中有多少创意；研究时收集处理信息能力、组织等能力是否得到锻炼；探究中认知收获有多少；小组合作情况如何；等等。尤其要重视的是研究过程中的态度、意志品质如主动性、探究性、坚持

性等，是否得到培养；是否有真切、丰富的研究体验。实践表明，这样的评价是学习实践的宝贵财富、是真正的价值取向。这样的评价必将成为学生参与活动、获得发展的催化剂。

总之，要真正搞好综合实践活动，教师对学生的"引导"作用是至关重要一环。在综合实践活动中，教师要准确把握学生的活动状态，及时发现思维中的困惑、学习过程中的迷惘、活动中的疑难，随时灵活地做出相应的引导，随机巧妙地发挥定时的诱导："塞者凿之，陡者级之，断者架木通之，悬者植梯接之。"只有这样，才能使学生领略"奇伟瑰怪非常之观"，收获"一览众山小""别有洞天地"的实践收获！

（本文发表于 2009 年《实践新课程》）

# 读书：教师的生存方式

通过去学校调研，发现一些语文教师在阅读教学中还存在着思维短浅的现象，只知课本文章，只知名著节选，只知文学作品大概，而没有接近原著，没有认真地阅读一遍。如语文教材内容中《老人与海》的几节文字，一位教师就课本上的语段讲得头头是道，而对名著本身的了解却知之甚少，没有原本地通读一遍。教师要求学生去看，自己却没看（至少近来没有看）。这样的情况，便不能使教师得心应手地指导学生，不能够适应目前新课程教学的需要。

分析当今的教学状况，这个担心并不是杞人忧天。许多教师讲授一个单独的知识点时还算顺利，但把知识联系起来，甚至与其他的学科知识综合起来，往往有困难；有许多教师对教材的知识非常熟悉，但对学科知识在生活中的应用了解甚少；有的教师两耳不闻窗外事，盯住课本和学生，但对教材知识的新发展把握不准。可见，只顾付出不顾吸收的方式已经影响到教师的教学生存！

怎么办？——唯一的路径便是读书！

书籍，不仅是记载了过去的人类生活，也展示了现代人类的状态；不仅是社会进步的阶梯，也是人们思考的"材料"；不仅是"全世界的营养品"，也是"当代真正的大学"。读书是丰富知识和理念的源头活水。但当今人们生活丰富，节奏加快，在"忙碌"中人们读书的数量和时间呈下降趋势。据人民网调查显示，一半以上网民的读书习惯正在消失，读书最多的只占 31%，并且每周少于 10 个小时。这讲的是一般人群，教师读书的形势也并不容乐观。我问过不少教师：平时工作之余和双休日都喜欢干些什么？最多的回答是"上网"，而"读书"一词出现得很少。我想，排斥读书，或者说书读得很少，也许就是很多教师的知识积累越来越少、知识视野越来越狭窄、教学水平越来越不能适应当代社会人才培养需求的根本原因。

一位教育专家说得好："一个人精神的发展史，就是他的阅读史。"学校是传播知识的场所，教师理应做读书的表率。阅读是教师立身之本。只有爱读书的教师，课堂上才能左右逢源，如鱼得水；只有爱读书的教师，才能体验阅读的甘苦，才能和学生产生心灵的共鸣；只有爱读书的教师，才能营造书香氛围，才能引导学生成为书香校园里的书香人。教师通过阅读经典作品，可以陶冶自我情操，纯净自我心灵，并以美好操守影响学生言行；阅读教育理论经典，才能探究教育原理，感悟教育真谛，并把理论光辉映照在学生身上；阅读科技发展时文，才能紧跟时代潮流，抓住知识信息，并凭智慧策略烛照教学实践。日有所读，日有所思，日有所得，应该是教师职业操守的重要内容。

"学高为师，身正为范。"为了学生的成长，为了教师自身的发展，坚持读书应该是教师最基本的学习方式。真正热爱学生的教师，会以书籍为纽带，播洒文明；真正热爱教育的教师，会以书籍为挚友，春风化雨。

一句话，教师应以读书为生存方式。

（本文发表于 2005 年《教育时报》）

# 第二章　研究学生

　　"只要是一粒种子，我们就要期待它会创造奇迹。让乔木长成最好的乔木，让小草长成最好的小草；让苹果甘甜整个秋天，让葡萄酿成美酒温暖岁月。"如果说，每位学生都是一粒独特的种子，教育的职责就是引导和激发学生成为更好的自己，而不是别人规定的样子。学生的潜能是无限的，想要引导和激发学生，首先要研究学生的内心，读懂学生的心灵。研究学生，发现并珍视学生的独特性，顺应学生的心理，是引导学生成才的必由之路；研究学生，把握适度原则，学会巧妙变通，是激发学生潜能的题中之义；研究学生，拉近校长室与学生的距离，缩短教师与学生的心理距离，以学生的视角夯实管理细节，是学生管理的应然取向。

# 教育：要把门打开

著名作家赵丽宏有一篇文章:《为你打开一扇门》。文章用散文诗式的语句，生动形象地描绘了文学的魅力，鼓励青少年读者去打开文学这扇神奇的大门。文章开头写道:"世界上有无数道关闭着的门。每一扇门里，都有一个你不了解的世界。求知和阅世的过程，就是打开这些门的过程。打开这些门，走过去，浏览新鲜的景物，探求未知的天地，这是一件激动人心的事情，也是一个乐趣无穷的过程。一个不想打开门探寻的人，只能是一个精神上贫困衰弱的人，只能在门外无聊的徘徊。当别人为大自然和人世间奇妙的景象惊奇迷醉时，他却在沉睡。"读着作家的作品，笔者不禁回忆起在学校里碰到的事情。

六月的天气，外面已是流金铄石，热不可耐。一些教师办公室的门总是关得严严实实的，门上贴有"随手关门"的纸条，室内舒适凉爽。可是，有这样一位班主任，她办公室的门却总是开着，又或门是虚掩半开着，即使里面打了空调也照开不误。有时其他人临走想把门带上，她总是忙着打招呼:"门开一点儿、开一点儿。"有人问起其中的缘由，她也总是笑嘻嘻地说:"没什么、没什么。"

办公室门为什么要开着或者是虚掩半开着？静心思量，感到这位班主任"不关门"的做法耐人寻味、值得称道。设想一下，学生拿着书本，兴冲冲地来找老师，可碰到的却是"铁将军把门"，实实在在地吃了个"闭门羹"。学生会犹豫彷徨，望而却步，敲门的念头可能戛然而止。门严实地关着，意味着门内与门外"两重天"，门内是老师，门外是学生；门严实地关着，好似一道屏障，泾渭分明，不能私自越雷池半步；把门关上，说明"与外人隔绝"，外面的事情与门内无关，事不关己，高高挂起；把门关上，意味着拒绝和限制，表示着冷漠和无情。一道门，就把教师和学生的距离拉得远远的；一道门隔开了空间距离，也隔开了心理距离和情感距离。学生要进入办公室，必先敲门；笃笃笃的敲门声，也实在是把师生的关系敲打得太正规化了。反之，门开着或半开着，师生进出十分方便，有利于学生亲近教师，有利于营造温馨和睦的关系氛围，方便彼此之间的交流。况且，通过开着或半开的门，教师可以有效了解到外面教育教学的情况，可以直接倾听到学生的心声，这肯定是"门关着"所无法比拟的。把门打开，顺畅沟通，和谐情感；拉近的是距离，敞开的是心扉！

教师办公室门，开不开，有一番含义；同样，学校大门是否敞开着，也值得探究。一些学校宣传页上乃至实际操作中，校门广场景观巍然气派，可是学校大门却紧闭不开，严肃生威，令人生畏。笔者看后，心里实在不是滋味。教育学生的场所，不应该有紧闭的大门，不应该有沉重的压抑，而应该有活泼的人群进出，应该有自由的氛围情境。

打开学校大门，是一种开放的姿态，是一种接纳的态度。关闭就是束缚，就是限制；反之，打开则是宽容和允许。打开校门，能够无形之中传递出思想的自由碰撞、充分传达办学理念，传递出办学管理者思想开放、视野开阔的思想。在传统的学校教育中，学生的学习环境是封闭的，学生学习活动局限于狭小的空间；而打开学校大门，就能接纳多方信息，呼吸校外清新空气，紧跟时代发展步伐，为学生创建了一个开放的学习环境。打开学校大门有利于学生发展，引导学生去交流去讨论，从而去接纳。

打开学校大门，是一种人文的关怀，是一种精神的鼓励。初中生正处在生长发育的关键时期，这种成长不仅是身体的成长，更是精神的成长，他们需要的是尊重和自由。校门打开就是一种自由的象征。紧闭校门，表面上是不让学生自由进出，实质上是不让学生自由呼吸、自主发展。学校不仅是管理学生的地方，更是教育学生的家园；尊重并引导学生，才能使学生学会远瞻，才能让学生发展得更好。

打开学校大门，是一种自信的展示，是一种信任、协作的基础。教育不仅仅是学校的责任，家庭、社会对教育的影响也越来越大。打开学校大门，让学校与家庭、社会三位一体相互信任、真诚协作，能有效促进学生全面发展。学校的教育、管理、活动等等，都可以展示给家长与社会，也使学生主动遵守学校规定，并有利于社会、家庭对学校教育的支持。这种信任协作既是优质的前提，更是提升发展的基石。

在开阔视野中学习，在开放大门中感悟。有形的门是这样，无形的门更是如此。学校在管理中往往冲破禁锢之门，走出去请进来；学校管理者和老师也往往在开阔开放环境中学习成长。教师带着实践中的困惑，外出聆听专家的专题讲座，品味着教育大家对教育的真知灼见，感受着充满教育理想和激情的大家对教育的独到见解，经历着一次次思想和精神的洗礼，收获着办学管理、课程改革和教育教学的先进理念，也丰富着学习考察、教学实践的才干技能！

"风声雨声读书声，声声入耳；家事国事天下事，事事关心。"作家赵丽宏"为你打开一扇门"，是让青少年进门去探索去探求；学校里把门打开，是让教师和学生更贴近、让学校和社会更融合。门是否打开，这看似是一个微不足道的细节，但关注好这个教育细节，精致细节管理，就能使学生的自由心灵有一个美丽的故乡，就能使学校的发展有一方魅力的港湾。

（本文发表于 2017 年《教师教育》）

# 缓一缓：教育管理学生的润滑剂

要真正"教育好学生"是需要讲究艺术的。面对千差万别的学生，面对多变复杂的个性心理，单一陈旧的说服管教往往是行不通的，直炮轰炸式的批评教育更是毫无效果。怎么办？笔者认为，在教育学生的过程中，教师要摒弃先声夺人的做法，采取"缓一缓"，采取冷处理的办法，做到冷静、理性地来处理学生问题。

## 一、让学生说一说

【案例】

开学头两天，一个学生就姗姗来迟，早自修开始了十分钟，他才慢吞吞地来到教室门前。班主任老师火冒三丈，劈头就训："你怎么搞的？不想认真学习就回去！"那个学生被训得两眼泪汪汪。事后了解，那个学生不是故意迟到，而是自行车惹的祸。

一些学生犯了错误，班主任老师往往声色俱厉地指责，其结果反而导致了学生的缄口不言或对抗顶撞。事实上，学生犯错时，总有一定的原因。因而，教师在对学生的教育谈话时，就要了解其内在想法，明晰其行为根源，这样才能对症下药，有的放矢。否则谈话缺乏针对性，易犯主观判断的错误。

教师要让学生先讲清事情，了解事情的来龙去脉，克服操之过急带来的负面效应；就能够平缓学生的思想顾虑和恐惧心理，让学生说出心里话，更有效地开启学生心头之锁；就能够使教师的教育符合学生的实际情况，有利于教师因势利导地对学生进行教育。让学生讲清事情，还能够锻炼学生想问题的思维，让学生边讲述边反思自己的错误，使自己认识问题更加透彻、反思错误更加深刻。

总之，在学生犯了错误或出了事情时，教师不妨让学生先讲："事情是怎么样的""自己当初是怎么想的""自己有什么错误（不当）之处"，以帮助教师了解事情、促使学生反思错误，有利于批评教育取得更好的效果。

## 二、让学生想一想

【案例】

　　教室里传来一阵哇啦哇啦的声音。班主任的王老师来到教室。课堂里，政治老师的喉咙高八度："怎么有这么没素质的学生？我从来没有见过。"那位学生偏着头，手攥成一个拳头，默默地对峙着。怎么办？师生的磨擦，可是一个敏感问题啊！王老师让学生来到办公室。看到学生难看的脸色，不是马上批评，而是想法先让学生开口说明事情原委："想一想，刚才你和政治老师发生了什么事？5分钟后说给我听，好吗？"5分钟后，他攥着的拳头渐渐松开了，心里也比较坦然了：事情的起因是政治老师冤枉了他。听了他的话，王老师想：这位政治老师向来性格温和，不会那么大动肝火，其中肯定还有其他情况。为避免"顶牛"或"冷战"的尴尬局面，王老师和颜悦色地说："想想看，在这件事情上，你有什么不对的地方或做得不够妥贴的方面？老师可能是冤枉了你，但你有没有对不起老师的地方呢？5分钟后再告诉我，好吗？"学生静立一边，老师也默默地批改作业。终于学生开口了："老师，我错了。我不应该说骂人的话……"看到他说出了真话，王老师便开始了对他的谈心教育。后来还让他向政治老师赔礼道歉。在不影响政治老师教学的情况下，在不向旁人问询事情的情况下，王老师了解了事情的来龙去脉，并把一场干戈巧妙地化为了玉帛。

　　如何处理学生之间乃至师生之间的偶发和纠纷或摩擦呢？一些教师的做法是：提高嗓门、猛烈炮轰、狂风暴雨，在阵势上压倒对方。而王老师则留下空白，让学生想一想，促使学生反思。因为教师一时对事件并不了解。在情况尚不明朗、原因不清楚的时候，不分青红皂白地批评教育一番，往往会使学生口服而心不服，不可能解决根本问题。更况且在发生事件时，学生心理不稳定，情绪急躁不耐烦，与他谈话往往效果不佳，事与愿违。不如此时留下空白，让学生先冷静思考一番，使学生有一个思考、反思的余地和空间，这样有益于克服操之过急带来的负面效应，使我们的教育更符合学生的心理实际，更有效地开启学生心头之锁，使个别谈话更富有成效。

　　想一想，是一种"空白"。它是事件与谈话之间的一小块空地，是谈话时机的选择艺术。能给学生留下了恰如其分的空间，诱发学生前因后果地想问题，促动学生积极反思："我这样做对不对？""我有什么不对的地方"……从而使教育对学生心灵的震撼作用更大，更能取得积极有效的教育效果。

# 三、让学生写一写

【案例】

学校里轰轰烈烈地开展"禁止进入网吧"的教育行动，要求每个班级要摸清开学以来学生进网吧的情况，从而有针对性地进行管理教育。班主任们顿时成了"福尔摩斯"，判断分析、调查了解本班情况。而作为 3 班班主任的李老师却出奇平静，不问学生不训学生。班会课上，他发给学生每人一张纸条，告诉学生："同学们，刚才 1 班 2 班的同学都说我班有部分同学最近上了网吧，有那么五六个，有名有姓的。哪些同学呢？我不想当堂审问，只希望他们在纸条上主动承认，并从今天起勇于改正。当然看到别的同学进网吧，你也可以把名字写下来……"学生拿到纸条，先是面面相觑，而后都自顾自地书写起来。在收齐清点纸条后，李老师了解到了具体情况，并对症下药地进行了教育。

作为一位有责任心的班主任，知道班里发生了事情后，往往会当即采取一些应对办法，可是这样的急促应对往往容易带上"情绪"而失去理智。真正好的教育才能在于，教师从来不伤害学生的自尊心，而是用不同的教育方式，激发他们做一个好学生的愿景。面对学生进网吧的事实，李老师采取让学生写一写的方式，既避免了"审问"的尴尬，又能促使学生自悟自省，主动检讨自己的错误，更况且让学生写下事情的经过，有利于教师客观全面地了解事情真相，公正地处理问题。一般来说，学生出现突发事件时往往情绪激动不考虑后果，但事过后冷静下来，通常又会为自己的冲动深感懊悔，有时只不过是为了"面子"不承认罢了。这个时候让学生写一写，正好顺应学生的心理，也给学生主动检讨自己的错误铺设了一个台阶。

事实上，学生书写解读，本身对他是一个考验一个教育，有利于学生调节好的心态，有利于学生梳理回顾事情经过（落笔成文毕竟比随口说说要庄重得多），也有利于为解决问题提供事实依据。一名学生不爱学习，专门在班级里寻衅。班主任每次教育他，总让他写个事情经过及改正决心。学期中间，班主任约学生家长见面，拿出这些纸条来谈心，骄横的学生和家长在纸条面前，表示要严格要求，努力上进。可见，"写"在教育学生的过程中能够起到重要作用。

冷静是处理问题行为的关键。学生问题出现以后，只要不是有可能继续发生的暴力事件，一般我们都要"缓一缓"，冷处理一下，让时间向后延一延，让学生说一说、想一想、写一写。这样，既可以让学生自悟自省，又利于教师摸清问题行为发生的原因，从而选准处理问题行为的最佳办法，艺术性地教育管理学生。

（本文发表于 2008 年《河北教育》）

# 在发现学生迟到之后

## ——例谈管理问题的发现、解决和透视

【案例】

　　某天早晨，大部分学生已进入教室开始早自修了，李校长在一楼各教室的走廊巡视。突然他看到有七八个学生从宿舍方向跑来，慌里慌张。李校长拦住他们，询问为什么这么晚才来教室。一人回答是宿管员找他们。为什么要找他们？李校长心中有了疑问。学生回答是宿舍卫生打扫未到位。为什么卫生没搞好？李校长追问着。回答是起床晚了，时间来不及。怎么会来不及呢？疑惑写在了李校长的脸上。看着他们诚惶诚恐的样子，李校长心中掠过了一丝怜悯的感觉：他真不想拿起班级常规管理的"大棒"狠狠地"教训"他们，可又不想给教师学生留下放任放松管理的"把柄"。于是，李校长把严厉的话扔给了学生："你们给班级抹黑了，课间到班主任那里说明情况。"

　　学生进教室后，李校长还是怔怔地站在原地。他思考着这一现象，要努力探求着其中的原因，积极考虑着解决的策略。十分钟后，李校长在校门口候到该班的班主任。这位班主任是位女教师，工作认真细致，不但教学上业务能力较强，而且在教育学生方面有她的策略，学校很信任她的工作，所以把一个比较难管理的班级交到她手里。李校长向她说明了刚才的情况，她认真地听着，微笑着给李校长回复："我去细致了解一下，努力做好教育工作"。第二节课课间，这位班主任向李校长和教务主任汇报她教育学生的情况：昨天体育课上，运动量过大，学生感到有点儿劳累，因而起床晚了。她要求学校在扣班级常规分时适当考虑学生的具体情况，考虑到学生的认识态度。同时她建议教务处要了解任课老师的课堂状况，减轻学生的"课业"负担。听了她的话，李校长为她的教育建议而感动。

　　事情发生后，还要考虑它的相关牵连、追问它的来龙去脉。随后李校长来到宿舍，向宿管员了解这几天学生住宿的纪律情况。他们反映，学生可能春困，早晨起床比平时晚了一些，但正由于天气转热，九点钟熄灯前后宿舍有点儿吵闹，学生不像大冬天那样很安稳地上铺睡觉。李校长一边认真听着，一边掏出口袋中的小本本记录着。这

几个迟到学生早餐吃了没有？食堂早餐供应情况怎么样？李校长边思考边走向食堂。食堂人员反映学生早餐很马虎，在食堂往往不吃粥。早餐吃不好，上午怎么能有精力认真学习呢？李校长的心中起了疙瘩：起床后到早自修铃响这段45分钟时间里，学生应该可以充分地吃好用好早餐。食堂人员又说了，现在学生家里生活条件好了，学生饮食要求"高档"了，学生不喜欢吃食堂做的包子。在走回办公室的路上，李校长打电话给德育主任，向他布置要加强宿舍纪律教育管理的任务。而后来到总务处，就总务主任先前汇报的增加早餐花色品种的情况做了简单的交流，商量了进一步加强食堂管理的有关措施。中午德育主任召集了班主任会议，肯定了前阶段班级精致管理的成效，提出了对宿舍纪律量化考核的要求。活动课上，总务处召开了一个小型的学生座谈会，倾听了学生对早餐供应的建议，提出了做好服务工作的具体想法。德育主任总务主任后来向分管校长汇报，他们将每两周召开一次学生座谈会（调查会），自查问题，自纠改正，积极强化学生的教育管理，努力促进学生的健康成长。

坐在办公室里，李校长还在回想着刚才学生迟到的事情。每天都有行政值班，值班老师怎么没发现起床晚的学生呢？怎么没从学生迟到这件事情中深入下去呢？学校里经常强调值班管理要精致到位，不要浮于表面。就说早晨宿舍值班，学校也要求值班老师在起床铃响后要一个宿舍一个宿舍地催促提醒学生。可见，学生起床这么晚，固然有其他因素，但值班管理的疏漏可能也是一大弱点。李校长查阅了当天的值班名单，而后郑重其事地在笔记本上"下周工作安排"栏里写下了"强化值班管理的精致到位"的文字。李校长思索着，对值班的行政人员不能简单地发号施令，不能简单地指责训斥。他们的工作一时有不到位的地方，作为校长有时也要体谅理解，但体谅不等于看不到问题，不等于没有工作的具体要求。如果对值班不到位的情况听之任之，不予强调，那么很容易造成管理人员失去对学校规章应有的敬畏，这不但对管理队伍建设产生较大的危害，而且可能导致学校管理经常缺位，造成管理的麻烦混乱。为了照顾到行政人员的面子，也为了和谐管理的需要，李校长在行政例会上只强调了值班管理的具体要求，以希冀相关人员心中有数，扪心自问，落实行动。

一个小时过去了，学生迟到事情的"思索探究"暂告一段落。但李校长想，一个问题解决了，还会有另一个问题滋生出来，还会有另一个问题被发现。只要经常巡视、经常思考、经常行动，学校发展就一定会逐步趋于健康持续、和谐有效。

实践证明，管理优与劣的最大区别就在于管理者是否善于发现问题，是否具备解决问题的能力。只陶醉于肤浅的赞扬，看不到学校的实质问题，就会陷入管理的困境，学校发展的危机将要来临。因此，学校管理者应不断强化自己的问题意识。同时，发现问题的目的是为了解决问题。探究问题发生的根源、谋求科学的对策、积极解决问题，并透视相关的管理机制，学校才有源远流长的发展动力，才有"更上一层楼"的基础，才有再创辉煌的愿景。将学校管理浓缩于问题中，以问题促学校管理，看似把管理简单化，实则为管理的升华。

总结成一句话，问题要早发现并解决；要用解决意识促进学校的持续发展。

（本文发表于 2009 年《青年教师》）

# 让校长室与师生近距离

近日，笔者去某校参加教学调研，印象颇为深刻。该校近年来紧抓教学管理，教学质量不断攀升，先后被评为省教育科研先进学校、省示范初中名声鹊起。该校有没有灵丹妙药？抱着探究疑惑的心理，我们来到校长室一探究竟。

学校的首脑机关办公室不是单独的一幢楼那样傲然醒目，而是隐藏在教学楼群之中。该校是环形建筑，校长室就居于三楼，但左邻右舍很不"幽静"——相邻的办公室有教导处和初三年级组办公室，还有两个初三班级在同一楼面。"这不是很烦躁吗？这样怎么能静下心来运筹帷幄、考虑学校大事呢？"我不禁发出了疑问。"这样好！校长室就不能孤独。校长就要靠近教师，走近学生啊。"该校领导意味深长地说。经他这么一说，我思维的"闸门"慢慢开启。细细想来，校长办公地点靠近教师亲近学生，还真有一些学问呢。

首先，校长室融于教师办公、教学区域之中，便于了解教育教学情况。办公地点的近距离，能使校长掌握管理信念。班级纪律情况，也能心中有数。学生中一有"风吹草动"，也能及时发现问题。靠得近、看得清、把握得准。以教师办公室为邻、以班级为邻，能方便校长细致观察出教师的教学经验和教学能力，也方便校长深入课堂，及时掌握教学动态，提高校长教学管理的针对性和实效性。

其次，校长办公地点靠近教师，为校长深入教师中间创造了良好条件。一些学校校园规模宏大，在远离教学楼的安静之处建造行政楼，校长们长年累月"缩"在行政楼里，远离了教师，远离了教学的"主战场"，自然不知教师的"酸甜苦辣"，自然不理解教师的内心所想，致使领导与教师关系陌生，学校管理不到位。而校长室与教师办公室同处一楼，同处一层，同处一隅，方便了校长与教师的交流，畅通了校长与教师对话沟通的渠道，密切了情感联系，使得校长能够及时了解教师的真实想法和实际困难，也使校长的组织、指导和管理来得更加便捷有效。

再次，校长办公地点靠近教师，为校长在教育教学中做出榜样奠定了良好的基础。绝大多数校长在工作中勤勤恳恳，埋头苦干，为学校管理辛勤操劳无私奉献。但也有些校长在远离教师的办公室里忙着"自己"的事情。一些教师说起校长，也总是指责："校长躲在办公室里。"而校长室融于教师办公、教学区域之中，便为校长树立起了威信的标杆。据说，该校校长以校为家，他在办公室里与教师谈心，找学生谈话。看到校长室的灯光，一些夜自修教师无形之中增添了信心和力量——"校长在义务工作，校长是和我们在一起的。"校长和教师拉近距离，使校长的榜样有了更加夺目的光彩，使校长的言行更具说服力。因为，校长办公需要一个安静的环境，需要一个灵活的空间。但校长作为一所学校的管理者，更是教师中的一分子。校长应该深入到教师群体之中，深入到学生之中，这样才能全面接收师生的信息，认清学校发展的态势，把握学校跃动的脉搏。因而，每每看到一些规模宏大的校园，其校长办公地点远离教学楼群时，笔者心中总会产生疑问：校长室在行政楼，能真切倾听到教师的心声吗？能生动把握住学生的心理吗？能深刻感受到学校教育教学的旋律吗？

（本文发表于2007年《现代教育报》）

# 老师和学生之间：要既近且远

美国教育家多尔说："教师在师生关系中的地位是平等，是内在情景的领导者，而不是外在的专制者。"也就是说，师生关系应该是民主、和谐、平等的。那么，在具体的教育教学实践中，教师怎样做到"平等中的首席"？教师和学生应该保持怎样的距离？

【案例】

一位刚刚毕业的教师心中怀揣着对教育事业的热忱之心，意气风发地走上三尺讲台。学过《心理学》的他，自感深谙初中学生心理，加上对学生的满腔热爱，他相信自己会大有所为。课前，他认真参阅他人的教案后精心备课。课上，他尊重学生课堂中的言论言行，和学生亲密无间；同学们看到老师可亲可爱，便畅所欲言，声音常常能盖过老师。于是，数学课成为了"茶话会"。一堂课下来，往往是教学目标无法达成，对此，这位新教师倍感困惑。这位教师姓张，课后，同学们常常会一口一个"张哥"地叫着，并且热情地围在张老师身边，不是援疑质理，而是东拉西扯。一个学期下来，张老师执教的两个班级，数学成绩总是居于下游。对此，张老师很是泄气，心里十分不解：我与学生打成一片，十分亲近，想不到会是这样的结果。

张老师的问题，究竟出在哪里呢？

张老师的遭遇，使我们想起了一个心理效应。一位生物学家在冬天把两只刺猬放到户外的空地上，以研究它们在寒冷冬天的生活习性。由于天气特别寒冷，两只刺猬需要相互取暖才能抵御严寒。于是两只刺猬靠得很近，增加了彼此的温度。时间长了，虽然两只刺猬都不感觉那么冷了，但彼此却被对方扎得浑身是伤。最后两只刺猬达成默契，保持合理的距离再取暖，如此一来，双方不仅可以共同抵挡严寒，还阻止了彼此带给对方的伤害。这就是著名的"刺猬效应"。上述案例中，正因为张老师和学生太"近"了，没有建立起教育威信，失去了对班级对课堂的控制，所以教育效果不佳。

"刺猬效应"启示我们：师生之间要想形成融洽的关系，教育教学要想取得良好的效果，关键在于师生要保持一段合理的、既近且远的师生距离。具体而言可以遵守以下几点：①因"生"而异。有学生内向腼腆，教师可以适当拉近与他们的距离，赢得学生的信赖；有学生比较活泼甚至顽皮，教师可保持一份威严，赢得学生的敬畏。②因"时"而异。为了保证正常的教学秩序，教师在课堂上应适当严肃，课后如果学生面临挫折时，教师应推心置腹，拉近距离。③因"事"而异。在批评学生时，教师一定要义正严辞，不苟言笑；在赞扬或鼓励学生时，教师要真诚相待，和颜悦色。

在课堂教学中教师要与学生保持一段合理的距离。在教育管理中，教师与学生之间也应该要"既近且远"。

一些学校信奉严格管理，严加督促。他们强调教师下到基层、下到班级，强调学生在哪里，教师就要出现在哪里。这样的管理模式下，学生被教师的束缚压得喘不过气来，学生没有了自由，没有了自主。还有一些学校由于建筑楼层的关系，教师和学生总是离得远远的。教师办公室在东面楼层，学生教室却在西边，教师和学生总是隔开很远的距离。这样一来，班级教室里总是热闹非凡，除了课堂时是安静的，其余的时间就是吵闹一片。这样的管理因为教师和学生距离过远，没有让学生真正养成自主学习的习惯，混乱的教室环境使得学生心思不够集中，学习秩序和氛围大打折扣。

如何使校园师生保持合适的距离？据《中国教育报》报道，大连市第三十六中学依靠走廊，"生长"出了一道独特的风景。这所学校的班主任在走廊上办公，他们挪过来两张学生桌、一张学生凳，摆在教室的窗户外面，把备课、学习用的物品一放，"走廊办公室"就诞生了。有课的教师上课，没课的教师就在走廊备课，和学生仅一墙之隔，亲近学生没有比这距离更近的了。如果班主任坐在教室外面，那么在上课时学生低头、趴在桌子上或是摆弄小物件的现象明显减少。班级课堂纪律也会得到改善，班主任工作的重心由每天学习管理，转为真真正正地提管理水准、抓教学效益。下课了，教师都在走廊上，有的教师身边早已围上了一层学生，有教师主动找的，有学生主动靠前的。"走廊辅导"也成了教师的"常态"。如此一来，课堂上学生不再"轻举妄动"；学生课后能直接和教师交流，教师也能直接找学生谈话，走廊使师生有了一方既近且远的距离，受益颇多。这所学校注重培养学生的自控能力，从外界给以一定约束和辅助，助其形成良好的习惯和自律的品格。笔者认为，"走廊办公"使得师生距离既近且远。就在旁边，这个距离很近，教师挪动一下身子，便能看得见学生，学生在教室里怎么样，一清二楚。但是距离又是远的，因为隔着一层墙壁，无法与学生进行深入交流。但就是这个"远"，使得学生有自主的空间，有选择的自由，有支配的权利。这样的"既近且远"，既保障了管理的有效性，又充分发挥出学生的自主性。（本文参考《中国教育报》2015 年 10 月 8 日第 7 版《走廊上的秘密武器》）

（本文发表于 2017 年第 7 期《华人时刊　校长》）

# 批评教育中的巧妙变通

学生在成长过程中的错误是在所难免的，许多批评教育案例，存在着机械约束、粗暴简单等问题，教育氛围不够宽松和谐，教育艺术缺乏智慧活力。如何因材施"管"、因人而"育"，巧妙批评呢？笔者认为，我们应该树立"以人为本"的教育理念，尝试"变通"的策略，用爱心、用智慧切实有效地做好学生的教育管理工作。

## 一、变示众为尊重

学生在不经意间犯了小错误的时候，教师是狂风暴雨、示众批评，还是润物无声、尊重教育？

【案例】

　　一位老师在批改作文时被一篇文章深深吸引住了。于是，他在同学面前朗读了这篇作文，没想到同学们纷纷指出这篇作文是抄来的。课堂上人声鼎沸，老师真想狠狠"示众批评"作文的"作者"，而此时那位"作者"却低下了头。面对这个尴尬场面，为了让那个因抄袭作文被揭露的学生免受心灵伤害，老师继续谈这篇作文，要同学们谈谈这篇文章好在哪里，并郑重告诉大家："正是有了这位同学的推荐，我们才读到了一篇好作文。我们要真诚感谢第一个推荐优秀文章的同学。"他要求全班同学轮流推荐优秀文章，"并要注明文章出处"。在这种做法的感召下，学生因此阅读了大量课外作品，既丰富了知识，又开阔了视野。

　　在课堂上批评学生行吗？不行。这位教师不忍心让因抄袭作文被揭露的行为让学生受到伤害，但他不能纵容学生的错误。他融严格于宽容之中，做到严格要求学生又尊重学生。他机敏地转移话题，引导学生从另外一角度看问题，使学生从另一面接受教育。事实证明，这位教师不仅让全班学生从此进入了一个新的学习境界，而且给犯错误的学生一个自觉认识错误、改正错误的机会。

## 二、变突发事件为适时教学

【案例】

　　一位教师上课时发现讲台上放着一把断了的教学用尺。于是灵机一动，在黑板上写上"追悼会"三字，低沉地说："我们的一位伙伴，今天不幸与世长辞了。本堂课，我们借用一点儿时间，为它举行简短的追悼会，以寄托哀思。"教师严肃认真地开始讲授如何写悼词。同学们慢慢安静下来了。几分钟过去后，一篇篇短文完成了："直尺，生于 2009 年 9 月，死于 2010 年 3 月 15 日，虽然只有短短的六个月生命，却给我们做了许多贡献：上数学课，它给老师当助手；出黑板报，它帮同学们画直线，让我们的字写得又工整又美观。需要时，它'随叫随到'；不需要时，它'默默无闻'。它待我们像朋友，而我们却……它不求什么荣誉，只求为我们服务。可就在刚才，它成了同学们的'武器'，结束了它的生命。直尺啊，我们为你的不幸而感到难过，感谢你为我们所做的一切，我们一定会为你找出'凶手'的。安息吧！朋友。"事发第二天，一把崭新的直尺悄悄地躺在讲台上。

课堂中的语文老师，面对突发事件，没有训斥、没有说教，也没有置之不管。他牢记自己是语文老师，于是他出于职业本能，显示出语文老师特有的修养和学识，巧妙运用"语文的方式"处理问题，或"顺其所好"，或"独辟蹊径"，既"化干戈为玉帛"，又让学生学了语文、练了语文，真是"一举两得"！

## 三、变告状为报喜

【案例】

一学生上课不认真听讲，学习成绩一直不好。于是班主任决定去学生家里进行家访。学生听说家访，一脸的惊恐。家访时，老师让学生一同在场。在简单介绍了学校的教学及活动后，老师语重心长地告诉家长，要为孩子准备好早饭，要让孩子吃好早饭，这样上午的学习听课就精力充沛，就能极大提高学习效率，孩子吃零食不吃早饭，不利于身体发育，也影响了上课的注意力。老师劝慰家长，孩子的学习成绩比以前有了很大进步，老师们都赞许他近来的变化，老师相信他的潜力和发展。听到这里，学生的脸上洋溢出笑容。因为他担心老师会把成绩不好的情况告知家长，所以便内心惶恐不安。老师摸摸学生的头，学生不好意思地笑了。从那以后，该学生一直认真听课，成绩有了明显的提高。"善意的谎言"真的起了作用。

要真正"教育好学生"是需要讲究艺术的。学生还处于生理、心理发育期，其稚嫩的心灵更需要我们百般地呵护，容不得我们出丝毫的差错。在这样的情况下，善意的谎言，往往能够成为师生心灵沟通的纽带。

## 四、变审查为诱导

【案例】

学校里要开展一次"禁止进入网吧"的教育行动，要求每个班级要清楚开学后学生进网吧的情况。班主任老师思考着：采取怎样的措施，才能使老师既掌握学生进网吧的情况，又能保留学生的面子。于是老师撒了一次谎："同学们，刚才2班3班的同学都在纸条上指出了我班有部分同学最近上了网吧，有五六个人，有名有姓的。哪些同学呢？我不想当堂审问，只希望他们在纸条上主动承认并勇于改正……"老师发下纸条，让学生自我检查。老师的一番诱导，学生面面相觑，继而在纸上写了起来。在收齐清点纸条后，老师了解到了具体情况，并对症下药地对学生进行了教育。

指战员要攻占一个山头，可以直接正面进攻，可以背面包抄攻击，可以构筑地下工事挺进，也可以借助空中力量打击。学生犯了错误，当然要严格审查，严厉批评，但这样往往"按着牛头吃草"，结局可能不尽如人意。而巧妙诱导，能够培养学生的自信，能够拉近师生的距离，能够使教师心中有数，能够拓展教育的灿烂天空。

## 五、变责备为提醒

**【案例】**

课堂上，老师发现一位学生头低着，在津津有味地看课外书。脾气暴躁的老师往往在课堂上大发雷霆，当场没收把学生的课外书。这无疑刺伤了学生的自尊心，也破坏了课堂的和谐宁静；也有些老师，不在课堂上发火，而是没收了学生的课外书，上交到班主任或校长手里。这样做，也伤害了学生的自尊，学生认为老师在故意出他的洋相，造成了学生和老师的严重对立，不利于老师教学的顺利进行。优秀的老师面对这种情况，会走近学生的身边，轻轻为学生合上课外书，并巧妙地以"拍拍肩膀"等方式对学生进行暗示提醒，教学仍然继续下去。课后又不露声色地找来学生给予批评教育。这样的教育方式，既保护了学生的自尊心，使学生内心充满对老师的感激，又使教育刻骨铭心，学生比较容易接受老师的教育。

学生一时的小错，不必一律责备训斥，只需悄悄提醒暗示，这样能收到"此时无声胜有声"的良好效果。教育教学实践中的一切，哪怕是一个细节行动，都能体现出教师对现象和问题的思考，都蕴含着教师对学生的情感，都有着值得思索探究之处。

教育是一门艺术，对于这些处于叛逆心理时期的中学生，教师不能"一意孤行"，凭自己的意志来塑造、管理学生，而应该站在学生的角度考虑问题，运用合适的方法引领学生，采用巧妙的措施教育学生。只要我们以尊重学生为前提，以关怀来润泽学生心灵，以智慧来成全所想，定能使学生教育的过程充满诗意、充满艺术、充满愉悦。

（本文发表于 2013 年《青年教师》）

# 浅谈以"学生视角"来夯实学校管理

在学校管理中，学生管理在管理当中占着举足轻重的地位。学校培养教育的重点对象，首先是学生。只有学生发展了，学生素质提高了，才能凸显出学校教育管理的成功和学校教育的魅力。因此，以学生为本，应成为学校管理的根本。一些学校"关注学生"的口号喊得很响亮，但受教育功利思想的影响，无视学生的个体感受，淡漠学生心灵成长的管理措施和教育细节。因此，在学校管理的过程中，应该以学生的视角来思考、筹划、实施和总结相关工作。

## 一、劳动：让学生在体验中养成习惯

笔者到某校参观学习。只见教学楼窗明几净，楼道走廊扶梯一尘不染，地面鲜光亮呈。笔者心里暗暗叹服：这所学校的学生遵规守纪，言行素质好，没有随地乱扔乱踩的现象。笔者随即向该校领导请教其中的教育措施方法。该校领导笑眯眯地应答"没什么、没什么。"存着心中的一丝疑问，笔者辗转问询多人，终于在与一位中层干部的交谈中获得了些许答案。原来，该校实行职工承包制：勤杂工每天对教学楼的楼梯、走廊和墙壁进行清扫洗抹，有时甚至对教室地面进行加工。"那学生不用劳动吗？""为保证学生有足够的时间用于学习，每位学生只负责课桌座位对应地面的杂物清理。"笔者听后，不禁沉思良久。

学生到校读书，理应以学习为主，这是毫无疑问的。但只重视读书，不让学生参加校内的卫生劳动，导致"以学挤劳"，劳动教育名存实亡，这是很不应该的。劳动素质的培养在素质教育中也占着重要的位置。要引导学生树立"劳动者最高贵、劳动最光荣"的观念，使学生通过劳动，认识劳动的美、劳动的价值，培养学生良好的思想觉悟和劳动习惯。如只埋头读书，而不动手劳动，甚至对教室的地面走廊也不愿用扫帚扫一下、不用拖把拖一下，这样的教育是十分狭隘的，是不利于学生劳动价值观的形成。勤杂工代替学生清扫教室地面走廊，这是越俎代庖的做法。这样做，虽然增多了学生学习的时间，但含义变味了——学生既没有劳动，也没有体验，更谈不上素质习惯的养成。据此，笔者认为，班级教室附近区域的卫生整洁，应该让学生自己动手，一是培养学生的劳动观念，二是省却了学校的经费投入。一举两得，何乐而不为呢？

## 二、进馆：让学生在氛围中开拓视野

某校开展学生读书活动，倡导记读书笔记。他们在课堂上统一阅读文本，让学生在课堂上读。他们还遵照上级要求，每周设立了一节阅读课，让学生在这节阅读课上专门看书。他们展示了阅读笔记，统一的格式、工整的笔迹、流畅的读后作文，给参观者留下了深刻的印象。但跟学生一交流，笔者不禁对这节阅读课有了疑惑。

学生说，阅读课上，老师总是让他们看作文，讲解作文，他们有点儿厌烦了。（阅读课变成了作文阅读讲评，课堂变味了，难怪学生产生厌倦的心理）。有时老师从图书馆借来统一的课外书，指定相关章节段落，让他们阅读，而后写读书笔记，他们被绑架了（阅读课上只能读指定的内容，阅读的空间和自由被老师剥夺）。有时老师直接在阅读课上教学新课，完成课本的教学任务，（阅读课变成了老师的教授课，阅读课名存实亡）。可见，学生虽然在阅读和记笔记，但有着几多的无奈和不快。听完学生的陈述，笔者随即向教务处反映：为什么不在图书馆或阅览室上阅读课呢？图书馆有丰富的藏书；阅览室有多彩的杂志。这样的场所，会满足学生的个性阅读的兴趣和需求；更重要的是，图书馆、阅览室，会给学生阅读营造良好的读书氛围。喜欢读书的同学，在这里会沉浸其中；初探阅读之海的同学，也会被熏陶、被感染，从而参与其中。因而，笔者期盼着，学生能够在图书馆去看书、写读书笔记。

## 三、动手：让学生在实践中延伸学习

参观一些学校，总能看到门厅装饰华丽，有大块大块的喷绘，有图文并茂的展板。它们向人们展示着学校骄人的办学业绩，展示着学生以往的多彩活动。踏遍校园，浏览教室，也总能在楼道里、在墙壁上、在视野所及之处，看到展板橱窗、宣传标牌，感受到标准正规的文化气息。笔者不禁赞赏这样的校园文化，佩服漂亮美观的文化布置。但静下心来一想，又有点儿寒噤：这些印刷的文字图画，需要多少经费，如学校办公经费不宽裕，真的是免为其难的。再一想，这些印刷喷绘展板，总不会一周一换吧，不会一月一换吧，可能一学期弄一两次吧，也可能一学期搞一次。但一学期弄一两次，能和丰富多彩的校园生活同步吗？看来，这些装饰，是装门面的，不是及时反映日常教育生活的，不是及时反映学生多彩生活的。笔者想到这里，不禁对这种文化提出质疑。

然而一日，笔者走到某校，看到教学楼瓷砖墙壁上的另一番景象，令人耳目一新。只见学科学习的手抄报一张一张的粘贴在墙上，手抄报前围着一群学生，在读着、看着、议论着，旁边还有优秀手抄报的比赛结果。询问情况，学生回答，每个月要举行一次学科手抄报评比，全体学生参与评比。听到这笔者不禁击掌叫好。一张白纸的价值是有限的，但发给学生，让学生在上面涂涂画画，制成手抄报，作用着实很大。手抄报展示评比，既巩固知识，又激发兴趣，既培养素质，又丰富活动，一举多得。学生主体参与，乐在其中。手抄报粘贴展示，美化了墙壁，凸显了原生态的校园文化，营造了浓厚的学习氛围。

两相对比，笔者叹服于该校的经济节省意识，又叹服于组织学生参与其中的主体意识。因而，笔者建议，在现代化的喷绘展板当道的同时，学校不要忽视学生的手抄报氛围也可以为校园布置增光添彩。

## 四、反思：让学生在总结中提升能力

在学生教育管理中，总能看到班会课上班主任严厉地训导学生；也总能听到在学生大会上，学校领导和德育主任对学生大声训话、批评学生，告诫学生要遵规守纪、改进方法、认真学习。虽然教室或会场纪律尚好，但总有学生在嘀咕：学校领导的讲话老掉牙了，经常是这样的话语。可见，类似的大会、雷同的训话，学生往往是一只耳朵进一只耳朵出，教育效果可能不尽如人意。

而某校在指导教育学生过程中，别出心裁地利用班会课，进行一周反思（一月反思）。班会课上，老师发下《一周学习、生活的反思》，上面有这样一些项目：①本周学得哪些比较扎实的有内容？哪些学习表现令自己比较满意？②本周学习中哪些地方不怎么理解？哪些学习表现还不够满意？③在学习方法、习惯上还存在哪些问题？怎样改进？④本周在纪律出勤、卫生上哪些方面需注意？自己怎样改进？⑤你对老师的教育有什么建议？对同学的表现有什么看法？对班级管理有什么好点子？学生依据以上项目进行反思，对着其中的一条或几条项目，写下自己的反思所得，然后对照实践，改进自己的学习、生活行为。

笔者听后暗暗叫好。教师教学要反思，学生学习也要反思。学习反思，在于促使学生总结自己的思想表现，分析自己的学习过程，在于唤醒学生的自我管理，从而使学生学有所思、学有所成。实践证明，教师对学生学习生活过多干涉，强调要怎样怎样，规定要如何如何，教育效果往往并不明显，有时会挫伤学生学习向上的积极性。如果教师对学生的教育换一种思路，侧重于让学生内心"内省式"检查实践，往往能使他们能端正学习态度，规范学习纪律，提高学习技能，会有意想不到的效果。因此，笔者建议，在学生的管理教育中，应灵活教育的形式和方法，适时让学生进行内省反思，引导学生自主反思管理。

总之，以"学生视角"来夯实学校管理，就是要让学生发出属于自己的声音，无论课堂中还是下课外，无论在校园文化布置上还是在校园活动组织上，无论在学习提高上还是素质提升上，都应该留有学生的声音和踪迹。这些声音和踪迹，可以是正确的也可以是错误幼稚的；可以是认同的也可以是建议质疑的；可以是精致的也可以是粗糙的。如果学校给予学生发出自己声音的权利，自然会看到教育的前景与希望。

（本文发表于 2015 年《学校管理》）

# 让心理健康教育走进学生心灵

一日，中午吃饭时，我巡视到校门附近，只见一位学生在原地发呆似的垂着头，门卫正大声训斥着。笔者走了过去后才得知，原来这位住宿生借了通读生的出门证，非要出校门，被门卫拦住了。那学生一声不吭，也不逃走（一般情况下，顽皮的学生被拦住时总是想极力逃脱的）。笔者有点儿疑虑，就告诉门卫这事由我处理。在问明了学生还没有吃饭的情况下，笔者带他来到餐厅陪他吃饭，而后来到办公室。"为什么要出校门呢？"他先是不回答，后来在笔者的好言劝慰下态度有所缓和。"我要做一件事，让我爸爸妈妈懊悔。"笔者心头一惊："为什么一定要让父母懊悔呢？""因为我爸爸妈妈没有看到我的进步，总是看轻我，总是对我撒谎，让我失望透顶。"笔者意识到问题的严重性，认真地跟他做了推心置腹的交流，又和学生的父母做了沟通……

事情虽已过去，但该生暴露的心理问题却久久地在笔者心头回荡。这件事也给我们深深的启发：应该让心理健康教育走进学生心灵。

## 一、要开展心理问题的预防教育

心理咨询必须以广泛深入细致的心理健康知识宣传教育为前提，要面向全体学生进行预防性教育。学校心理咨询老师应该利用宣传橱窗、广播、班会队会等多种形式和手段，向学生介绍科学的学习方法，调整应考心态的方法、处理各种人际交往矛盾的方法；教育学生学会如何正确认识自己、评价自己、悦纳自己等。必要时还可以开设一节心理指导课——观察学生的心理状态，发现学生的心理问题，有针对性地系统开导教育，如对学生进行学会放松、学会幽默等心理方法的辅导。有了这种浓厚的宣传氛围，才能使心理咨询工作瓜熟蒂落、顺理成章，才能为心理咨询奠定良好的基础。

在开展心理问题的预防教育中，要注意定期地与学生进行心理交流。因为中学生正处于身体和大脑发育时期，会产生强烈的独立意识。然而在实际的生活中，他们又无法达到真正的独立，常处于一种与成人相抵触的情绪状态中。而教师与学生有着密切的联系和更多接触的机会，因此，我们要学会与学生进行交心的聊天、谈话。指导他们改变不良的行为与态度，消除困扰，适应环境。而且，我们的谈话不应该是说教，而是聆听；不应该是训诫，而是接纳；不应该是命令，而是引导；不应该是遏止，而是疏导；不应该是控制，而是理解和参与。应该以积极的态度、积极的发展观、积极的生活思想为理念，以学生的成长和发展为中心，以学生自助为主，教师帮助为辅的方式，帮助学生更健康的发展心理。

## 二、要畅通心理问题的宣泄渠道

学生心理有疑惑和不解，一定要说出来，否则会对学生的成长造成严重影响。为此开展好心理咨询工作，必须疏通学生的情绪得到宣泄的渠道，让学生有地方可以倾诉，有对象可以助求。可以让学生写好日记，写出自己的喜怒哀乐，写出自己的想法情感。可以让学生写信件，寄给心理老师或有关专家，征询有关问题的看法。可以让学生上校园网络，及时在网络平台上抒发情感，让同伴出主意想办法。心理咨询老师还可以公开自己的 QQ 号和邮箱地址，让学生匿名求救，从而加以疏导教育。只要把心头的疙瘩、胸中的情结解开，那么心理咨询工作就有了成功的基础。事实上，学生把问题通过合适的渠道表达出来，那么问题的性质也就减轻了一半。上述那位学生开头什么也不说，这就是问题。后来他把心中的事情倒了出来，就能对症下药地疏导教育。

许多学校都有本校的心理健康教育网站，但有的缺乏师生的互动交流。据笔者调查了解，很多学生表示网站是以学生单方面学习为主，没有老师的参与。这样很难吸引学生去学习，他们在学习的过程中，有了问题也不能及时得到解答，学习效果差。因此，笔者建议心理健康教育网站应该要有心理健康教育的教师参与，实现师生互动交流，这样才能有好的教育效果。比如应设有网络心理教育QQ，网络心理信箱。心理教育的教师在网上跟学生沟通，及时了解学生的心理问题，及时对其进行辅导，使心理健康教育真正走进学生心里。

### 三、要讲究心理教育的方式方法

心理教育工作要取得成效，方式方法很重要。一把钥匙开一把锁。心理教育从本质上说是助人自助。教师开展工作时要和风细雨，润物无声，可以用倾听、解释、引导、点拨等技巧解决学生的心理问题，切不可简单粗暴地命令学生，应该怎么样，不应该怎么样。教师在指导时可以用书面评语交流，用心灵唤起心灵。比如学生在日记中写出了远离家人的住校生活的习惯，教师就鼓励学生锻炼自理能力；写学生之间的纠葛，教师就倡导学生培养个人宽容的品质。教师还可以通过活动来启发诱导学生，在学科教学中渗透心理教育，尊重、理解、鼓励、接纳、善待学生，让学生体验成功，维护和促进学生的心理健康。同时还可以让学生经常性地反思自我：我在学习、生活中的行为哪些是可取的、哪些需改正？在与父母与他人的相处中有哪些缺点？让学生正确看待分析自己，学会调节自己的情绪，扬长补短，自我发展自我完善，这样就能提高自己的心理健康水平。在进行心理健康教育时，要以面向全体学生为主，个别辅导为辅，让心理健康教育真正进入课堂。在课堂教学中要有别于其他学科的教学方式，主要突出活动，但又不是纯粹的活动，而是通过活动让学生获得心理体验来改变自己的观念。同时还必须强调行为训练。如果心理健康教育只停留在说教，或灌输理论知识，而不是让学生亲身体验、感悟，就无法取得实效。教育时应采取体验式，体验式方法能增强学生的切身感受，它是指教师依据内容而设计某些教学活动形式和活动环节，让学生在活动过程中得到体验感受，从而使学生身心受益。"体验感受"活动设计得好，往往能起到讲授教学方法无法达到的效果。如培养学生的"意志力"，讲授教学很难培养；若设计跨越河岸，跳过山坎障碍等野外教学活动，让学生去实践体验，锻炼意志，教学效果将会更好。

### 四、要变换心理咨询的称呼说法

目前，不少学校都建有心理咨询室，可心理咨询室往往门可罗雀。笔者认为，这和"心理咨询室"的名称有一定关系。而某校巧妙地将"心理咨询室"改为"阳光会客厅"，就取得了不错的效果。

"心理咨询室"这个名字往往让学生敬而远之。"正因为心理有问题有疙瘩才去咨询了解"这一意识使得学生不愿意进去咨询，也不愿意多看一眼。学生即使心理有困惑、有问题，也不想和"心理咨询室"沾上边儿。而"阳光会客厅"就不同了。从字面上讲，这是一个大家说说笑笑的会客厅，能使人精神振奋、心旷神怡。这一名称的变化，避开了心理有问题的嫌疑，避开咨询了解的尴尬，不仅让学生减少了顾虑，也丰富了会客厅的内涵。因而，学生可以大胆、主动地走进去，直接向老师倾诉自己的困惑和想法，积极向老师讨教解决的良方。应该说，"阳光会客厅"这个名字，既保护了学生的自尊心，又不露痕迹、水到渠成、春风化雨，显示出一种别样的美感，让咨询者有了安全感。从"心理咨询室"到"阳光会客厅"这一名称的变化，使学生由被动接受心理教育变为主动了解、运用心理健康知识调节情绪，极大提高了学生的心理健康意识和水平，为心理咨询工作撑起了一方晴朗的天空。

总之，心理咨询、心理教育是德育工作的一个重要课题，它在帮助学生正确处理学习与生活的关系、培养健全人格的等方面有着不可替代的作用。因而，心理教育务必脚踏实地：要联系学生实际、要摸准实际思想脉搏、要开展实际活动、要讲究实在形式，这样才能取得求真务实的实际效果。

（本文发表于 2009 年《内蒙古教育》）

# 适度惩罚：教育管理学生的润滑剂

在教育管理学生的过程中，会发现很多问题。对此，教师是放任还是处罚？处罚时如何做到既严肃纪律又使学生心悦诚服，如何做到既教育了违纪学生又达到一石双鸟的教育效果呢？笔者回想起经历过的三件事情，对处罚的对象、方法和适度问题做了一番分析探究。现详述如下。

## 一、惩罚迟到学生

真恼人！7：30 进入教室，居然还有两张课桌上空着。自从市局颁布了学生早晨上学进教室不早于 7：30 的规定后，一些学生，经常在铃响时分姗姗来迟。一会儿，两位学生出现在教室门口，一人还自言自语地说："还好，刚上早自修。"看到这种情形，笔者心里的火苗直往上窜，真想大声训斥："真不像话！罚站一节课。"但笔者还是克制自己，心里闪过两个念头：是让他们罚站一节课，还是放他们进教室？让他们长时间立在门口，往往使学生满心怒气，这样既影响了课堂教学的顺利进行，又容易造成师生对立的局面，导致适得其反的结果。而挥挥手，让他们进来，可能息事宁人，但其他学生则看在眼里记在心里："迟到不要紧，老师会让我进教室上课的"，以致造成上课无纪律性、学生视铃声为儿戏的现象。怎么办呢？既要强调纪律的严肃性，给学生一个小小的震撼（迟到是要站立的），使学生不"依样画葫芦"，又要给迟到学生一种关爱式的惩罚，还使学生不至于出怨气，能心平气和地接受，体现出以人为本的理念。于是，笔者充耳不闻。虽然他们在门口喊"报告"，但我自顾自在教室里踱着方步，扫视着全班同学。学生见笔者脸色严峻，不理睬迟到同学，也就明白了几分。在约摸让他们站立 3 分钟后，笔者才走到教室门口，告诉他们："你们迟到了，快去坐好吧。课后到老师办公室。"学生满脸涨红回到座位，教室里又趋于平静。从此以后，教室门口再也没有心急火燎而又姗姗来迟的同学了。

**【思考】**

没有规矩，不成方圆。学生迟到，虽是小事情，但牵涉到管理问题。违纪必定要接受处罚。让学生在门口站立，就是一种处罚、一种警示，对迟到学生施以小戒对全班肯定有所震动。但在实行时要讲清原因，要使之心服口服。

## 二、惩罚字纸篓

教室里不知从什么时候起，刮起了一阵餐巾纸风，学生口袋里有餐巾纸、课桌里有餐巾纸，有的甚至让整包餐巾纸与课本地位同等，赫然"站立"于课桌上。学生用完餐巾纸，就随手往角落里篓一扔。规矩一点儿的，走到纸篓边；不规矩的，就像乒乓球投篮似的。但"乒乓球"往往不够分量，落在了外面。于是纸篓周围布满了白乎乎的团纸，点点状状，很不雅观。看到这种情形，笔者的眉头总是紧锁着。在班级里强调了几次——一定要把餐巾纸放在字纸篓里，但效果甚微，学生依旧我行我素，教室地面卫生没有大的改观。

看来光强调纪律还不能奏效。在班会课上，笔者做出了一个大胆的举动：发给每位学生几张崭新的保鲜袋。学生惊讶起来："发保鲜袋做什么呀？"笔者告诉学生，废纸不得随处乱扔，要把自己的餐巾纸等废纸装入自己的保鲜袋，袋子可以藏在课桌里也可别在桌缝里。在学生接受了笔者的观点后，笔者又宣布了地面不整洁的处罚措施——惩罚纸篓，让它"滚"到教师办公室里"面壁思过"，因为它没有起到吸纳废纸的作用。学生听了我的话，看看手中的袋子，一时陷入深深的思考之中。

由于有言在先，又由于清掉了字纸篓，学生往角落里掷废纸的现象得到了根本的扭转。教室里整洁如新，再也没有白色的星星点点。毫无疑问，学生过度依赖餐巾纸的习惯也被慢慢改掉了。笔者还发现，有很多同学的保鲜袋都没使用，良好的卫生习惯开始养成。

【思考】

学生违反纪律，有时凭借一个外在物体（力量）。当把外在物处理掉后，学生因找不到一个着眼点而就无从违纪了。况且对这个着眼点的处罚，能使学生受到了深刻的警示教育，起到了敲山震虎的效果。这样的处罚，是教师与学生沟通的重要契机，也是学生认识错误、改正错误的信号灯。

## 三、惩罚教师自己

德育处公布自修课学生纪律检查情况，笔者所带的班是纪律较差班级之一。笔者有点儿震惊——以为自己班学生成绩处于前列，自修纪律肯定也不错。因而，每周两节的自修课，笔者也懒得去走走看看。但结果出乎意料！痛定思痛。责骂学生吧，已是"马后炮"，况且自修课讲话学生不止一个两个，不便"大开杀戒"。但总要给学生一个惩戒和警醒吧！笔者当即找来班长，告诉他班级纪律评比情况。笔者对他说，事情发生了，同学们课堂上的表现也已成为过去，可以不计较，但两个人需要惩戒处置。班长疑惑地望着笔者，顿了顿，笔者说道："老师要给老师自己和你一个惩罚——惩罚老师没有履行督促管理之责，惩罚你没有及时制止，惩罚你没有及时汇报老师。"班长低下了头。

又一堂自修课来临了。笔者公布了自修纪律被评情况，提出了自修课的一字要求——"静"。围绕"静"，要求同学静心看书，要求同学多做书面作业，要求同学尽一切可能不影响旁边同学。在得到学生的响应后，笔者又强调要给班长和老师一个惩罚。同学们惊奇得睁大眼睛。当笔者述说理由后，同学们微笑了。班长当即站到角落里面壁5分钟。笔者则站在前门边面朝大家，一声不吭，脸色严峻，思过15分钟。惩戒结束，笔者表示以后自修课上，老师要多深入班级，接近同学；希望班长认真管理，同学积极配合。从此以后，自修课上"风平浪静"，学习氛围甚是浓厚。

【思考】

思考：当学生违纪时，教师不妨扪心自问：自己做得有没有不妥之处，管理有没有不当之处？教师严格要求自己，在学生违纪时先检讨自己、惩罚自己，势必潜移默化地影响教育学生，在学生之中极大提高教师的威信，从而达到"不令也行"的良好状态。

经历了三则事情，笔者深深感到，教育管理学生不能没有惩罚，适度惩罚是教育管理学生的润滑剂。对违纪学生进行适度惩罚，是可行的，也是必要的（当然决不能体罚学生）。对学生的处罚，不仅要讲究策略，而且要讲究智慧，要采取灵活、巧妙的处理方式，要点到为止，要敲山震虎，更要正人先正己，这样才能达到事半功倍的教育效果。愿适度惩罚为学生的管理教育添砖加瓦、增光添彩！

（本文发表于 2006 年《思想政治理论教学》）

# 顺应心理：有效引导教育的基石

## ——例谈校园中加强对学生的引导教育

近日，到某校调研，该校校长向我们呈上《学生管理小册子》，内有《学生违纪处理办法》《学生在校十要十不要》等规章。同行的人佩服他治校的严格细致。但征询学生意见时，他们满肚子怨气，指责教师特别严格，总是"禁止这样不要那样"。笔者仔细观察后，隐隐觉得该校对学生的管理似乎缺失了什么。

管理学校，制订一系列规章制度是必要的，但把规章提到空前的高度是不妥的。教育家陶行知说："熏染和督促两种力量比较起来，尤以熏染为更重要。"熏染就是氛围，就是古人强调的"化育"。教育的成功，就教育本身而言，应该是环境陶冶、氛围熏陶、润物无声，促使学生的个性能够得以充分发展。

那么，如何使学生个性发展、完善提高呢？笔者认为，顺应心理应该是有效引导教育的基石。现摘录几则案例，写出来与大家共勉。

## 一、让学生构想环境、创作标语

**【案例】**

一般情况，学校墙面的标语都是统一购买的名人名言，但学生往往是司空见惯，教育效果甚微。如何利用墙壁文化用语，因势利导教育学生？身为语文教师的李校长从学生的周记中读到一句广告词，突发灵感：何不放手让学生自己来写劝学格言等一类的广告词？这一想法得到大家的一致赞同。于是全校开展了向学生征集校园文化用语的活动。全校学生积极主动，热情很高，创作了许多鲜活生动富有学生特点的妙言佳句。这些句子琅琅上口，寓意明白，贴近生活，语气亲切，主题明确，富有较强的教育性和感染力。有的励志上进："每个人都是自己前途最权威的设计师和建筑师""只有失败的事，没有失败的人""把微笑送给别人，把自信留给自己"；有的劝学求知："荣誉存在于勤奋而诚实的学习之中""一步一个台阶，我们每天都要进步"；有的关注公德："花草有生命，手下请留情。""随手一扔，你丢下的是自己的素质；轻轻一弯，你捡起的是自己的道德。"

学校对这些征集的广告词作品进行了认真的评选，组织各班制作班级宣传展板，并将10条情真意切的广告词作品"定格"在校园里，旁边注上学生的姓名。这些校园广告词，由于是学生自己编写的，对学生自省自律起到了很好的提示、警醒作用。特别是被选用的学生，内心更是激动，他们看到学校把他们的"作品"制作得这么精致，摆在这么重要的位置，备受鼓舞。这样，在走廊里，在墙壁前，常有一大群学生围着精美的学生"校园广告词"标牌，驻足品读，赏心悦目，耳濡目染，构成了校园中一道独特亮丽的风景线。

现在，许多学校都非常重视校园文化建设，在楼道、走廊等处粘贴名人名言、标语口号等。这就是让墙壁"说话"。但墙上标语过于概念化、笼统化，千人一面，缺乏新意，没有引起师生的"注意"，校园文化只是成了一种无效的装饰。

可不可以改一改，使它变得可观可感呢？中学生大多数人都希望有舞台有机会展示自己才华，得到别人的肯定，这种积极向上的心理值得重视。让学生动手设计，"构建"环境创作校园标语，不仅给学生以展示才华、历练人生的舞台，也注重了实际、实用和实效，显得亲切有个性化，能够真正起到陶冶情操、启迪心智、促进全面发展的积极作用。事实上，在这样的活动中，学生积极性高，参与程度广，创新实践能力得到有效的培养。

## 二、让学生坦然赠言、专注学习

【案例】

一位领导告诉我说：现在学生思维活跃，意识超前。离升学考试还有三个月，可学生之间签同学录的风气已经悄悄蔓延开来。怎么办？签写同学录，可能分散学生的精力，浪费学习的宝贵时间，而且会使男女同学滋生出某种情愫，很不利于考试前的专注学习。但签毕业同学录，也是分别前毕业生的一份心意。怎么办？"堵不如疏"。这所学校的老师非常理智，正视学生希望沟通的现实，索性来个顺水推舟。他们利用班会课组织召开一个签名主题会，大大方方地留下毕业赠言及通信联系方式。在学生相互传阅签名后，班主任告诉同学们：把友情留在纸上，把真情藏在心底，把希望寄托在行动上。老师要验证一下同学录中"前程似锦""学有所成"等赠言的功效，所以把这些同学录珍藏起来，待到毕业考试结束后再发还大家。说也奇怪，自从主题会后，同学们不再提起此事，专心致志学习的氛围更浓了。

如何看待签名同学录？同学录到底给毕业生带来多大的影响呢？笔者认为，这个问题要辨证分析，一分为二地看待。也许有的学生从签名的言行中想入非非、游离学习，导致成绩滑坡。但即将毕业的同学，不能不留下一个联系方式，不能不留下一份美好一份回忆。因而，学生临近毕业，心思比较狂热浮躁，学习有点儿分心。如果来一个"严厉禁止"，无疑给学生当头一棒！这种做法极大禁锢了学生纯真而活跃的身心，极大损害了学生的自尊心。"堵不如疏"。这所学校的老师召开主题班会，让学生坦然赠言。神思飞扬的瞬间，释放学业的压力，抒发同窗的情谊，烦躁心理随之烟消云散。实践证明，这样的处理比较中肯而又妥当；既顺了学生签名交往的心愿，又把学生的心收拢到学习生活中来。

现代教育理念认为，成功的教育者必须能够深入细致地了解并尊重学生的天然禀赋及个性特点。在此基础上因材施教，给他们一个广阔自由的发展空间，同时还应予以热情的鼓励和科学的指导。教师要做的并不是要征服学生，画地为牢，使用"严刑酷法"让学生循规蹈矩，而是要巧妙顺着学生心头的"波浪"，舒展他们的心灵，发展他们的个性，促进良好情感的形成，促进学习成绩的提高。可见，教育学生，要顺应心理，营造氛围，相机诱导，有效疏通。

## 三、让学生默默阅读、深受感染

【案例】

某校校门附近的电子屏幕，上面的文字总是熠熠生光。不但有"热烈祝贺我校××老师荣获一等奖"之类的新闻，更有因时、因事、因物的信息内容。那天来到学校（5月8日星期五），眼睛忽然一亮。屏幕上光彩闪烁，依次调换显示着好些内容——"5月8日，世界红十字日。""爱心一元捐，托起一片希望。""……"看着屏幕，笔者记起了这个特殊日子。由此，了解了学校开展的"爱心一元捐"活动，感受了学校里浓浓的文化气息。笔者默默地称道赞许。下午两点左右，又见到屏幕上新的显示内容——"5月10日母亲节。""母爱无声，相伴一声。""谁言寸草心，报得三春晖。""母爱是清凉的风，母爱是遮雨的伞，母爱是滴落的泪，母爱是甜甜的吻。"笔者不禁击掌叫好。10号正好是星期天，学生都在家里都在母亲身边。学校提前把这个母亲节的信息告诉学生，提醒要感恩母亲、回报母亲。学生在流动闪烁的电子屏幕前驻足阅读，低声交谈，这俨然成为了该校一道流动亮丽的景观。

此时无声胜有声。电子屏幕文字显示虽是默默的，但教育功效却是非同小可的。电子屏幕文字显示，有着与时俱进、更换方便的独特优越性。从负责电子屏幕的教师那里，笔者了解到，他们有效利用电子屏幕，把它当做重点内容来做——他们利用校内资源、社区资源，构筑温馨语言，提醒教育学生；利用日期的特殊意义，简说事情缘由，抒写心中愿望，营造文化氛围；利用学校活动，激发参与斗志，表达实践激情。也针对学生已经出现或可能出现的情况，适时地以"温馨提示"的形式在电子屏幕上"广而告知"，提高了教育的实效性。

中学生的校园生活相对枯燥，甚至每天走在三点一线上，似乎少了许多的激情。于是，三点一线上的些许改变都会吸引他们特有的好奇与探究的心灵。每天更换的电子屏幕，内容新鲜及时丰富，合时合地合事，有效消除了校园内可能存在的压抑呆板的印象，营造出健康向上、充满人文气息的校园环境氛围，极力彰显校园环境的熏陶功能，也让学生潜移默化地受到暗示，对学生心灵产生熏陶升华的作用，使他们不仅获取了知识，而且陶冶了情操。善意的提醒，体现和谐；温馨的提示，充满关爱；情真的教育，既委婉含蓄又意味深长。

## 四、让学生听进谎言、体会真爱

【案例】

一学生上课不认真听讲，成绩不好。恰逢学校召开家长会，那学生听说笔者要同他家长见面，一脸的惊恐。见面在笔者办公室，我让学生一同在场。在笔者简单介绍了学校里的教学及活动后，笔者语重心长地告诉家长，要为孩子准备好早饭，要让孩子吃好早饭，这样学习听课就精力充沛；不然孩子吃点零食不吃早饭，不利于身体发育，也影响了上课的注意力。笔者劝慰家长，孩子的学习成绩比以前有了进步，老师们都赞许他近来的改变，老师相信他的潜力和发展。听到这里，学生的脸上洋溢出笑容（他担心老师会把成绩不好的情况告知家长）。笔者摸摸学生的头，他不好意思地笑了。后来，该生一直上课认真，成绩有了明显的进步。"善意的谎言"真的起了作用。

学生随着年龄的增大，也不好意思"出头露面"，课堂上不愿意积极举手发言。

每逢这时，笔者便抓住机会，只要有一个学生举手或欲举又止，笔者就装作清点似的说道："一个，两个，三个"。老师的清点既是肯定又是提醒。在笔者谎言的"呼唤"启发下，学生的手纷纷地举起来了。深度思维被激发了，课堂气氛活跃了。

要真正"教育好学生"是需要讲究艺术的，而艺术的教育有时是需要"谎言"的。因为千差万别的学生，面对多变复杂的个性心理，用单一陈旧的"说教""管教"模式往往行不通，甚至事与愿违。更何况，中学生还处于生理、心理发育期，其对"忠言"却是非常"逆耳"的。对这样一群特殊叛逆期的孩子，其稚嫩的心灵更需要我们百般呵护，容不得我们出丝毫差错。在这样的情况下，善意的谎言，往往能够成为师生心灵沟通的纽带。

实践证明，善意的谎言，能够呵护学生的自尊，能够培养学生的自信，能够拉近师生的距离。恰当运用善意的谎言，往往能催生"皮格马利翁效应"，往往能有意想不到的效果。

自然界中，鹅卵石的日臻完美，不是靠锤的击打，而是因水的冲洗。学生都是活生生的人，有兴趣、有热情，更有强烈的自尊。倘若我们总摆脱不了用所谓的严格管理来治校，用所谓的标准规范来衡量学生，那么"爱迪生""法拉第""小牛顿"就不会有，我们离办教育的初衷则也越来越远。这样的教育是压迫而不是解放，是后退而不是超越。

因而，管学校、办教育，在建立一些规章制度的基础上，更要构建一种顺应学生心理的和谐氛围。顺应学生心理，巧妙机智地诱导、和风细雨地启发，耐心细致地教育；"随风潜入夜，润物细无声。"这种顺应心理的教育氛围，给人一种积极向上的力量，无疑会对学生心灵产生熏陶升华的作用，使他们"如沐春风"，百花齐放。

一句话，顺应心理，是一种基于人本的润物教育，是一种有效的赏识教育，是一种成功的引导教育！

（本文发表于 2011 年《实践新课程》）

# 适度：学生管理的应然取向

## ——例谈教师"平等"学生及管理学生的几个问题

在学校教育中，教师和学生之间的关系始终是一个敏感的话题。在学生管理的过程中，教师如何做到既与学生"平等"又达到教育目的？在日常学习活动中，学生难免会出现一些问题，违反一点儿纪律。对此，教师是放任还是处罚？处罚时如何做到既严肃纪律又使学生心悦诚服，如何做到既教育了违纪学生又达到一石双鸟的教育效果呢？笔者认真观察并思考了学校教育中的几则案例，对教育管理学生的"适度"问题做了一番探究。

## 一、师生之间：是亲密"零距离"，还是严格"远距离"？

### 【案例】

某校李老师对学生非常严格。课堂上他拍桌敲椅，摆出一副盛气凌人的凶神恶煞形象。遇到学生做错作业或上课开小差，他就以门口罚站来惩罚学生。课堂上他面容冷峻，凛然不可侵犯。学生上他的课，神经高度紧张，毛骨悚然。课后学生躲他躲得远远的。对此他津津乐道："学生都服帖了。"但久而久之，他遇到好多麻烦的事儿。他任教的班级常有学生要求调班，说不适应他的教学。他的教学成绩也比不上其他教师。一些被他"修理"过的学生常常是空白着考试卷子，不是不会做，而是故意空着。学生的恶作剧使他非常苦恼，不知道如何施教才好。

师生应建立亲密平等的关系，这是非常正确的。但平等到何种程度，亲密到何种分寸，这是大有学问的。师生应平等，这是说教师应把学生看成一个生动活泼的人，尊重他们的思想、主见、情感。但在具体教育教学中，教师是"平等中的首席"，是知识的引领者，是活动的组织者。教师应该做到让自己在学生心目中具有威望，让学生能听从自己的教导或建议。如能这样，这个平等才是真正有效的平等，否则只能是"胡闹"的平等。

同时，教师在学生心目中的威望，并不是靠凶和严建立起来的。靠恫吓、威逼、体罚，逼使学生就范，对于教育是非常不利的，这样就远离了学生，远离了生活，远离了诗意的教育。教师要建立自己的威信，关键是要了解学生、信任学生，以渊博丰富的知识、巧妙机智的诱导、和风细雨的启发，来耐心细致地教育学生。这样才能使学生"亲其师信其道"，否则学生可能不买你的账，甚至会搞恶作剧。一句话，教师和学生的距离不能太远。

为使师生关系和谐融洽，使教育教学顺利进行，教师应保持清醒的头脑，既不能想着要"平等"，和学生长久地零距离接触，也不能想着要"威望"，对学生"穷凶极恶。"和学生隔得太远。教师和学生应保持适度的距离，换言之，宽严有度是上策！

## 二、处理事情：是一律禁止，还是三思后行？

**【案例】**

一位领导告诉笔者说：现在学生思想活跃，意识超前，往往热情过头。虽然离升学考试还有三个月，可学生之间签同学录的风气已经悄悄孕育并蔓延开来。笔者很佩服他的感觉很灵敏，善于捕捉学生之间的蛛丝马迹。学生一有风吹草动，他便能感悟、发现并严肃处理。"签同学录，往往分散学生的精力，浪费掉学生学习的宝贵时间，而且会使男女同学滋生出某种情愫，很不利于专注学习。一定要禁止，严厉禁止。"他振振有辞地说道。于是，他马上召集班主任开会，要求班主任在班级里做好宣传发动并严明纪律：凡在教室里发现《同学录》，一律没收；凡发现有人在学校里签名赠言的，一律撕毁，情节严重者要给予处分批评。在高压态势下，学生之间互签同学录的风气渐渐得到扭转。

如何看待签名同学录？同学录到底给毕业生带来多大的影响呢？笔者认为，这个问题要辩证分析，一分为二地看待。也许有的学生从签名同学录的言行中想入非非，游离学习，导致成绩滑坡。但签毕业同学录，也是毕业生的一份心意、一种习惯。凡是经历过读书、毕业的人大概都有这个体会。也许学生想毕业后给同学一个联系方式，保持同学之间的纯真友谊，留下一份美好真情。因而，在临近毕业时，他们的心思比较狂热、浮躁，总是左签名、右赠言，以致学习显得有点儿分心。这大概也是大多数青春少年内心的情感。然而这位领导的严厉禁止给了学生当头一棒！这种做法极大禁锢了学生纯真而活跃的身心，伤害了学生的自尊心。要知道，学生作为一个活泼的个体，有个性、有爱好、有思想、有情感。领导、老师的左一个不准，右一个禁止，对学生身心的伤害无异于在伤口上撒盐。

现代教育理念认为，成功的教育者必须能够深入细致地了解并尊重学生的天性及个性特点，在此基础上因材施教，给他们一个广阔自由的发展空间，同时还应予以热情的鼓励和科学的指导。教师要做的并不是要征服学生，画地为牢，使用"严刑酷法"让他们循规蹈矩，而是要巧妙顺着学生心头的"波浪"，舒展他们的心灵，发展他们的个性，促进他们良好情感的形成，促进他们学习成绩的提高。可见，处理学生事情，不能一律禁止，而应三思后行；要顺应心理，相机诱导，巧妙引导，有效疏通。

## 三、惩戒学生：是当即执行还是缓期过渡？

【案例】

督导某一初中学校，看见布告栏里贴着许多"处分"。仔细阅读，发现好多是违反住宿纪律的，有的说："某同学昨晚熄灯以后在宿舍里讲话，违反住宿纪律，特给予警告处分。"有的说："某同学不遵守作息时间，熄灯后还在卫生间，影响同学休息，特给予大会批评。"笔者询问一同看布告的老师，他们说："德育处的老师个个凶神恶煞，他们对住宿纪律抓得非常严格，一有违规，马上处分，从而教育学生。"好个"非常严格""马上处分"，但笔者心里却有点发闷。

德育教育，要靠威严、强硬手段，但有时也要因地制宜，和风细雨。调查该校住宿生，他们反映学校对住宿生管得严，也管得时间太紧张，从夜自修结束后回宿舍到熄灭灯，只有 20 分钟，住宿生根本来不及在这段时间里把睡觉前的一些工作做完，他们有时只得摸黑洗脸、洗脚。有时趁熄灯时分讲讲奇闻趣事，交流听课感受，但往往被德育处老师逮个正着，只好自认倒霉，甘愿受罚。他们也反映，在这样"高压态势"的教育情境下，觉得心里很压抑，时时处处有如"惊弓之鸟"。

本来是活泼好动的初中生，被这样的严格规章管理着，心里难免压抑，一天的学习生活已经够累，应该有一个休息的时间，有一个调侃的港湾，正像"家"一样无拘无束、自由自在，互相说说，相互谈谈。而宿舍就是他们在学校的"家"，他们希望宿舍里能有一个放松娱乐的氛围。如果在宿舍里也被压得连气都喘不过来，学生会产生强烈的逆反心理，从而导致批评教育事倍功半，甚至收效甚微。笔者不禁想到一些敬老院里的老人，他们虽然白天在交流，但在熄灯之后却还在低声细语。大人尚且如此，小孩就更不必说。

爱因斯坦说："对于学校来说，最坏的事情是主要靠恐吓、暴力和人为的权威这些办法来进行工作。"学校是学生成长的摇篮,教育并非冷漠的训斥,更不是威慑的严格。学校在制定有关"校规"时,要多考虑如何引导学生"向善",要多给犯错学生提供自省、帮扶的机会,而不是仅仅简单粗暴地硬性执行;要多用感人的"真情"打动学生,多用阳光的态度感染学生,多用符合学生身心特点的方法教育学生。

因而,面对宿舍这个集体生活之家,既要有学校的明确规章,又要体现教师的以人为本的教育理念。可以在宿舍熄灯后的十分钟里,对学生进行了人性化管理。在这十分钟里,值日老师要巡视提醒:各宿舍是否正常、是否少人多人,提醒学生及时上铺睡觉,提醒学生迅速做好有关准备工作。如果有讲话等问题,也只用手电筒照照来暗示或用语言温馨地提示。这十分钟是热闹向安静的巧妙过渡,是遵规与违纪的必要衔接。但十分钟后,值日老师要巡视惩戒学生。熄灯十分钟后,如果宿舍里还不安静的话,就要采取严格的教育措施,给予严肃的批评教育;或记入《宿舍情况记录本》,或向班主任反馈情况,或纳入班级常规考核之中,等等。

实践证明,惩戒学生,有时不必"当即执行",而应"缓期过渡",这样既加强了教育管理,又体现了对学生的人文关怀。

# 第三章　领导教学

　　大道至简。抛却浮华的朴素的"真善"课堂是求真的课堂，彰显着教育的真谛。让课堂回归宁静，回归本真，学生于课堂上质疑深思，于课堂上寻觅探索，于课堂上思维灵动。关注每一个孩子的健康成长、情感培育，让每一个孩子按照自然规律循序渐进得以成长。朴素的"真善"课堂理念唤醒了教师的朴素做法：精神饱满、面带笑容的表情，清晰工整的板书，淡定从容的教态，妙趣横生的语言，鞭辟入里的讲解，抑扬顿挫、饱含情感的朗读……一切都是那么入人心扉、朴实无华，浑然天成。在朴素的"真善"课堂理念的引领下，学校教师夯实校本教研，加强教学反思，注重动态生成，关注细节，以朴素的做法提升教学成效，成就课堂精彩。越朴素的课堂越有生命力，越有吸引力，越有感染力……朴素的"真善"课堂，润物无声，渗透无痕，潜移默化，默默地在镜湖之畔扎地生根发芽……

# 生成不能忽视课前预设

"动态"指事物运动的状态，"生成"指事物的发生、形成。动态生成强调课堂教学不只是知识学习的过程，也是师生共同成长的历程。倡导课堂教学的动态生成是新课标提出的一项重要理念。随着课程改革的不断深入，教师增强了课堂教学的动态生成意识，对其重要性有了一定的认识，也在教学中尝试了不同的做法，但同时也存在着许多不足，导致教学方向出现了偏差。

许多教师过分强调课堂动态生成，夸大了动态生成对教学的作用，忽视了课前预先设定。教师认为新课程下的课堂教学设计越简单越好，甚至不用备课。这些教师错误地认为，新课程下的课堂应放手让学生自主学习，让学生决定课堂，因而忽视了对学生的了解，忽视了对教材的研究，课前对教材、学情的把握也出现了偏差。

同时，我们在听课调研及亲历新课程课堂时，往往会发现这样的情况。在听别人上课时，我们会不由得感慨：一个多好的生成性资源，怎么授课者就毫无觉察！在我们自己回顾教学过程时，也会发现自己错过了那么多绝好的生成性资源！

为什么会忽视预设？为什么会抓不住课堂生成？这固然有多种因素，但根本上是对两者的关系问题理解不透、把握不准。事实上，预设和生成是辩证统一的关系，两者是相互依存的。如果没有高质量的预设，就不可能有精彩的生成。反之，如果不重视生成，那么预设必然是僵化的，缺乏生命力的。没有预设的"放羊式"的课堂，容易产生远离文本、任意生成的局面。没有生成资源的课堂，看似严谨，其实按部就班、缺乏活力，失去了应有的课堂教学氛围和学生创新精神。所以我们要正确把握好预设和生成的关系。就目前新课程课堂的现状看，我们在倡导有效的动态生成的同时，更不能忽视课前预设。

重视预设，并不是传统意义上的"单线条式"的备课，并不是越详细越好。重视预设，要求教师深入地解读文本，因为教师解读文本时体验、感悟的深度，在很大程度上影响着预设和生成的质量。只有教师自己先"披文入情"，才能"情动而辞发"地进行预设，才能有效恰当地应对生成。重视预设，要求教师在全面分析学生、教材等的基础之上，以"块状式"进行教学设计，或在某些方面准备好2—3个教学方案，或在备课中对教学环节要做出多种可能出现的生成性预设，要思考在不同情况下我们教师该如何处理、如何引导学生等问题。教师在课文教学前，可预设学生可能会提出什么问题，喜欢什么样的学习方式，生活中有怎样的体验，解读时会有哪些感悟，探究时会有哪些答案，等，在此基础上教师怎样肯定、鼓励、引导、矫正等。这样一来，可以避免措手不及，顺利应对课堂生成。

重视预设，还须把握预设的特点。能预设要有预见性。虽然教学是一个开放、变化的过程，有很多意想不到的事情发生，但我们教师还要尽可能地想学生所想，备学生所想，要全面深入地思考探究，力争使课堂过程于运筹帷幄之中。预设要有情境性。为了使我们的课堂生成更具有方向感，更富有成效性，教师需要对教学精心预设，创设一种以学生为主人的具体的教学情境，这样促使学生以主人翁的态度认真思考研究，从而形成课堂生成的亮点。预设要有灵活性。当教学过程中预设的环节不能实施或不能达成教师预期效果的时候，就不能拘泥于预设，而要因学生的实际情况进行及时调整和修改，或顺此展开改变，又不影响教学任务的完成。

可见，以预设为基础，在教学实施中才能把握关键切入点，才能实现有效的动态生成。而没有预设的动态生成，好似空中楼阁，好看但不中用，对学生对教师没有什么益处，最终要轰然倒塌。一旦我们做到尽可能地把课堂生成纳入自己的教学预设中来，才可能"炼就"一双火眼金睛，在课堂教学中做到游刃有余，真正实现预设中有生成，生成中有预设，从而达到最佳教学效果。

（本文发表于 2006 年 4 月 14 日第 5 版《中国教育报》）

# 如何指导小组合作讨论

语文新课标积极倡导自主、合作、探究的学习方式。小组讨论作为合作性学习的一种重要形式，可以激发学生学习的主动性，增强学生的参与意识，有利于培养学生的合作精神和竞争意识，提高学生的交往能力。但教师在组织运用时往往偏重于形式，没有理解其深刻的内涵，致使合作学习误入歧途。那么如何使小组合作学习趋于理性，富有成效呢？笔者的体会是：

## 一、合作讨论前要让学生独立思考

合作交流的目的是让每个学生的大脑和手都动起来，弥补教师无法应对众多存在差异的学生的不足，促使学生形成主动学习的愿望和积极参与的意识，成为真正的学习主体。合作交流要建立在独立思考的基础之上。没有独立思考，就不可能提出问题。笔者最近听了一位教师上《我的叔叔于勒》一课，在总结课文时，老师布置："于勒这个人物形象具有复杂性，该怎么理解呢？请同学们分组合作研究一下。"话音刚落，教室里人声鼎沸，读书声、争辩声、应答声此起彼伏，学生个个很兴奋地把自己的理解告诉对方。面对学生流利的回答，老师露出了满意的微笑。

笔者听后，觉得这样的合作学习值得商榷。虽然教师提的问题比较有份量，但教室里不可能马上形成热烈交流的场面。即使学生思维敏捷，也不可能这样快速整理出思路，马上与同学交流。可见，教师呈现问题后，就立即让学生讨论，这样的合作讨论看似热烈，实质上往往流于形式。学生没有思考，哪有见解来讨论？何谈思想的碰撞？更何况，这种即时交流，往往只是几个思维比较敏捷的学生肤浅地说上几句，大多数同学则是思维还未及启动，自然地充当起了听众、附和者的角色。因而，笔者以为，在合作讨论学习的同时，不能忘了给学生默读静思的空间——让学生在默读中思考，动笔圈圈、画画、写写，让思考融入到学习过程中。独立思考是合作学习的前提。待学生在默读静思中理清了思路，组织了语言，有了自己的想法后再和同伴探究、交流、讨论，这样才是符合实际的、有效的合作学习，才能促使学生的思维深入，得到提升。

## 二、合作讨论时要认真筛选内容

讨论使人明辨是非、开拓视野、取长补短。但课堂中的讨论并非多多益善，也并非什么问题都可以进行讨论。作为教师在组织小组讨论时一定要把握好尺度，避免那种不分问题类型，一律实行小组讨论的形而上学的做法。教师要审慎筛选讨论的内容，要选择有价值的问题进行讨论。实践证明，适宜小组讨论的内容一般包括：1.学生需要互相启发来拓展思维的问题；2.学生理解不一致又有必要争辩的问题；3.学生希望解决的且有一定难度的问题。总之，讨论并不是为讨论而讨论，而是为强调某个问题、澄清某种模糊、解决某些难点而讨论。只有这样，课堂中的讨论才能有效地促进教育教学，张扬学生个性。

## 三、合作讨论中要巧妙引导深度

一些教师组织小组讨论时，忽视自己的引导作用，抛出问题后，任由学生争论不休。学生或抓住细枝末节，东拉西扯；或高谈阔论，不辨本质；或就事论事，流于浮表，致使讨论肤浅，不能取得应有的实效。其实，对小组讨论整个过程和实效性的把握是非常重要的。由于学生知识结构和理解水平方面的原因，小组讨论有时往往热闹外显而实质缺乏，所以教师在教学过程中必须重视引导作用。学生进行小组讨论时，教师不能等待、观望，而是要深入到小组当中，和学生处于平等关系，或提出自己的见解和解决问题的策略，供小组内磋商、协调、参考，或了解讨论的进程，及时为学生提供最新的思维素材和深化题旨的信息，帮助学生挖掘讨论的深度。如一位教师教学《孔乙己》，先引导学生讨论小说的最后一句"我到现在终于没有见——大约孔乙己的确死了。"

孔乙己到底是死了还是活着，为什么？学生深入文本，找出依据，各抒己见，课堂气氛极为活跃。接着，教师抛出下一个问题：孔乙己为什么会死？引导学生探讨文本的题旨。在学生的讨论过程中，这位教师自始至终深入到各小组中，密切关注着学生思维的发展变化，适时地提出第三个问题：你认为孔乙己这个人是值得同情、还是值得怨恨？为什么？这三个问题，如行云流水，由表及里，具有序列性和梯度性，促使学生能够研讨问题的关键，帮助学生透过现象看本质，挖掘出文本深层次的内涵。可见小组讨论中，教师不仅要给学生创造学习情境，架设学习桥梁，而且要巧妙引导，及时调控，层层剥笋，使讨论逐渐深入，引人入胜。

总之，在小组合作讨论中，独立思考是前提，筛选内容是关键，引导深度是重点。语文教师要把这三者有机结合起来，灵活运用，有效引导，才能促使小组讨论更合理更科学，开出更加绚丽的花朵，才能促使学生在小组讨论中有效激发思维，交流思想，拓展能力，收获更加丰硕的果实。

（本文发表于 2005 年 12 月 28 日《中国教师报》）

# 加强教学反思，促进自我发展

如何促进教师专业发展和个体成长？近年来欧美教育界普遍关注反思性教学。所谓反思性教学，是指"教学主体借助行动研究，不断探索与解决自身和教学目的以及教学工具等方面的问题，将学会教学与学会学习结合起来，努力提升教学实践合理性，使自己成为学者型教师的过程。"反思性教学要求教师经常反思、研究自己的教育教学工作，探究和解决工作中遇到的问题，具有较强的科学研究性质。美国著名学者波斯纳也曾经提出："教师的成长 = 经验 + 反思。"实践表明，教师若能在教育教学实践中勤于反思，勇于反思，善于反思，必将取得令人满意的成果。

如何将反思运用于教师自身的实践？笔者以为，重视反思、完善自我，需把握三点：

## 一、研看课堂录像，认识教学过程

教师要提高课堂教学水平，一方面要向他人学习，研究他人的教学方法经验，另一方面也要善于自我认识，自我监督，以发现教学中的问题，认清教学中的不足，从而自我完善，寻求更合理更有效的教学方法。为完整地认识自己的教学过程，可请电教老师对自己的课堂教学进行录像，而后进行课后研看，做出自我评价。

**【案例】**

"唉呀！真是有点儿难为情，录像中的我，神情木然，好像有气无力似的。平常在听别人课时，还时时注意到讲授者的神态精神，自己上课却变成一团糟。录像中的我，两手撑着讲桌，很长时间照着备课本念、讲，而没有顾及下面的学生。看来今后在教学时有必要离开讲台，深入到学生中间，在座排之间巡视、解疑，这样既照顾到学生，缩短了师生间的物理距离、心理距离，顺应了学生学习的需要，又能控制课堂纪律，形成良好的课堂教学氛围。还有，我在课文的重点处引导学生理解得不够充分。瞧，录像中的自己在指名学生读课文后，机械地把课文后面的练习题作为问题，向学生提问，两个优秀学生回答后，草草地公布答案让学生记录。整个环节没有问题的设计坡度，没有诱导，把知识（答案）硬塞给学生。这种做法不利于培养学生的问题意识和创新精神，不利于培养学生的阅读能力"。

这是一位青年教师的课后小结，他研看了录像，看到了录像中的自己，感触较为深刻。事实也正是如此。经过摄像机现场拍摄后，自己的课堂教学表现，如教态如何、板书怎样，课堂结构是否合理，教学方法是否妥当，课堂气氛是否活泼等，便会清晰地显露在自己的眼前，慢放、定格、重放，边看边思、边思边研。对自己在教学中的机智应变和可取之处，会心地点头微笑；面对自己在课堂中的小小缺憾和不足之处，会面带愧色。自己的课堂教学录像，能诚恳地"推敲"自己的问题，能慢看细嚼，平心静气地对待同行的建议，对自己有个基本的估计。研看自己的录像，能根据自己的不足之处，有针对性地进行改正，这样就能在薄弱环节上磨练敲打，不断地总结教学经验教训，努力增强驾驭课堂教学的能力。

当然拍摄课堂教学需请人帮忙，比较麻烦。在没有人帮助的前提下，教师自己一个人也可以反思教学过程。可以用录音机将自己的教学过程录下来，课后研听教学录音，自己找出不足，如哪些是废话，哪里点拨得不到位。这种办法也能增强教师自己的问题意识，因陋就简地提高课堂科研水平。

## 二、记录学生困惑，有的放矢教学

如何提高课堂教学质量？重要一条是坚持执行教学质量分析制度，发现学生学习中的普遍问题。课堂反馈、课后练习，形成性测验，要尽量了解学生掌握知识的程度，找出教学中存在的问题，对存在的问题要分析原因，制订改进措施，从而使教学质量不断提高。对于教学质量分析，各人有各人的方法，笔者以为，一个值得提倡的做法是准备一本"错题本"。

下面是一位教师的一页错题日记，或许能给我们一点儿启示：

5月20日：回顾今天的形成性测验，学生在以下两个方面掌握得不够牢固，需点拨强调。

**1. 古诗文的默写，错别字较多。如**

A：日出而林霏开，云归而岩穴暝（《醉翁亭记》）

B：吾视其辙乱，望其旗靡，故逐之（《曹刿论战》）

C：朔气传金柝，寒光照铁衣（《木兰诗》）

**分析**：对这类默写，务必要求学生加强积累，做到背得出，写得对，不要因写错别字而冤枉失分。重点强调"暝、辙、靡、柝"等四字。

**2. 课内阅读《藤野先生》1、2、3节，回答：请以第1、2节为例，说明散文的特点。**

**分析**：学生对这种简答题茫然不知所从，错误较多。课堂上要指导学生分三步走，先要写出散文的特点——形散而神不散，而后要知晓：形散即指材料散，神不散即指表现的中心不散（《藤野先生》的一条中心线是作者的爱国主义思想）。最后要分析文中的事例是怎样体现出爱国主义思想的。

在错题本上，教师可总结归纳学生发生的不同错误或错误的不同表现，分析出错的原因，是教师未讲清，还是未强调，是学生未弄懂，还是粗心大意，从而有选择性地给学生做出精当的分析讲评，使学生切实掌握知识，提高学习效率。每周末教师可带着本周内学生的错题档案，上一节"错题反思课"。说是上课，实际上老师只是导演，真正的演员是学生，这样反思错题变成了弄懂错题，吃透知识，牢固掌握了课堂内容。据说，江苏省素质教育典型——洋思初中的老师人人都有"错题本"，记录教学问题。该校副校长秦培元把学生作业中的"病例"记在教本上，几年来积累了若干典型"病案"，为提高课堂教学效果提供了丰富的第一手材料。实践证明，教师养成了教学得失备忘录的良好习惯，认真记好学生错题，及时掌握学生学习中的失误之处，精当讲评，在薄弱处重锤敲打，那么学生学习的过程显得踏实而深刻，教师的教学定会丰硕而实在，"堂堂清、天天清、周周清"的教学目标必将成为活生生的现实。

## 三、撰写教学后记，注重总结提炼

下午天气炎热，学生有点儿烦躁不安，我是否像往常一样复习课文呢？看到同学们心不在焉的样子，看到同学们额头上亮晶晶的汗珠，我灵机一动，及时调整自己的教学思路，将具有一定难度的思考题发给学生，问题一呈现，学生游离的思绪被牵引到了课本，课堂里形成了一派别致的热闹：叽叽喳喳的议论，交头接耳的切磋。是啊，学生是学习活动的主体，思考题中的障碍，会使学生重新评估学习内容，引导他们调整自己的听课节奏，这既是对所学知识的巩固提高，又是教学的及时反馈评估。课堂教学中应保证学生充分思考，激起思维浪花，这也是培养学生学习兴趣的需要。在学生心绪不宁时，与其做一番慷慨激昂的动员报告，倒不如布置一点儿作业诱导学生进入探究情感。

这是一位教师的教后心得。面对课堂上学生学习的精神不振，这位教师巧用方法，诱发兴趣，由此感悟了一些教学道理。这件事启示我们，勤写教学后记，对我们日常的教学和研究大有裨益。事实上，平时上课好像没有突出的闪光点可记，但课后静下心来，认真反思，可总结的内容往往并不少，如启发引导、讲练结合效果如何，课文难点及学生质疑问题如何解决，课堂中能力的锻炼如何进行，等。写教后记或反思日记，可以写出教学过程中的成功做法和经验，并尽可能地记录下当时的教学体验；可以写出自己教学中不足的地方，及时记录自己对教学的灵感、思考；还可以写下学生在课堂上的好见解。学生从多角度考虑问题的一些发言，往往能拓宽教师和学生的思路，甚至把问题引向纵深，利于教学相长。写教后记或反思日记，实际上是培养教师的问题意识，促使教师进行研究，提高科研工作的积极性和主动性。江苏省最年轻的中学数学特级教师、苏州中学的夏炎老师曾深有体会地说道："教学研究的实践，使我懂得科研重在积累和思考。我认真做好课后的自我小结，满意的或不足的，偶尔的心得或学生的想法都记录在案，便于今后的教学和研究。"

问题是科研之始，反思使我们深入地思考问题。我们要做一个有心人，炼就一双火眼金睛，那么教学中乃至身边的种种现象，都值得反思研究。我们可以反思心理有偏差学生的教育方法，反思如何避免学生中的抄作业现象，反思课堂中怎样有效使用电教手段等，有的放矢地去反思，根据问题去学习、研究、实践，从而能不断地解决教育教学中的实际问题。又如，面对学生平均成绩 90 分，我们仍可以认真追问、着力研究：①比以往低了，为什么？②与以往持平，为什么？③比以往高了，为什么？时常追问，记录感悟，可以发现成功或失常的原因，可以知其然又知其所以然，较好地把握教学的主客观因素，为以后的教学奠定良好的基础。实践证明，结合教学实际，注重提炼反思，写好教学后记或反思总结，可以从复杂纷繁的现象中挖掘出本质，形成独到的见解；把自己点点滴滴的感悟联系起来，进行经验的归纳提炼，形成有见地的论文；对教学中的偏差加以纠正，为教学拨正航向，减少盲目性，增强科学性，从而取得教育教学的更大成效。

"学习—反思—完善"，是提升教学效果的重要环节，其中反思显得尤为重要和紧迫。苏州市副市长、博士生导师朱永新教授在 2001 年苏州"新世纪小学数学创新教育学术报告会暨课堂教学艺术观摩会"上与几百名教师公开"打赌"：教师只要能每天反思，每天记写反思所得，十年之后必有大成。如果没有满意成效，那么赔你十万元。这不正是对反思及其效能极好的形象化诠释吗？

（本文发表于 2005 年《江苏教育研究》）

# 课堂上一个"不好"的习惯

"我总能记起他上课的样子，总能忆起他两眼逼视我们的情景……"

那是笔者读初中的时候。要上初三了，笔者和几个同伴便到离村不远的隔壁乡镇中学读书。这所学校校院虽然有些破败，但它散发出一种浓厚的学习氛围。听人说，这所学校的老师大都大学毕业，才华横溢，是正规的公办教师。这对于初来乍到的笔者是一种新鲜物；这对于从村办联校走出的乡下小男孩，具有极大的吸引力。

上课了，进来一位高个子的数学老师，他夹着一叠讲义，步伐稳重地走到讲台上，"上课"的声音沉重而略带沙哑，但很有威严。我们都习惯地打开书本，把书本摊开在课桌上。这时老师盯着我们，声音提高了嗓门："把书本合上。"我们顿时不知道做错了什么，你看看我，我看看你。有些人动作迟缓了点儿，老师两眼圆睁，直逼着大家，一字一句地强调："书——本——合——上"。笔者当时就吓坏了，一个从农村里出来的小男孩没见过世面，从没见到过这样"凶"的老师，心里别提有多害怕了。笔者大气不敢出，不敢旁视，也不敢后视，只得正视黑板。过了一会儿，教室里的空气好像缓和了些，老师的脸也由阴云重重逐渐趋晴。老师面对大家，抑扬顿挫地说道："老师上课有个不好的习惯，那就是在老师讲解例题时，你们要盯着黑板，跟老师一起研究题目，你们绝对不能把书打开。"上课不能打开书本，那叫上课学习吗？那为什么不能打开书本呢？那什么时候打开书本呢？我们都满腹狐疑，心想，这个老师就是有点儿特别。老师好像看出我们的心思，向我们解释："师生课堂上一起研究题目，是不能打开书本的，因为一打开书本就会干扰研究题目的思路，也会影响上课集中听讲的注意力。"老师顿了顿，又说道："上课要合上书本，但课前要打开书本。书上的例题分析，你在课前要预习起来，有不懂要打个问号。课上完了，看看问号'耳朵'有没有拉直……"老师的话，我们似懂非懂，但笔者这个乡下小男孩默默地记住了，照着老师的话去做了。

于是，数学课堂上，老师在分析例题，笔者也在思考如何解题。老师问：根据已知条件，这道题目如何添辅助线呢？笔者努力回忆着书上的做法，顺着老师的点拨分析着。渐渐地，渐渐地，思路导线好像有点儿接通了。"复行数十步，豁然开朗"！笔者的手举起来了，有点儿语无伦次、有点儿结结巴巴地回答，却得到了老师的肯定。老师表扬笔者非常聪明，笔者心里美滋滋的。尽管笔者的答案有时不大恰切不尽完美（因为思维实在有点儿混乱），但老师照样表扬笔者，笔者别提有多高兴！更高兴的是——老师在笔者回答的基础上，用三言两语加以诱导，这使笔者对题目的特征以及解法清晰明了。笔者尝到了思路经受老师点拨的快乐，尝到了课堂上对问题思索成功的快乐！课堂上，老师在分析例题，笔者的脑子也在转，思路也在通。这样的课堂，真让人开心啊！

这样的开心快乐又促使笔者在课前比别人"非常行动"———一节课上完了，笔者要复习归纳老师的精彩指点，同时，笔者更要预习好下一堂课内容，努力把它搞懂。因为一个乡下小男孩实在想在课堂上跃跃欲试，有所表现！于是每天晚上，笔者在桌旁双眉紧锁地看书，演绎着书本合上的要义：笔者把例题的解答部分遮住，检查自己是否能够分析得出、是否能够做得出。笔者母亲见我这样"玩弄"着课本，不解地问道："题目做得出吗？读书开心吗？"笔者往往话语干脆："不要打扰我。读书有劲的！"

时间飞逝，但往事依依，上课的情景历历在目。仔细回味起老师的这个"不好"习惯，实在可圈可点。老师让我们合上书本来教学，促使我们猜测、期待、思考乃至浮想联翩。这个做法满足了青少年喜爱求索未知事物的心理需要，使我们始终处在一种"问题情境"之中，思索思索再思索，又时时体验着"忽焉有悟""豁然开朗"的愉悦心情，这个做法有效地引导我们进入最有利于我们发展的学习情境。同时，课堂上合上书本，又最大限度地激发我们在课前课后打开书本，去预习、去探究，以更好地培养我们的学习能力。它实在是让我们思维爆发的"触发器"，实在是让我们感受学习快乐的"垫脚石"，实在是让我们培养能力的"金拐杖"。

笔者感激老师给我们创设这样的课堂，因为这个"不好"的习惯，快乐着我们的学习，也精彩着我们的教学！

因而，每当看见一些老师在黑板前分析讲解，而下面同学或者在左顾右盼，或者拿着书本照着回答，或者不听讲解而自己在课堂上看书时……笔者就想起了这位数学老师的这个"不好"的习惯。

（本文发表于 2010 年 9 月《教育文汇》）

# 课堂：校本教研的基础

新课程实施以来，一线教师的教研活动发生了可喜的变化。专业理论指导、教学沙龙等活动渐渐在日常教学活动中崭露头角，焕发出魅力。但笔者注意到：专业引领，理论新颖，观点前卫，广大教师从中经历了思想的洗礼，但实际效果却不尽人意，一些教师的课堂教学体现不出新理念，或者教师心有余而力不足，新理念转变为可操作的教学行动还存在一定距离。教学沙龙，讨论热烈，思想碰撞，智慧交流，但光打雷不下雨，部分教师在沙龙论坛上滔滔不绝，有声有色，但实际教学却仍是闷声一片，显现不出"智慧者"的踪迹。曾有一所学校打出"周三教科研沙龙"的品牌，众人纷纷学习取经，而该校教师却嗤之以鼻："什么教学沙龙，假的。领导会欺骗会包装而已。"因此笔者感到迷茫：校本教研活动到底应该怎么搞？以什么为基础呢？

笔者认为，课堂是最直接的教师教研的基地，课堂教学是校本教研的重要源泉。

中小学教师的重要任务在于搞好课堂教学；教研活动的主阵地和立足点也应在课堂。让教学科研活动植根于课堂，解决课堂教学中的实际问题，让研究实验立足在课堂，研究效应直接体现在课堂，这是教师参与校本教研的一项不可推卸的职责。有了课堂教学，教师才能体验多姿多彩的成功案例，反思各式各样的教学遗憾，捕捉稍纵即逝的片段灵感，从中发现和提取问题，加以分析反思研讨。可以说，课堂是校本教研的原生地，脱离了课堂教学，校本教研就成了无源之水。

其次，新课程固然需要专业支持，需要沙龙交流，但新课程下教师自身的发展更多关注的是：如何使专家倡导的理论真正成为教师可采用的理论，真正化为教师可操作的做法。因而必须改变那种夸夸其谈的做法——空对空地乱发理论的"导弹"，在实践操作层面依然是"涛声依旧"，因而必须要求教师在理论的指导下向课堂实践拓展，学会自我反思，促进教师行动研究；开展课堂研讨，调整教学策略；实施面对面的专家诊断，提升教师水平……通过种种措施，使新课程的课堂及其教学研讨处于十分突出的位置。笔者所在的学校，教学科研活动就是让教师外出听课，回来上研讨课，集合大家磨好课，让新理念贯穿到教师的课堂教学行为中，这样锤炼了一大批教师的教学能力和科研素质，也提高了课堂教学质量。

最后，一些学校的校本教研活动往往有浅表化的倾向。学校组织的教学沙龙，总是由不同学科的骨干教师参加。虽有新课程理念的统率，但隔行如隔山。语文老师的开放思维教学往往激不起数学老师的共鸣，即使有共振现象，也是停留在理论层面，不能够深入到实践操作的层次。可见，这类活动虽能使教师感受新理念新思想，但往往不够细致深入，不能使一线教师切实"内化"到具体教学中来。

因而笔者以为，尽管实施校本教研时可采取专业引领、教学沙龙等形式，但它们都必须建立在课堂教学的基础之上，都应该围绕课堂教学而进行，在课堂教学中发现问题，从而进行"教学沙龙"，接受"专业引领"。只有这样，校本教研才有了坚实的基础，才是真实理性的，才是以教师教育教学为主体，才能够使教师的教学沐浴着新课改的阳光雨露，不断否定和超越自己。

例如某校在组织校本教研时，往往组织同年级、同学科教师有意识地对一些典型课例进行解剖，通过教学事件的分析与讨论，深刻体验隐藏在事件背后的东西；通过传统教学的重新设计，达到理论与实践的融合。一次，一位语文教师提出一个非常意外的问题、如何理解诗句"春色满园关不住，一枝红杏出墙来"的深刻哲理？怎么看待一名同学与众不同的回答？——"诗句是指一个年轻的美女，结婚后一定要搞婚外恋的。"教师们在笑过之后纷纷发表自己的看法。有的说：这个学生太没规矩了，小小年纪就有这种想法，该狠狠批评才是。有的说：十一二岁的小孩，说出这样的话语，一定是早熟，我看还得做好思想工作才是。而另一位教师则提出了截然相反的意见，认为这个学生回答得未尝不对，现实生活中媒体所宣传的"红杏出墙"不正是这个学生所指的吗？大家一时茫然了。领导、教师通过激烈的讨论、认真的研究，最后达成了共识，提出了解决问题的最佳办法：对于这位同学的回答，老师既不能将其作为有创新精神的典范在班上大加赞赏，同时又不能否定这个答案，要在肯定的同时对同学加以正确引导。可见这种教研活动的开展，既能使教师磨砺课堂反思得失，提高每位教师主动参与的意识，又能解决教师教学过程中的具体问题，对教师的成长和教育教学大有裨益，使校本研究工作得到具体落实，从而进一步提高教学质量。

总之，校本教研，要解决好从课程理念到课堂实践的落差，要把理论和实践有机结合起来，从教学实践中找出问题、困惑，用理论来诠释指导解决问题、解除困惑，这样的校本教研才真正是富有成效的。

（本文发表于 2005 年 11 月《基础教育课程改革论坛》）

# "我得意的一个教学细节"

会议室里召开着关于有效教学的研讨会，气氛很是热烈。校长说："我们教师教学，要追求教学的有效甚至高效。专家的观点、精彩的理论，为我们搞好有效教学打下了良好的基础。在新课程理念的指引下，我们在平常的教学实践及管理中，肯定有自己较为得意也特别有效的教学高招。大家有一说一，有二说二，把你的智慧与妙招贡献出来，相互交流，共同发展。"会议室里响起了一阵热烈的掌声。

于是，有的说："背诵的课文很长，学生有时不可能一下子背出来，学习负担也较重。我就选取重点段落让学生背诵。如《岳阳楼记》，我让学生记诵'岳阳楼大观'语句、'古仁人之心'语句和两个'登斯楼也'的句子。这样化整为零，学生对背诵不头疼，乐意背诵，也把握了课文重点。"

有的说："课堂中合上书本的细节不能忽视。在黑板上讲解书上例题时，如不要求学生合上书本，学生往往会看看书本、瞧瞧黑板，思维不能很好地开动起来。而合上书本，有利于学生对例题细细探究，注意力高度集中，养成了专心听讲、积极思维的好习惯。"

有的说："教学需要走出文本，拓展思维。我总是装作懒人，让若干个得力'干将'去图书馆去网上查阅资料，而后全班共享。这五六个学生在完成任务的同时，也提高了学习能力，在老师的欣赏中不断提升自己。这比老师自己去探究知识而后告诉学生，效果要好得多。"

有的说："每当回答问题或校对问题时，学生可能有对有错。我总是以表扬答对同学的方式来间接批评答错的同学。一个细节就是请做对的同学站立起来。这样，既鼓舞了优秀者，又对落后者提出了警告。如若请做错的同学站起来，那么效果往往不佳，学生可能会难为情而不愿站立，自尊心受到伤害，老师也因此无法掌握教学实情。"

有的说："别人上课，总是站在讲台前滔滔不绝，口若悬河，但学生在下面做小动作，教师往往注意不到。我在讲课时总是深入学生中间，在座位之间巡视，这样既能有效遏制学生注意力不集中的现象，又能在巡视中发现学生存在的问题，及时点拨或调整教学内容，使自己的教学更有针对性。"

有的说："我追求堂堂清，天天清。每上一堂课，总要检查上堂课的学习内容，用小纸片形式反馈学生的学习效果。这样既督促学生及时复习，又能有的放矢地进行教学。"

有的说："学生在作业中总有这样那样的错误，教师要做好错题记录及时掌握学生学习中的失误之处。每周要抽出一定时间对错误习题重锤敲打，精当讲评，对涉及的知识内容举一反三。这样就能有效巩固知识，使学生学习的过程踏实而深刻，使教师的教学丰硕而实在。"

有的说："在组织学生复习课文时，我让学生围绕课文，查阅有关资料，自己出5—10个有质量的题目，在纸的反页做好答案。而后适时开展小组合作交流学习。这样化机械的复习为灵活的出题（学生出的题目有些非常有价值），极大提高了复习的质量，也较好地发挥了学生学习的主动性和积极性。"

会议室里，大家各显其能，各展其长；畅所欲言，集思广益。智慧火花闪现，方法实在有用。可以说，这样的活动营造了一个有效、务实、探索的教研氛围，为全体教师呈上了一道精美的教学培训大餐。

的确，专家的理论观点要学习领会，但一线教师身上自创的独特的教学经验、在理论光照下的教学细节更要学习借鉴。这样的交流探讨，极大激活了思维，开阔了眼界，丰富和厚实了教师的教学能力和专业发展。同时，这些有效的细节和经验在理论策略和教学实践之间架设了一道美丽而坚实的桥梁。

笔者为学校召开"我得意的一个教学细节"研讨会而拍手叫好。

（本文发表于2005年《教育信息报》）

# 一线教师要听好三种课

　　听课，是实现教师专业化发展的一条重要途径，也是推进学校校本教研工作的一项重要内容。但是，目前在大多数学校，校内听课可能只是为了完成研修听课任务，往往流于形式；校外听课也往往偏重于交流评议，热热闹闹地在外面"走"一回。听课，走入了形式化的误区，没有达到预期的真实效果。那么，到底怎样听课、听怎样的课，才能更好地引领教师发展呢？笔者在教学实践和教学管理中，深刻体会到听好三类课，能够使教师（也包括学生）得到最大程度的发展。

## 一、要听好家常课：注重实惠有效

　　有一位青年教师苦于找不准教学的脉搏，教学成绩经常落在平行班的后面。笔者凭着直觉猜测到：他把握不准教学的重点，对重点内容强调不够，而且讲授方法不够灵活。笔者随即建议他去听听别人的课，看别人平时是怎样上课，怎样强调知识重点的。因为在一些公开课上，教师非常注重包装，讲究媒体运用，讲究教学手段的精心设计。这些"花哨"的手段，虽然能帮助学生更快地进入作者所营造的某种情境与氛围当中，但也只是在示范如何教而非如何学；日常的教学和平时的学习，一般不可能也不必需要这些特定的情境与氛围。而只有常态化教学，才不会顾及来自专家、领导和教学以外的评价，才会老老实实教学生如何学。听别人的家常课，才能看到其他教师如何在常态下传授基础知识与技能；如何让学生体验学习的过程、掌握学习的方法；如何在常态下提升情感、态度与价值观。

　　如同吃饭一样，一个人不可能每天都上豪华酒店吃山珍海味，大多数的日子还是在家里吃家常饭。但就是这种家常饭，却使我们的身体获得营养，使我们的体格得以强壮。而山珍海味似的课堂，是要精心设计、精心准备的：备课、导课、试课，教学目标、教学步骤和每一句话的表述，却要经过长时间的准备，细细推敲。但教师在平时的工作中，却不可能有这个精力，不可能有这个能耐。况且，这种课往往只具有程式化的模式，而缺乏实际的应用价值。

　　真实的课堂，是常态的，也是简单有效的。教学环节简单，教学效果有效。它摒弃了繁杂的媒体设备，剔除了无用的设计。它实实在在地促进师生交流，扎扎实实地内化知识，真真实实地提高学生的学习能力。听常态课，对教师提高课堂效果最为实用。

## 二、要听好异构课：注重对比启发

有一位老师告诉我，在开课活动中，他最怕别人同时开同课题的课。拿他的话来说，同时开同课题的课，如果自己上得不好，是很难为情的。俗话说："不怕不识货，就怕货比货。"同时开同课题的课，实质上就是同课异构，是指两位老师上同一年段、同一学科、同一内容的同一节课。

为什么要听好异构课？因为每位老师的能力素质和教学个性不同，在课堂上的表现也各有风格。有的老师朗读好，有的老师板书好，有的老师课件做得好，有的老师能唱能跳。每位教师都"因势象形"，根据自己固有的知识、能力、水平、特长，来实施自己的课堂教学。这样就可以欣赏到不同老师的多样味道的课堂。又因为面对同一个文本，每位老师的文本理解和教学策略不同。他们会因不同的教学个性，采取不同的教材分析，用不同的思考角度，挖掘不同的教学深度，体现不同的教学理念……所有这些，都使同课异构真正体现教学的差异化，从而使教学课程百花齐放的特点。教师的个性化表现能够给大家带来更大的研讨空间和思考空间。

同课异构，风格各异，拓展思路，对比启发，受益匪浅。听好异构课，能够更好地掌握文本教材的特点，能够更好地了解不同老师教学的特点和策略风格，能够更好地把握课堂教学的特点，能够更好地培养学生的学习兴趣、锻炼学生的能力，也能够更好地发现和改进教师学科教学中的实际问题。总之，异构课的对比，开拓了思路，启发了教和学，殊途同归，取长补短，极大地提高了教学效益。

## 三、要听好高端课：注重前沿引领

一些学校在组织校本教研活动时，开展人人上公开课活动。人人开课，个个活跃，似乎是人人动起来了，但实际上，教师的观摩听课研讨却是马虎的、敷衍的、浅层次的。因为许多老师去听课只是为了完成规定的听课节数，再加上开课者和听课者水平不相上下，很难激起听课人的积极思维和学习欲望，于是相互听课、同伴引领便成了低水平上的反复。因而，听课一定要有一个高起点的引领。

听课，如何做到高起点引领？笔者认为要听好高端课，借以引领提高。可以让学科带头人来校上课，可以邀请特级教师现身说教。如一位老师聆听了特级教师薛法根执教的《爱如茉莉》一课，观摩了他朴实、充实、丰实、平实、真实的课堂教学，感到受益匪浅。整堂课上，薛老师用轻松幽默、富有智慧的教学评价语言使课堂充满笑声。巧妙的引导与适时的点拨，使学生的思维由浅入深，由表及里，由人及我，不断掀起课堂教学的高潮。有人这样评价说，薛老师的公开课，就犹如茉莉一般清新淡雅、质朴纯真，充满智慧，充满灵性，充满韵味，百听不厌。

实践证明，听高端课，有助于激起听课研讨的阵阵浪花，有效避免低水平重复、原地踏步的尴尬；听高端课，有助于教师把自己的课堂实践与之反复对比，找出差距，反思改进；听高端课，有助于深刻理解一些高深的理念，极大拓展教师的视野；有助于把名师的教学策略内化为自己的教学智慧，实现课堂教学的超越。可以这样说，高端课，是引领教师听课研讨、内化教学理念的有效标杆。

总之，听课的目的是为了自己，是为了自己的课堂教学，是为了自己课堂中的学生。因而，作为一线教师，就要想方设法多听课，尤其要想方设法听好三种课：既要听实惠的课，又要听启发的课，更要听引领的课。这样就能展现教师简单、扎实、高端的听课理念，促使自己的课堂在常态、有效的氛围中插上腾飞的翅膀。

（本文发表于 2016 年《学校管理》）

# 浅谈创造性地使用语文教材

在新一轮课程改革实施的过程中，如何用新理念、用历史发展的眼光来审视和分析教材，让教材焕发出新的活力，是作为教学课程"实施者、决策者和创造者"的教师值得探索和研究的课题。如何创造性地使用教材，让教材焕发新的活力呢？笔者的体会有以下几个方面。

## 一、调用经验，让教材"近"起来

不管教材和学生实际联系地如何紧密，总有落后于生活实际的方面。在教学中，教师就要在教材和学生生活之间巧搭桥梁，调用教师自己的经验，调用学生平日的感受，让教材"近"起来，使教材成为学生可接受、可感悟的内容。例如在学习《飞红滴翠记黄山》一文时，学生从文字上对奇峰、古松、怪石等景观有了较为难忘的印象。但没有亲眼目睹，对内容的体会和感悟也仅仅停留在表面上。为此，笔者把自己去黄山时拍的几十张照片在课堂上展现出来。读着文字，看着照片，学生异常活跃，眼睛都放出了亮光。教师的小小照片，使学生一下子亲近了教材，使教材内容变得生动形象、直观可感。

语文教材所选篇目，有些是反映了历史上的事件。教师在教学时要善于把相关的资料和有关的音像巧妙地穿插进课堂，增加学生对课文的感悟认识。例如教学苏教版八（上）"长征组歌"单元时，教师把《延安颂》《四渡赤水》等影片搬进课堂，让学生在观看影片的过程中自然地和教材内容接近，从视听层面感受到红军的英勇精神和革命斗志。一些课文内容，在生活中有所反映，教师就要引导学生开展调查、访问、观察等活动，以此夯实课文理解的地基，提高学生的人文素质。如在讲解沈从文的《端午日》一文时，笔者布置学生开展社会调查活动，向自己的父母和爷爷奶奶了解家乡端午节的风俗习惯。在活动之中，学生理解了风俗内容，感受了端午的文化气息，自然地贴近了教材内容。

在教学中，为了使教学内容便于学生理解，教师要触类旁通，借题发挥，使学生亲近内容，深化理解教材。在《藤野先生》一文中，鲁迅决定弃医从文，惜别恩师时，他说了句善意的谎话："准备回国学生物学，先生教的知识也还是有用的。"为理解鲁迅"撒谎"的目的，老师讲了个故事——有户人家婆媳关系长期不和。一次过节，儿子用积攒的烟钱，给老母买了套新衣，对她说："妈，今天你儿媳妇给你买了套新衣服，看看满意么吗"老人家顿时眉开眼笑，自此之后，婆媳关系出现了良好的转机。这实在是一个给人带来深沉安慰的谎言！学生受此启发，纷纷发言，各自介绍了生活中的"美丽谎言"。原来，在赶集购物、请客赴宴、出外旅游等许多生活的角落，都有这种"谎言"的影子。缓解矛盾、消除磨擦、避免隔阂、安慰病人，往往也需要"善意的谎言"。学生品味这些"谎言"，积累了生活经验，丰富了人生阅历，同时也激发了辩证思维，更好地理解了课文。

## 二、重视过程，让教材"活"起来

新课程认为，教材是教师教学的材料，是教师要去加工和创造的东西，需要教师和学生能主动地、个性化地去解读。为此，教师在教学中，应重视教学的过程，让教材形象活生生地站立起来。教学中要让学生充分"活动"，要以学生的感悟代替教师的分析，变读书、问答的单调形式为课堂上丰富多彩的语文学习活动。例如讨论、表演、展示、欣赏、评价等。托尔斯泰的《七颗钻石》是一篇简短童话故事，它歌颂了崇高的爱心。笔者在教学时，别出心裁地要求学生排演课本剧。于是，课堂里或三四人合演，或一人独演，教室成了一个大戏台，学生在演练的过程中深切地理解了小姑娘的爱心。而后笔者又要求学生充分发挥想象，挖空心思地改编课文，把课文中间部分进行改编。奋笔疾书的沙沙声，催生出各种各样的故事版本：有的设置了一个小男孩也去找水的情节；有的虚构了小姑娘昏死过去又被神仙救活的内容；有的想象了七个孩子甘愿献身战胜妖魔求得大雨的故事……看看作家的文章，读读自己的作品，学生对童话中丰富奇特的想象感受得更加深刻。改编课文，其实就是对教材的学习体会过程。其中如课文情节的改写，简略或空白部分的补写，情节后续发展的续写等学生亲自参与的过程，不但能使学生展开思维的翅膀，深化对课文的理解，而且能使教材"活"起来，丰富了教材的内容。

学习知识最好途径是自己去发现、去探索。教师应该把静态的知识结论转化为动态的探索过程，让学生围绕教材提出发人深思的见解，那么这种学习过程，就能使教材立体化，活生生地呈现在人们面前。一位教师在教学《小石潭记》时要求学生为小石潭设计景点。学生群情振奋，广开思路，就"文"取材，或讨论、或静思、或争辩，激昂高亢的声音在教室里此起彼伏。

根据"隔篁竹""伐竹取道"，设"竹径幽路"景点；根据"闻水声，如鸣佩环"，设"听水轩"景点；根据"潭西南而望"一段，设"望溪亭"景点……学生还对景点的特色一一做解。在这样的活动中，每位学生都成了"胸中有丘壑"的设计师。自然之美令他们深深陶醉，使他们的想象力得到了充分发挥。教材内容便活了起来，学生从中享受到了审美乐趣。

## 三、有机补充，让教材"厚"起来

课程资源的开发是本次课程改革中的新课题。在信息化时代的今天，仅满足于教材的那些内容，已远远不能满足学生的知识需求。同时教材知识的教学，也远远不能体现社会对人们掌握知识的要求，更多的是需要人们有敏锐的洞察力与分析思考问题的能力。这就需要教师为学生提供丰富的、有意义的、富有挑战性的辩论思考材料，让教材"厚"起来。

适当延伸教材。由于语文教材的滞后性，课文中的一些内容或观点可能已经过时。我们就要结合时代的特点，以课文为源头，发掘新的活水，为课文注入充满时代新鲜气息的内容，增加学生的学习兴趣，加深学生对课文的理解。比如在学习《谁是最可爱的人》一文时，由于课文内容的年代至今有半个世纪之久，过去志愿军战士那激动人心的英雄事迹一时难以激起学生的共鸣。这时，可围绕"最可爱的人——人民解放军"这个话题，不断发掘出它的新内涵，将人民解放军的过去和现在进行比较分析。这样，学生就可以从1998年抗洪抢险的英雄事迹，衡阳消防官兵奋勇扑灭大火等英雄壮举中，深刻地认识到人民军队舍生忘死保家卫国的本色。把旧课文注入新内容，能加深学生对人物品质的理解，使旧课文焕发出新的教育价值。

补充同题材名作，扩大学生阅读面。如课内学蒲松龄《狼》时，可指导学生读毕淑敏的《神勇的狼》，加强学生对狼的全面认识，培养学生从多个角度全面了解事物的意识，提升学生的价值观念。又如这几年余秋雨的散文一直是文化热点。《文化苦旅》中有一篇《三峡》，文笔优美流畅，经典传说，生动感人，饶有情趣。在《长江三峡》一文的教学中，以此作为比较阅读的材料，学生学习兴趣倍增，提高了阅读、分析、鉴赏的能力，这无疑夯实了教材，开阔了学生视野。

由节选引申看全文，由一篇引申看多篇。教材中往往选编了一些长篇文章的节选，学习时可指导学生看全文，这样有利于学生加强对文章主题的把握，又可以丰富学生的知识，开拓学生的视野。如学习《在烈日和暴雨下》，可提前让学生阅读《骆驼祥子》；学习莎士比亚的戏剧节选《在法庭上》，可指导学生阅读全剧《威尼斯商人》。课内学某一佳作，课外可指导学生阅读同一作者的其他名篇著作。如学了莫泊桑的《我的叔叔于勒》，课外可指导阅读《项链》，让学生体味小说撼人心魄的魅力，感悟莫泊桑小说结尾那出乎意料又在情理之中的艺术特点。

创造性地使用教材，是一个永恒的课题。正如叶圣陶先生所说的："教材只能作为教课的依据，要教得好，使学生受到实益，还靠教师的善于运用。"因此教师要改变"教教材"和以"教材为本"的旧观念，应以学生"如何学"为着眼点，对教材巧裁剪、巧设计、巧补充，让教材更好地服务于教学。

（本文发表于2005年4月《基础教育课程》，并被人大复印资料《初中语文教与学》转载。）

# 浅谈善思型课堂教学的实践探究

"学而不思则罔，思而不学则殆。"随着新课程改革的深入推进，让学生学会思考、善于思考，显得尤为重要。思维艺术是课堂教学的重要组成部分。在语文课堂上，应该着力突出善思型学习的引导，应该启发学生积极思维，应该培养学生的深度思维素质和能力。由此，笔者进行了初步尝试，并积累了一些实践感悟。

## 一、要理清内容逻辑，注重思维引导

一般来说，教材中的教学内容是有紧密联系的，具有紧密的内在逻辑性。课堂教学内容的内在逻辑，需要教师在备课环节中加以理清，在课堂中引导展示时加以把握。如能理清内在逻辑，才能使教学环节清晰，教学思路一脉相承，富有启发性和诱导性。语文教师在指导学生学习课文时，要指导学生寻找课文的知识点和问题，梳理文章结构；并要求学生提取关键词画出思维导图，或画出知识结构图。这样一来，课文脉络清晰，知识点突出，学生的语言精炼性得到了提高。长期坚持，可以逐步提高学生的归纳能力，有效提升学生创造性思维能力。

我们都有这样一个体会：尽管课前花时间备了课、做了课件，但课堂上总觉得很乱，东一耙西一锄，教学内容散乱而集中不起来，学生课堂上恹恹欲睡。为什么会这样？主要是教学内容的逻辑性没有抓住，教师讲得琐碎凌乱，学生学得吃力。而如果注重逻辑性，有机呈现知识内容的内在联系、核心问题，教学思路和学生的思维思路就会非常清晰，课堂上就会呈现出积极思维的趋势。例如教学古诗《白雪歌送武判官归京》，有的教师采用逐字逐句讲解的方式分析，学生对诗歌的理解往往停留在"送别友人时的依依不舍"这一层面上。但是对于诗歌中为何会出现"千树万树梨花开"这样似乎与全诗情感基调不同的描写，学生并不能深刻理解。而对诗人那种为友人既喜悦又担忧，以及自己盼归、失落的复杂情绪变化更无法深入体会。笔者在教授这首古诗时，对教学内容进行了逻辑梳理，从探寻创作背景和岑参边塞诗风入手，重点品析时间变化下"雪、人、雪中人"三者描写的不同。如同样写雪为何出现"千树万树梨花开"和"纷纷暮雪下辕门"这样不同风情的描写；同样写人，为何有"都护铁衣冷难着"和"胡琴琵琶与羌笛"不同的刻画；同是"送别"，为何既有"将军置酒饮归客"，也有"雪上空留马行处"这样不同的叙述。在比较中，学生很快感受到了不同描写中诗人复杂的情感变化。可见，这是教师根据学生认知逻辑对教学内容重新选择和安排后的结果。而这种逻辑的安排正是教师对学生思维引导的精心安排，这样的重组更有助于对学生进行发散思维、深刻思维和创意思维的培养。

## 二、要把握深度提问，诱使思维深入

问题是激发学生思维的有效手段。但并不是所有的问题都能激起思维的火花。问题设计要具有启发性。启发性问题的设计不仅要包含知识点，最重要的是要通过这些启发性问题，引导学生根据已有的知识和技能去思考和探索；引导学生由表及里、由具体到抽象地自主探究，从而如登山一般拾级而上，展示出思考的过程，也引导思维不断"深度"下去。

　　一位老师指导学生阅读《西游记》时向学生提问:"你知道孙悟空和猪八戒的哪些故事?讲给大家听听。"这个问题能够扩大学生的阅读面,却难以启发学生的深度思维,学生可能缺乏热情又容易感到疲惫。如若换一种问法,效果则会不同,比如:"《西游记》中孙悟空的哪个故事你最感动?告诉大家你为什么而感动。"这个问题使得学生投入感情,思考一番后来回答。如果再问:"孙悟空'神性''物性''人性'三者合一。哪些故事体现了孙悟空具有'人'的性格?说说故事,并简要分析一下。"针对这个问题,学生就不得不多读、多思考,并做出自己的判断与选择。这样的提问,能够引导学生深入阅读,把学生的思维一步步引向新的台阶。

　　在语文教学中,教师要深挖问题,鼓励学生展开个性化阅读,引起学生对文本的争议,促使学生积极主动地参与课堂学习,产生批判性思维。例如学习《鱼我所欲也》这篇课文,教师可以向学生提问:"文章说得很有道理,那是不是在什么时候都要舍生取义呢?我们究竟应该怎样看待生与义之间的关系呢?"或者可以提问:"这篇课文讲,要选取大义舍弃生命;而杰克伦敦的《热爱生命》却告诉我们,要顽强求生。这两者是否矛盾?如何理解呢?"或者可以提问:"在防控疫情全员抗疫的关键时刻,一些老师没有走上一线,而在组织网上空中课堂。这是不是求生舍义?为什么?"如此抓住关键点进行深度提问,引导学生讨论,有效地激发了学生的思辨意识,从而实现了课文的深度阅读。

## 三、要重视课堂留白,引导自主思维

　　曾看到一则故事,内容是画师比赛作画,画题是"深山藏古寺"。多数画师画的是在崇山峻岭中,气势宏伟的寺庙巍然耸立,而其中一位另辟蹊径,画的是陡峭弯曲的山道底下,一个和尚在溪水旁打水。一比较,画作水平的高低就显现出来。有和尚就有寺庙;山道陡峭弯曲,可见深山;画作中隐藏"深山""古寺"。这样的留白,极大拓展了欣赏者的思维!同样道理,课堂教学中老师要善于"留白",要把思考的时间空间留给学生,让学生自主分析。

　　苏霍姆林斯基说:"有经验的教师往往只是微微打开一扇通向一望无际的知识原野的窗子。"根据学生实际和教材特点,教师要有意识地不讲相关内容,让学生去寻找、去发现、去探索。这样就能更好地培养学生的思维能力。一位老师在执教《台阶》一文时,默默出示了文中的两句话"我们家的台阶低。"和"我们家的台阶低!",让学生朗读,并辨析朗读时有什么不同的感受?课堂的沉寂,激起了学生的"嘀咕"——有的说:"前一句是表事实。后一句的感叹号有言外之意。"有的说:"用感叹号,更能读出父亲沉重的心情。"有的说："我仿佛读出父亲期盼能够通过造高台阶提高全家地位的强烈愿望。"有的说："感叹号像是对儿子的一种殷切期望——"老师巧妙抓住标点符号留白处，让学生精心思考，为学生思维插上翅膀，激起学生思维跳跃的火花，引领学生进入乐思善思的境界。

美国有位教育家说："在每个问题提出之后，至少要等待三秒钟，这样做有许多好处。"老师提出问题后，应当给予学生必要的思考时间。这个时间就是"留白"，就在于让学生联系旧知识，思考新问题，把前后内容联系起来，探索出解决问题的思路与方法。反之，如果老师不等待，马上说出答案，那么学生就没有思维的轨迹，课上也就缺少了思维的含量。课堂留白，引而不发，疏密相间，能够引发学生在更广阔的时间和空间里展开想象、思考与探究，更好地发挥学生的主体作用，更有效地激励学生通过自己的思维获得知识、体悟情感。

## 四、要关联实践生活，打通思维结节

建构主义者认为，学习不是被动地接受，而是学生个体与外部环境交互作用主动建构的过程，是以原来的知识和生活背景为基础而对新知识进行"同化"与"顺应"。所以，在指导学生学习中，要紧密联系学生的已有知识和生活经验。来自生活的事实现象，拉近了学习与生活的距离，学生学起来兴致勃勃，也能够激发起解决问题的欲望，从而活化了思维，培养了能力。反之，如果思考与实践生活脱节，学生往往会冥思苦想，可能陷入"空想"泥潭。

语文教师要引导学生联系现实生活，使学生在读出课文情感思想的同时，也读懂自己个人的生活体验、感受，这就清除了思维障碍，极大地丰富了对课文的深度认识。一位老师教学鲁迅的《社戏》，在让学生理解"为什么极其偏僻的平桥村却成了我的乐土"等问题后，进一步动情地引导："很多时候，我们怀念的重点并不在于回忆本身，而是注入了彼时彼刻的情感，我想这才是人们热衷于怀念的原因。同学们，你们生活中也有这样的经历吗？"于是，同学们展开了思维的翅膀，就有了"寒冬深夜，妈妈为自己披的那件外套，让自己无比怀念"；"孤独无助的时候，朋友说的安慰话语，让自己怀念至今。"课堂上，学生用体验弹奏了"歌曲"，用思维锻造了精美的"诗"。这样的教学，就像平静的水面激起的涟漪，引导了课文学习的深入，也能够让课堂上学生的思维余韵悠悠。

语文是生活的一部分，语文学习离不开生活。一些同学对朱自清的《春》中的文句："野花遍地是……散在草丛里，像眼睛，像星星，还眨呀眨的。"往往不大理解。其实，生活经验告诉我们，野花"眨呀眨"，是指在风的吹拂下野花摇摇摆摆的样子。

那为什么野花"像眼睛，像星星"呢？只要联系生活，学生又会知道，因为有阳光，野花才会像眼睛，像星星。这句话实际上描写了野花在阳光下闪闪烁烁、惹人喜爱的样子。注重联系生活，注重用生活的经验、事例来诠释语文，这样语文探究便有了广阔的天地，有效增强了学生在语文学习中读悟思的能力。

英国教育家爱德华认为："教育就是教人思维。"理清逻辑、深度提问、适当留白、联系生活，这四个方面的运作，能够组成一次有思维深度的课堂教学，也凸显了"善思型"课堂教学的实践探究。它既体现了教师在课前教学设计时的思维投入，也显示了教师在课堂教学中的智慧引导；学生从中所获得的思维训练也形成了由浅入深、由积累到运用的过程。由此，我们相信，善思型课堂的理念及实践，能够在我们身边开出绚丽的花朵！

（本文发表于 2020 年 7 月《教书育人》）

# 让课堂教学走向动态生成

## 一、将错就错，寻根究底

在新课程教学中，尽管教师课前能预备好不同的教学预案，但在实际教学中，还是会遇到一些意想不到的问题。有经验的教师会敢于"暴露"意料之外的情况，抓住稍纵即逝的信息，及时调整教学设计，让教学沿着最佳的轨道运行。一位化学老师在做实验时就遇到了"错误"。他精心地做"制取氧气"的演示实验。然而在他手忙脚乱一阵后，就是没见气体出来。台下几十双眼睛盯着他，这位教师虽然有点儿紧张，脚下的汗都流了下来，但还是较为沉着冷静。过了一会儿，他微笑着开口了："同学们，实验做到这里，为什么不见有氧气产生呢？什么原因，大家共同来探讨一下。""是药量太少吧？""操作程序正确吗？""装置密封程度好吗？"……同学们七嘴八舌地说出了自己的见解。随即教师指导学生顺着实验操作来检查反思一番，探明失败的原因。这样，即使实验不成功，学生也获得了成功实验的必要知识储备，懂得了其中的规律。这正是不但知其然，而且知其所以然。因而面对动态课堂中的"错误"，教师要抓住契机，将错就错，巧妙引导学生探求规律，寻根究底，这可能比成功来得更弥足珍贵，更能有效地促进学生知识的内化和思维的激荡。

## 二、推波助澜，纵深思考

教学就是即兴席创作。现在的课堂，学生往往不顺着教师的思路走。"在人的心灵深处，总有一种根深蒂固的需要，就是希望自己是一个发现者、研究者、探索者。"（苏霍姆林斯基语）。教师要根据学生的"顿悟点"，合理地整合教材内容，调整自己的设计方案，使学生的探索、研究向纵深发展。一位教师讲解鲁迅的《藤野先生》一文，当分析到鲁迅决定弃医从文惜别恩师时说的："我想去学生物学，先生教给我的学问也还是有用的"时，一学生脱口而出："鲁迅撒谎！"教师一愣，随即微微一笑："是撒谎，你说得很好，可他为什么说谎？他的谎话和一般谎言有什么区别呢？"经过这么一点拨，学生明白了鲁迅说谎是为了安慰老师，可称之为"善意的谎言"。教师又启发学生思考探求生活中这类善意的谎言。教师的引导，推波助澜，使学生明白，在赶集购物、请客赴宴、出外旅游等生活的角落都有"谎言"的影子；缓解矛盾、消除摩擦、避免隔阂、安慰病人，往往也需要善意的谎言。学生品味这些"谎言"，积累了生活经验，丰富了人生阅历，同时也培养了辩证思维，更好地理解了课文。

## 三、欲擒故纵，拓展延伸

课堂资源无处不在。课堂教学中，学生对知识的理解往往存在一定的片面性和不妥之处。教师就要"为学习而设计教学"，通过富于智慧的教学策略，重构教学，引导学生探究比较，体验过程，达成共识。学生书写"悬梁刺股"常常发生错误，一位教师索性板书"悬梁刺骨"。学生叽叽喳喳，老师故作平常："怎么错了呢？不是刺到骨头了吗？"学生叫了起来："不是刺到骨头，而是刺到大腿。股，大腿。"教师欲擒故纵，用引导的方式让学生帮着挑错，加强了学生对知识的掌握。笔者在讲托尔斯泰的《七颗钻石》一文时，也抓住课堂中的动态信息，欲擒故纵。课堂上一名学生质疑课文："那样干旱的天气只有一个小姑娘出外找水吗？"我觉得这个问题问得在理，又符合童话想象丰富奇特的特点，于是临时改变了教学步骤，设计了一个新颖作业——编教材（要求学生挖空心思地改编课文中间部分）。于是学生浮想联翩，"创造"出各种各样的版本：有的设置了一个小男孩也去找水的情节，有的虚构了小姑娘昏死过去又被神仙救活的内容，有的想象了七个孩子甘愿献身战胜妖魔求得大雨的故事……看看作家的文章，读读自己的作文，学生对童话的特色感受得更加深刻了。当一学生提出为什么用"七颗钻石"作为标题时，我又指导学生："从水罐里跳出七朵小花可以吗？""从水罐里变出七种颜色可以吗？"促使学生在探究比较中体会钻石所象征的纯真情感，产生无限的遐思。欲擒故纵，有利于拓展课堂学习内容，有利于学生探究思考、比较分析，更有利于课堂生成的活泼实在。

## 四、同舟共济，体验悟得

教学过程是师生之间、学生之间的交往互动与共同发展的过程。在合作学习中，师生共同参与，双向交流，相互合作，彼此形成一个学习共同体。如教授《我的叔叔于勒》一文时，教师让学生对于勒叔叔的形象发表看法。有说他是浪荡子，有说他是有点良心的，有说他是值得同情的，有说他是令人厌恶的。讨论中，教师自始至终深入学生中间，密切关注着学生思维的发展变化，引导学生深入文本，找出依据，及时为学生提供最新的思维素材和深化题目的信息，帮助学生挖掘讨论的深度。在小组讨论的基础上进行全班交流，然后进行反馈，使学生之间的学习资源相互融合，相互碰撞；学生之间的学习信息得到交流，共享，发展，合作能力得到充分发挥。

总之，课堂教学是一个动态的、不断发展推进的过程。这个过程既有规律可循，又有灵活的生成性和不可预测性。因而教师要及时抓住课堂中的生成性资源，运用适当的评价进行引导、挖掘和升华，多一些机智，多一些欣赏，努力孕育出"豁然开朗""怦然心动""浮想联翩"的美好境界，让课堂教学在动态生成中呈现出一道道美丽的风景。

（本文发表于 2005 年 5 月《江苏教育研究》）

# 浅谈校长教学领导力的"四点"思考

在学校管理的方方面面中，校长如何管理好教学，是一个值得思考的命题。目前，校长对教学的管理，往往存在着对教学不够重视、教学领导的专业知识相对缺乏、教学领导的角色意识不够强等现象。那么，在提高教学质量的迫切要求和背景下，如何提升校长的教学领导力呢？笔者认为，有四个方面的因素值得思考。

## 一、亲自课堂：教学力的基础点

某校老师会议上，校长在台上通报各班成绩，言辞激烈，他批评张某老师上课不认真，作业批改不细致，导致班级数学成绩落在平行班之后。没想到，张老师站起来，火冒三丈，手指校长："学生基础差，你来上上看。"而后，张老师转身面向大家："自己上两节初一劳技课，轻轻松松；反过来倒指责我们上两个班级数学不卖力。大家评评理。"一场很重要的教学质量分析会，在尴尬中草草收场。

课堂是教师最直接的教研的基地，课堂教学是教师的重要工作，是教师教学研究的重要源泉。校长也是学校教师的一员。教而优则仕。好多校长就是从一线教师中走出来的。在打造优质课堂的过程中，校长绝不能缺席，而且要成为平等中的"首席"。"喊破嗓子，不如做出样子。"校长能够和教师一样站稳课堂，每天深入课堂去"战斗"；校长能够和教师一样抓教学常规，设身处地地辅导学生；校长能够和教师一样同上一堂课，课前课后进行面对面的切磋。这种以身示范的力量是非常巨大的。教师会看在眼里，记在心里，落实在行动上，从而表现出空前的敬佩信服，激发出空前的工作干劲。作为校长，要具有教学领导力，就要在做好指挥员的同时，还要时刻准备做战斗员，在课堂教学实践中能和教师们并肩战斗，和教师们共同研究、共同成长。

## 二、指导教学：教学力的关键点

某校为促进青年教师成长，举行了青年教师课堂展示活动。活动之前，王校长很重视，查看了活动方案，动员青年教师积极开课，并邀请了外校几位骨干教师来听课评议。但活动当天，校长好像消失了似的，除了午餐陪同外校骨干教师之外，其余时间均在办公室里。他没有去课堂听课，也没有参加课后评议。哪个老师上课上得怎么样，他也是凭感觉说说。从一位中层领导口中大家了解到：原来王校长向来是这样的，他很少进课堂听听课，偶尔同老师一起交流课堂教学得失。在教务处检查老师的听课记录本，也难以检查到王校长的本子。有领导总是打圆场，王校长工作繁忙，要外出联系"外事活动"，他的本子就不用检查了。

在教学管理中，校长的教学领导力往往强调校长对于教学的引领指导。过去大多依靠行政手段来管理教学，目前则更多地倾向于依靠专业素质来指导教学。因而，校长要不断提升非职权性影响力，要通过自我修炼和参与多种形式的培训活动，以自己的专业威望引领全体教师的教学水平得提升。比如，举办青年教师公开课活动，活动前校长要与教师交流，适时了解教师开课的内容及教学环节，有针对性地提出建议；活动后，校长要积极参与教师的评课议课活动，要与听课教师交流研讨，要在教师中亮出自己的思考建议，赢得教师的信服。校长要组织好教学业务的培训讲座，可以聘请教学专家、特级教师来校授课传艺，以开阔教师眼界，提高教师专业技能。校长要沉到教学一线中，要以自己的上课感受和听课感受，促进教师的积极反思，领悟课堂实践中的教学真谛，从而把这种来自一线的"真东西"，与教师交流分享。校长要指导好备课上课及作业辅导评价等教学基本环节的有效落实，指导好教研组与备课组的扎实活动，指导好校本培训和各类课程的有效实施。这种借助外力和驱动内在的教学指导，是教学领导力的关键因素。

## 三、规划引领：教学力和着力点

某农村初中的李校长，信奉教学力就是教学领导的强势能力。为此，他在学校里一言九鼎，强力推行他的教学思路：想在学校里要进行班级学科竞赛，学校工作主要就是竞赛；想要把社团活动课改成主要学科上课，主要学科老师到时就抢着上课；说哪个老师工作认真教学突出，下面也就应声附和某老师教学好。学校里每两周要举行学科统考。统考结束，李校长对照成绩，挥舞"管理"大棒，左砍右击，大肆批评。学生面对考试，焦虑万分；教师也惧怕测试，人心惶惶。至于学校的教学研究氛围、学期年度课题研究、学校教学文化等等，全给李校长这样的强盛领导力给忽视掉了。

苏霍姆林斯基说："学校领导首先是教育思想的领导，其次才是行政领导。"一所学校要办得风生水起，要得到长足发展，获得社会认同，校长就得有明确的办学思路，对学校发展要有明确的定位，科学制订学校中长期发展目标。同样，一位校长的教学领导力如何，就要看校长对教学的规划引领，包括教学的规划设计、教学的价值引领、三级课程的实施、教学文化的建设、教研团队成长等。校长要围绕学校的发展目标，树立正确的教学思想，营造积极的教学氛围，建设以教学为中心的学校文化；要关注教学的改革，积极支持教学的新尝试、优变革，以适应发展的要求和学生成长的需要；要关注教学文化和教研文化，营造浓厚的教研氛围，提高教师的教学研究意识与能力；要关注教学实践，用先进的理念指导教师的课堂教学，探索提升教师教学能力水平的有效途径和方法；要推动学校课程建设，以多样化举措来开发多样化的课程资源，提炼学校课程，致力拓展学生实践场所，为学生成长搭建平台。那种不关注课程形态和校本课程、不关注教学研究和设计、不关注教学资源和开发的学校领导，是毫无境界的领导，那种只追求暂时成绩的做法，实在是一种短视行为！

## 四、提升质量：教学力的落脚点

某校校长，文字功底，论文写作有一套。在当校长之前，经常发表文章，纵论教学大事，科研成果丰厚。在走好教科室主任、副校长的台阶后，他走上了校长岗位，也收获了特级教师头衔。可能他没有着力整改理论和实践脱节的毛病，他任教的班级教学成绩总是不大突出，甚至落在后面。但是，当了校长，他不用和一线老师在战壕里摸爬滚打了，有了更强的发言权，在会议讲台上滔滔不绝，侃侃而谈，做着有效课堂的讲座，说着深度学习的要义。听着校长高深的理论讲座，老师们佩服校长的教学理论感召力，但同时也犯疑了：这么好的理论，怎么在课堂里提高不了质量呢？学校里有这么好的大师级领导，学校教学质量怎么越来越往下滑呢？

苏霍姆林斯基说："如果你想成为一个好校长，那你首先就得努力成为一个好教师，一个好的教学专家和好的教育者。"实际生活中，一个好教师、好专家、好教育者，其衡量的重要尺度，就是能够有一个过得硬的成绩。一位具有教学领导力的校长，一定是上得好课堂，学生喜欢你；一定是教学成绩不会差，教师认同你。如果自己的课堂教艺和教学成绩平凡普通，甚至有点儿蹩脚，那怎么能担负起领导别人的担子呢？一位具有教学领导力的校长，一定能通晓课堂，以科学先进的方法引领教师提高课堂教学效益，采取扎实的措施提升整个学校的教学成绩。如果校长只会滔滔不绝地空讲理论，而没有实际可行的操作，没有把那些好的理论转化成看得见摸得着的成绩，那怎么能说他教学领导力好呢？提升校长的教学领导力，不仅仅只是看他有多少理论水平，更重要的是看在他领导下的教学，质量有没有提高。提升质量，是教学领导力的落脚点。

教学是学校的中心工作，也是校长必备的能力基础。在以上四个方面中，亲自课堂，是教学领导力的基础；指导教学和规划引领，是教学领导力的关键所在，体现了校长领导力的水平高低和理论素养，也突出了领导力的"领导"内涵；而提升质量，则是教学领导力的目标和最后的落脚点。一线校长要认真思考，积极探索，致力提升自己的教学领导力，以适应课程改革和扎实质量提高的要求，促进校长自身的专业化发展！

（本文发表于 2018 年 1 月《教书育人　校长参考》）

# 要"集体研课"，不要"集体备课"

近日，笔者有幸参观外地的一所课改先进学校。该校领导捧出各学科"集体备课"的成果——教案，让我们"一饱眼福"，学习取经。他认为，实施新课改后，该校开展了集体备课的教研活动，达到了资源共享的目的，极大促进了教师的成长。笔者听后、看后不禁感到迷惘。

什么是集体备课？照该校的说法，就是教师以同一年级同一学科为单位，开展教学的前期准备活动。活动中，教师讨论教学重点、难点和注意点。但每次组内均安排一名教师执笔，把备课内容整理成教案并打印，分发给其他教师。教师再根据本班情况适当修改教案，实施教学。这样，每位教师一学期只需备三周左右时间的教案，极大解放了教师，使教师得以从繁重的备课工作中抽身，去沉入班级搞好管理、讲好课。

粗看，似乎该校集体备课的活动搞得红红火火、扎扎实实，但仔细琢磨后总觉得：这种以同一教案通行各班的做法不大妥当。

首先，这样做不符合因材施教的原则。备课，不但要备教材，更要备学生、备学法；要通盘考虑教材、学生等情况来设计教学过程。学生千差万别，知识基础、班级实际各不相同，各班风格显然不同，怎么能以同一教案来实施教学呢？因材施教，要有的放矢。不同对象、不同个性，势必要求教师采取不同的方法、不同的程序来教学，怎么能以不变应万变呢？不是有这样的事吗？——有教师拿名师的教案照搬到自己班级来教学，却反响平平。其中一个主要原因便是不考虑具体的教学对象。

其次，新课程倡导，让课堂教学在动态中生成，强调要开发课堂的动态课程资源。一个年级的四五个教师都使用同一教案来教学，难以体现出课堂的动态生成性，不能真正体现出教师鲜明的教学个性。教师自己的长处和优势，自有个性特点和人格魅力。同一教案的推广，使教师教学"多人一面"，势必弱化教师鲜活的个性特点，弱化教学的生成性。

再次，以同一教案通行各班，使任课教师的惰性心理得以抬头。据笔者了解，集体备课开头还能议议讲讲（议重点讲方法），后来慢慢变成了"分分发发"（分配教案执笔人、分发现成教案）的过程。让教师轻松点儿少备课，上课时照本宣科，教师自然比较认同。但随之而来的是：教师对文本生疏了，思维懈怠了，钻研精神减弱了。他们认为，反正有人会提供教案的，因而钻研教材往往不深入或懒得钻研，久而久之，集体备课活动演变成了集体发教案的过程。这样的做法使教师滋生了惰性心理，不利于教研工作落到实处，也不利于青年教师的成长和课改工作的扎实推进。

有鉴于此，笔者认为，要改"集体备课"为"集体研课"。这一活动应突出一个"研"字。其内在本质是"研究"，其核心环节是集体研讨，其研讨内容是教学过程和方法的设计、教材的解读、学情的分析、习题的设计等。可以采取以下形式：①**带着思考来研课**。事先确定讨论研读的篇目，教师事先有所思考，思考教学的重点难点，思考自己的教学设计。活动时大家交流讨论，让不同见解磨擦，让不同思想碰撞，争论辨别，继而取长补短，共同提高。这样的研课定会使教师真切感受研究的氛围，达成对文本的深度理解，学到方法和经验，受益匪浅。②**观摩研讨课来研课**。说说讲讲毕竟是纸上谈兵，课堂教学才是真功夫。同年级、同学科教师开展活动时，可请2—3位教师上研讨课，同组教师观摩研讨。观摩同一教材的不同上法，探讨个人教学的成功失误。教学设计的个性化、教学风格的个性化、课堂教学的个性化，促使听课教师开阔视野，拓展思维。这样做，实实在在地把教研活动落到了实处。③**怀着反思来研课**。课堂的完成并不代表教学大功告成，应让教师磨砺课堂，反思得失，可以是自己教学的得意之处，可以是教学中的遗憾失误之处，可以是教学中的一个困惑，也可以是学生的一个高明的见解等。活动中大家交流体会，相互探讨，或欣赏或惋惜，或学习取经，或共谋良策，或理论指导，或实践解析。课后教师的教学札记或随笔，一经交流研讨，相互启发，便有了理论的积淀和实践的升华，便会熠熠生辉，焕发出夺目的光彩。

"教学即科研，科研即教学。"发挥集体的智慧，合力攻关，研究教材，研究课堂，交流心得，这就是集体研课的无穷魅力吧。至于教师要不要备课，怎么备，笔者认为，备课就是备个性，要备出教师的个性，备好学生的个性，万万不可"千人一面"。同时，教师的备课要给学生带来更多展现主体性的机会，要更能促进学生个性发展。因而，备课宜粗不宜细。

总之，在新课改呼唤"教师发展、学生发展"的背景下，集体备课应让位于"集体研课"。集体备课实在是校本教研中的一种重要形式和有效载体。

（本文发表于 2005 年《福建教育》）

# 以朴素做法，提升教学成效

如何提高学生学习成效，如何促进教学质量提升，这是每位老师必须面对的课题。有的人讲究理念的创新，有的人跟从时髦的做法。笔者倒认为，课堂学习应该是朴素实在的，学习过程应该是朴素夯实的；只要在各个环节的教学设计中，以朴素本真的做法，处处有效落实，就能比较扎实地夯实教和学的过程，促使学生的学习能力得到有效的提升。

## 一、朴素的课堂，夯实学习过程

【案例】

叮铃铃，上课了，语文老师走进教室。他面朝同学，神情严肃地说道："昨天布置大家回家预习《鼎湖山听泉》。现在检查预习情况。请大家把书本打开。"有的同学懒洋洋地摊开课本，心不在焉地看着这个新老师。老师快速地巡视了两排学生的课本，回到讲台，正色道："课文中标好了节次、划好了词语的同学，手举起来。"一下子，一半同学的手举了起来。老师看看大家，又开口了："读了课文，了解了大体内容；并且思考了课后的几道练习题。这些同学，请举手。"十来位同学把手举了起来。"在文中划了重点语句，并且圈圈点点打问号。请举手。"两位同学看看旁边，面对老师，手举得一本正经。看着逐渐减少的举手人数，老师的脸上阴云重重，一场暴风雨即将到来。老师提高了嗓门："预习，是学习的第一步。预习的效果怎样，直接关系到学习的好坏——"

事实上，一节课总有课始、课中、课末三个阶段。为巩固学生课堂的学习过程，课堂的这三个阶段，要牢牢把握。案例中，教师就认真对待学生预习，严格检查预习效果。课前预习课文，是每个学生学习的"规定动作"，但预习的效果怎样，就要有个检查的过程。不然，就会让学生觉得，预习不预习都无所谓。课始检查预习，既能帮助学生养成自觉预习的好习惯，又能使教师了解学生情况，从而有的放矢地指导、有针对性地教学。其次，课堂中间，要反复强调重点难点，以强化巩固知识。

一位教师在引导归纳出定理后，让学生做了几个动作，先是熟读背诵定理，接着是用自己的话说说对定理的理解，后是举例子谈谈这个定理和其他定理的比较，最后教师还抑扬顿挫地重温了定理的来历，讲明了定理的重要性。这样的反复强调，既突出了重点内容，又使这一新知识在学生头脑中扎下了根。再次，课堂末尾，要总结反馈。可以根据板书，带领学生回忆本节课的内容，要把其中的重点、疏漏点梳理一遍。梳理的好处，在于使前面清楚的学生强化、前面混沌的学生清楚。可以采取提问或小纸条等方式，把课堂要点让学生进行一次反馈，时间三五分钟左右，看看学生掌握了多少。如果是纸条反馈，可让学生相互批阅，激起学生的成功感和兴趣。这样做，教师既了解了学生课堂学习情况，又使课堂教学成功收尾。

## 二、朴素的检测，扎实知识达成

【案例】

　　课堂上，数学老师告诉大家："同学们，明天要考试了。我希望大家都取得好成绩。"话音未落，调皮的同学拉长了腔调："我基础差，考六十分就很好了。""不，要考九十分以上。"老师的话语看来一本正经。"除非我偷看，除非老师把试卷提前告诉我们。"那个同学依然有点儿油腔滑调。老师看了看大家，微笑地说："这次考试，试卷提前发下来。但有个前提，那就是每人至少要考九十分以上。好吗？"听到老师说要把试卷提前发下来，学生异常兴奋，"好"的声音喊得特别响亮。唰，唰，唰，老师真的把试卷发下来了。同学们看着手里的第三章知识目标试题，有点懵了。老师又开口了："这张试卷题目囊括了本章的知识要点。明天考试就考这张。如果上面的题目不会做，你可以问同学，也可以问老师，直到弄懂会做。"课堂里顿时一阵骚动，同学们有的左顾右盼，有的前拉后转，有的索性拿着试卷拥到优秀生旁边。看着这幕情景，老师的嘴角微微上扬了起来。

　　考试，是检测教师教和学生学的一种必要手段。但如何检测，这里面可大有讲究。就检测题目来说，有的教师喜欢出难题怪题，想难倒学生，让学生考个六十分乃至不及格，以"杀杀锐气"，激励学生跌倒了再爬起。就检测形式来说，有的教师不考虑知识的消化过程，喜欢一考定评价，以一次检测就判定学生聪明与否。其实，检测反馈，是伴随着学习的过程的，只要有学习，就应该随时有检测，以检测达成知识的掌握。检测的方法、形式和内容，也是多种多样的，如当堂反馈、口头提问等等。在教学中我们可以进行考试试卷的多样性实践。可以把试卷分为三类。一类就是案例中所说的"目标试题"。这类试题讲究知识的完整性，囊括单元的知识目标，也包含了书上例题。这张试卷要提前发给学生，在学生做、问、记（甚至是背）的同时，让学生完整掌握知识。教师要求满分，或至少90分。这样做，既温故了知识，又使学生尝到了学习的成功感。第二类是"单元试题"。教师以"目标试题"的内容为蓝本，适当增添一些拓展性题目和稍微灵活点的题目，目的是学生在了解知识的基础上再巩固知识。这份检测，如果学生用心地做，平均分会在七八十分。因为单元试题分数要反馈给家长，学生也就高度重视、认真复习。自然而然，学生知识的达成度也提高了几分。这样做，也就达到了单元学习的同等要求。第三类是"自学辅导试题""竞赛试题"。它在试卷的反页配有答案或提示，是单元知识的提高和深化。用于学生课外拓展学习，目标是引导学生尤其是学有余力的优秀学生在课余进行思考、练习、比照。事实上，检测方法和途径多种多样，只要检测考试指向于学生掌握知识，指向于激发思考培养兴趣，那么教学也就成功了一大半。

## 三、朴素的总结，注重能力培养

【案例】

　　课堂上，老师在给同学们分析试卷。老师强调着："'去国怀乡，忧谗畏讥'的'谗''讥'两字，是'谗言''讥笑'的意思。从意思上辨别一下，就不会写成与吃有关的'馋''饥'两字。可有的同学经常会写错。对这类写错的字，大家可以记录下来，提醒自己。"老师顿了顿，又说道："学习中要善于把错题记下来，日后重做，这是巩固知识的一种好方法。"老师扬起手中的一本练习本："这是王芳同学的错题本，我看记得很好。昨天她把成语'短兵相接'的'兵'字解释错了，今天就记录在案，并且在旁边写了一句话：'有些成语从古文中演化而来，其中字词的意思往往是古义。'不但记了错题，还写了错的原因。对于这样的分析反思做法，大家要学习，要坚持。"听着老师的话，同学们纷纷拿出笔记，开始记录着自己的错题。

　　本案例中，老师在分析学生写错字的原因，引导学生用好错题本。事实上，学完一个单元或一个章节，就要及时进行回顾总结。总结单元章节的主要内容和训练点，总结阶段学习的主要收获和失误点，这就能反馈掌握情况，培养自主学习能力。每过一段时间，教师要启发学生根据自己的学习，总结近阶段的学习体会：有哪些好的学习方法，有哪些不太懂的知识，有哪些容易弄错的内容，又或是有什么学习的感受。对比较好的学习经验或点滴的学习心得，要及时写在日记本上，梳理成一篇文章或笔记，以便日后更好地指导自己的学习；对容易出错的题目，或不太懂的内容，要及时记在"错题本"上，也要有针对性地思考训练、请教问询，以彻底消除学习中的"夹生饭"，透彻掌握知识。与此同时，教师也要对自己的教学实践进行总结，时时反思自己的教学得失，如：课堂上的教学设计是否恰当？有没有更好的改进措施？学生怎么会错得较多？用什么办法提高学生的知识达成率？课堂上比较满意的教学环节在哪里？课堂中有没有成功的教和学的细节？教师需要把这些反思的点滴结果，随时记在一个小本子上。集腋成裘，不断积累，就能在培养学生能力的同时，有效提升自身的教学素质。

　　总之，教和学，牵涉到方面方面，关乎到很多环节。只要教师指出教学不漂浮，追求朴素不华丽；教师踏踏实实地教，学生扎扎实实地学，课堂就能务实，过程就能夯实，教学就能扎实；只有这样，才能达成教和学的"佳木秀而繁阴"的美好境界。

（本文发表于 2017 年 12 月《中小学校长》）

# 让校本教研走向深入有效
## ——由一则教研案例引发的思考

【案例】

　　一所农村薄弱学校，教学质量一直徘徊在全县的第三世界，有时甚至在末尾。但自从王校长到这所学校任职后，一些学科却异军突起，尤其是初三数学学科的成绩尤是突出。王校长自己任教数学，学科经常和初三数学老师一起研讨交流。数学备课组长陈老师，是教学能手，三十出头，热情高涨。在王校长的指导下，初三数学老师一起外出听课，一起分析磨课，一起单元练习，一起专项研修。一个学期下来，数学成绩进步到中游。王校长又适时鼓励，提出要求：第二学期，成绩再进步一点。于是，王校长和陈老师召集大家重视研讨：备课一人主备（轮流进行），但其他人要提出 1—2 个修改建议；每三周举行一次同题异构课开课活动，课后说经验、评不足。王校长又发动大家关注学生、研究学生：在自修课和课后辅导时，分层要求辅导，分工督促学生，因材施教，有的放矢。这样做，一大批中等生、后进生被拉上了努力学习的"公交车"。说来也怪，6月中考结束了，初三数学成绩进入了全县前10名，获得了区教学成果优良证书；一位平时默默无闻的老师参加了县教学基本功比赛，最后榜上有名。这个结果，使大家刮目相看，连区教研员也连声称赞。

这则案例告诉我们，教研组、备课组的建设关系到学校的质量提升；而校本教研，是备课组管理中非常重要的基础工作。校本教研的定位、校本教研的引领、校本教研的作用发挥，将对学校管理的深化、办学水平的提升，起着重要的关联作用。对于如何深化校本教研，如何让校本教研走向深入有效，笔者揣摩上述案例，在管理实践中总结了几点经验。

## 一、校本教研的价值：学科质量提升

教研工作是学校管理中的重要工作。它直接关系在教师的教学研究，直接关系到学科教学质量的提升。同样的学生，有些学科成绩突出，有些学科成绩落在后面。这固然和教师的水平有一定关系，但更重要的是学科组备课组的教学研究氛围是否浓厚。例如，期末考试还没来到，学科备课组长就召开讨论会，协作研究如何复习，如何准备资料。于是，组内有人负责古诗文默写的出卷，有人负责语言基础知识题目的设计，有人负责精选阅读题的训练安排。这样的校本研讨，就为全组质量的提升奠定了基础。相互协作，积极研讨，认真共享，努力补充，就能发挥出"1+1>2"的效果，也使得本备课组的教学获得有效提升。而有的组，单打独斗，资料自己独用，从不与组内教师交流，缺乏团体意识，以致学科组质量受到了影响。

事实上，校本教研的氛围的浓厚与否，直接关联着学科教学；校本教研的针对性把握，也直接影响着学生的学习成绩。上述案例中，数学组在组长的部署下，狠抓教师的备课设计研讨，提升课堂业务水平；狠抓学生的分工辅导，对于中等生后进生，因材施教，督促过关。可以说，教研提升着教师的业务水平，又促进着学生的学习成绩。这就是校本教研的价值所在。

## 二、校本教研的关键：教研求实求活

一些学校的校本教研活动，往往是教研组长根据学校计划，简单编排一个学期的教研计划，规定一下哪些教师要承担研讨课、这一学期需要参加哪些相关活动等。这类教研，纯粹是应付性质，缺乏专题策划，教师被动参加，收效不大。事实上，如果对教研活动精心规划，每学期围绕某个专题进行集中研讨。活动就会有吸引力、号召力，教研就会迸发出蓬勃的生机。如语文学科可举行名著阅读的专题研讨活动，围绕"怎样上名著阅读课"这个主题，相互探讨交流：可以外请专家来指导讲学，可以让教师试上指导课，大家评议指点交流，也可以举行名著阅读的论坛活动等。在校本教研活动中，要联系教学实际，确立研究的课题或方向议题。以课题的方式，来串联半个学期或一个学期的校本活动，使得同组教师围绕课题来研究、分析和交流，使得校本研讨有灵魂、有主题，使得活动研讨更加深入。在校本活动中，还要联系学生实际来研究、来落实。上述案例中，备课组关注学生、研究学生、督促学生，有的放矢地分层辅导，使得教研抓在了要害处。通过这样的校本活动，教学的实效性就能得到体现。

在校本活动中，还要创新求活。可以先进行组内研讨教学设计，再请一位教师上示范课；可以让教师尝试性地先上课，而后大家磨课，最后是这位老师再上课；可以是同课同构式教研、同课异构式教研和师徒结队式教研。同课同构方式，即商讨确定一节课的教学设计，由两位不同层次的教师用同一份教案、课件，分别展示这节课。在两名教师的授课方式比较中，年轻教师自然能领悟更多课堂教学的魅力与艺术。同课异构式教研，则是就同一个教学内容，由两名成员教师分别研讨备课，分别展示各有千秋的课堂教学成果。师徒结对式研讨，则是以组内某位名师或骨干为研讨对象，由他和徒弟合作展示的方式，完成一次教研活动。一成不变的教研活动，变成了一次次充满期待的、有新鲜感的教研旅程。组内教师不再是被动参加的旁观者，而是积极参与的培训者。

### 三、校本教研的意义：助推教师发展

有人说，搞校本教研，其目的就是抓教学质量。有人甚至认为，自己拼命加班加点，对学生狂轰滥炸，让学生在题海苦练中挣扎，这也是校本教研。这就把校本教研狭隘化了。校本化的研讨，能够很好地促进教师发展；校本教研，是助推教师专业发展的训练营。

尽管外面有各种各样的研讨活动，但教师在学校工作中承担着具体的教学工作，不可能经常性地外出参加研修活动；况且，外来的教研经验，可能在本校"水土不服"。这样，联系学校实际的校本教研，就是教师发展的动力源。在学校这个集体中，科学有效地开展活动，形式多样地交流研讨，能够使组内教师有平台可依托，有问题可请教，有对象可协作，有任务可共同担当。对学校来说，青年教师的成长，优秀教师的冒尖，都需要依托教研组、备课组这个专业发展的大本营。上述案例中，在学生成绩提升的同时，教师也信心满满，严格自励，业务得到了提高。再比如，某校初三语文备课组，组内浓厚的校本研讨氛围，使得组内既紧张又活泼、既有动力又有压力，三

年之内，人人都有专业论文发表，三分之二的教师获得基本功和优质课奖励。

事实上，凡是教研氛围浓厚的教研组、备课组，组内教师团结协作、教学基本功比较扎实，组内教师业务进步快，势头猛。这样一来，教师对教研组备课组有依赖感和归属感，使校本教研无形之中提升了位置和分量。

## 四、校本教研的保障：引领蹲点协调

校本教研在学校应该有它特定的地位。一些教研组，往往学期初搞得有声有色，但一个月之后逐渐偃旗息鼓。为什么会这样呢？如何使校本科研长盛不衰呢？主要是需要有灵魂人物。一个教研组，组长是能手、带头人或名师，组内有热心热情的好教师，那么教研组、备课组就能充分发挥名师引领作用，扎扎实实地开展校本教研。这些骨干会安排示范课，会组织研讨会，会布置教学常规工作，会提醒青年教师注意课堂教学中的关键点和疏漏点。这样，顺着学校教研的要求，骨干的引领很好地促进了教研的深入有效。上述案例中，陈老师作为能手，工作积极，充满热情，起到了突出的引领作用。

同时，为加强教学管理，学校也可以安排行政人员蹲点教研组、备课组。行政人员担任什么学科，就确定为那门学科的行政联系人。行政领导配合教研组长与备课组长，催促提醒开展有关教研活动，协调校本教研中的人和物，最大程度地保障教研活动的顺利进行。案例中，参与其中的王校长，既是活动的参与者，也是活动的协调者，更是活动的督促者。这在很大程度上有效发挥着带头人的作用。

实践证明，一个人可以走得快，但一群人可以走得更远！校本教研，可以推动质量提升，可以确保教师成长；校本教研，能够夯实课堂教学，能够引导研究深入。只有培养好教研引领人，落实好教研制度要求，安排好贴近实际和灵活多样的活动，校本教研才能够开创出"秀而繁阴"的美好前景，能够带动其他学科乃至整个学校教学管理的进步，继而为提升办学水平打下扎实的基础。

（本文发表于《教育界》2020 年第 3 期

# 要把握好课堂教学中的这些"应该"细节

　　每当看见一些教师在黑板前分析讲解，而下面同学或者在左顾右盼，或者拿着书本照着回答，或者不听讲解而自己在课堂上看书时……笔者就会浮想联翩、思考探求：这样的课堂应该算是原生态的课堂；要上好上活这种原生态课堂，"应该"要把握好哪些细节注意点呢？

　　笔者在课堂教学的实践和管理中，积累了一些看似平常的细枝末节，认真剖析、反复观照，真正感到了课堂教学渗及到教师、学生、教材等多样因素，真正感受到了课堂教学中应该细节的重要作用，真正感受到了课堂教学的意蕴无穷……

## 一、课堂上应该走一走、看一看——"穿花蛱蝶深深见，点水蜻蜓款款飞"

【案例】

　　笔者在调研中发现，一位青年教师在课堂中声音洪亮，思路清晰，但站立的范围总在讲台边，不愿多走动，给人一种死板的感觉。课后向学生了解这位老师的教学情况，学生大多抱怨着：老师经常在讲台那里，因为讲台是教室中最明显、最高大的一张桌子，老师好像很威严，一副高高在上的样子；老师对自己很少关注，缺少提醒，自己好像成了被老师遗忘的角落。在教学中又经常发现这样的情况：老师讲课时，后排的学生因远离教师的视线而容易开小差，有的做小动作，有的甚至闭目养神。这种现象应当引起我们的重视。

　　学者霍尔研究课堂的相关因素，发现了空间距离和秩序的关系：师生间的空间距离越大，就有越多的学生成为消极的听讲者或从事与课堂教学任务无关的活动。当教师越近，教学就越会变成互动，就有更多的学生跟着老师思维。事实上，有些教师在一堂课中一动不动地站在讲台边，和学生总是保持一段距离。这样做对于那些学习动机明确、学习基础较好的学生来说，还说得过去，而对那些学习兴趣不浓或成绩较差的学生，课堂上走神、思想开小差则成了常事。

而教师适当离开讲台，不依赖讲台而讲解，深入到学生中间，在座排之间巡视，成为学生中的一员，这样能够巡视学生的学习，指点传授学习方法；也能够发现学生感到不能解决的难题，深入了解学生学情，为教师的"点""导"作好有的放矢的准备。教师走到学生中间，便于多向交流，能够使掌握情况更及时，了解问题更深入，更主要的是缩短了师生间的物理距离，缩短了教师同学生的心理距离。课堂上教师走到学生中间，边走边讲，边走边看，并有意识地在开小差的同学那儿驻足片刻，或在课桌上靠一靠、拍一拍、点一点，把提醒和制止的信息用肢体语言予以传递。这种"走一走"的方式能给学生以亲切感，灵活巧妙地提醒了开小差的学生，把学生的注意力有效凝聚到课堂学习中，为教学的有效性奠定良好的基础。一位有经验的教师在课堂上发现一位学生头低着，在津津有味地看课外书。他就走近学生身边，"神不知鬼不觉"地轻轻为学生合上课外书，并巧妙地以"拍拍肩膀"等方式对学生进行暗示提醒，教学仍然继续下去。这样走入学生中间，无声化解课堂"问题"，课堂就必然是和谐、温情和有效的。

"穿花蛱蝶深深见，点水蜻蜓款款飞。"课堂上，教师应该深入学生中间，多多巡视指导，把阳光雨露洒向每一个角落。

## 二、课堂上应该练一练、记一记——"留连戏蝶时时舞，自在娇莺恰恰啼"

【案例】

在一节《有理数的加法和减法》的数学课上，老师滔滔不绝，努力引导着学生看题目想方法。老师左一个依据，右一个法则，拼命地讲解着。整堂课35分钟，学生都在看着老师的板书，听着老师的分析。可是在临下课，学生做可怜的三道习题时，都不约而同地"障碍"而回。老师直骂学生没有认真听讲，不动脑筋，在课堂中是一根木头。还有，一些老师甚至要求学生一律正襟危坐，两手倒背在身体后面，把这样的认真听讲作为学生遵守课堂常规的突出条件。我们不禁要问，课堂中学生参与了吗？

根据心理学研究，初中学生注意力保持的时间在15—25分钟左右。过了这个时间节点，学生注意力就开始分散，有的同学就会坐不住，出现说话、做小动作、走神、烦躁等现象。因此，教师要把握好讲授的时间节点。同时，教师要根据教学的需要适时变换一下课堂活动方式。例如，由教师讲变为学生讲，由静止的学变为在动手练习，由集体听课变为小组讨论，等等。这样的变化都会给学生以新奇的刺激，强化学生的注意，激发参与的兴趣。

根据农村初中课堂的实际情况，如果只听不记、只听不思考，学生往往脑子一片模糊，理解程度不深，学习也是低效的。因此，农村初中的课堂要调节好学生的"听"和"记"，指导学生记好课堂笔记，让学生在课堂中参与，就显得十分重要。为了帮助学生记好笔记，教师要设计好自己的板书，要把重点和注意点通过板书展现出来。教师也要指导学生边听讲知识，边记录要点，做到一心两用。学生在课堂上养成记笔记的习惯后，笔记本就是一叠厚厚的复习材料。（有时针对基础差的学生，就要求他们记在书上，这样就不会弄丢了）。它包含的内容非常丰富，有学习重点难点，有解题注意点及各种热点中考题型。自己的笔记，学生能够熟悉重点在哪，难点在哪，注意点在哪。记好笔记后，一定要给时间让学生去消化，不要指望一下子全部记住。讲题时，对于不理解的问题，也要让学生随手把解题过程记下来，以方便课后向老师提问解决，也可以作为日后复习的重点。

"留连戏蝶时时舞，自在娇莺恰恰啼。"课堂上让学生边听边记边思考，学生不再是学习的旁观者，而是积极主动的参与者。课堂上调节好学生边听边记，我们就会惊喜地发现，课堂上学生有事情做了（听讲解、记笔记），开小差的人少了，课堂纪律变好了，学习的氛围浓厚了。这样课堂教学效率就有可能极大提高！

## 三、课堂上应该导一导、引一引——鸳鸯绣了从教看，也把金针度与人

【案例】

两位老师教初一数学课，课题都是《单项式乘单项式》。一位老师不厌其烦地讲解指导，亲自在黑板上解答题目，让学生坐着看着老师，思维跟着老师的思路转。他讲解了8个例题，解题过程写满了整整一黑板。可是在让学生练习时，学生的错误率还是比较高。而另一位老师是一位女教师，她在讲解习题时总是"懒"的成分多一点儿：①先让学生观察题目，思考怎么做。②让一个学生说说怎么做，并上黑板练习；③提问学生分析评判对错，指导学生归纳做题的注意点；④在学生自我评价和做了几个习题后，她又抛给学生一个问题："单项式乘单项式"要注意哪些问题？在学生七嘴八舌发表的基础上、老师简明扼要地做了总结。

笔者认为，学生是学习的主人，又是课堂的主人，是教学活动过程中的主体。因而，课堂教学必须突出学生的主体地位，发扬学生的主体精神；课堂上教师的教学行为，必须始终着眼于学生主体发展，着眼于激活学生主体意识、提高学生自主学习的

能力。这就要求教师在课堂中要"懒"一点儿，教师要变"教"为"导"，启发学生善于学习、勤于思考。

陶行知先生说："先生的责任不在教，而在于教学生学。"课堂上教师的重要任务是指导、引导、诱导，而不是具体去做。当学生思路不清时要引导他们拨开迷雾；当学生做题失败或信心不足时要引导他们走向成功；当学生做题时老师要指导他们自我评判，自己总结有益的学习经验。在教学中，特别是新开始一门学科，教师应在以下几个方面对学生进行指导：引导观察、优化"看"的过程；指导范例，优化"知"的过程；指导表述，优化"讲"的过程；鼓励质疑，诱导思维，优化"悟"的过程。在教学中，教师要指导学生记好"错题本"，让学生记下当天做错的作业或训练反馈中遇到的疑点，反思分析出错的原因、深化理解、强化反思。这样做有利于查漏补缺，有助于学生主动审视和控制自己的学习，更好地扩展自主学习的空间。反之，教师不"导"而只"教"，会使学生思维懒惰，学习思考的动力不足，学习的兴趣和积极性受到影响。同时，教师教的"勤"，包办一切，会使学生处于被动地位，缺乏自主选择意识，会使教师的课堂教学缺乏生机和活力，学生的学习缺乏灵性和动力。

鸳鸯绣了从教看，也把金针度与人。课堂永远是学生的，教师巧妙地"懒"一点儿，学生思考就会至善至勤一点。课堂上教师以"导"为中心，善把金针度与人，就能达成"师逸而功倍"的美好境界。

## 四、课堂上应该等一等、慢一慢——此时无声胜有声，一"等"激起千重浪

**【案例】**

一位教师在上课时习惯快节奏。课堂上，他向学生提出一个问题。一名学生回答后，他马上神采飞扬地评判道："好，这位同学回答得很好。"随即便转入另一个环节。笔者看到有些同学欲言又止，有些同学脸上一片茫然。有时老师指名回答时，学生猝不及防，站起来回答不上，十分尴尬。有时回答得磕磕巴巴，口齿不清，或者欲言又止，老师就不耐烦了，眉毛弯了，并训斥警告学生："上课要认真思考。"

笔者认为，面对一些有价值的回答，教师不应该立即做出评价判断，应该等一等，慢一慢。因为一个班级里总有思维快的和思维慢的，教师通过"延迟"判断，把时间留给学生，让他们继续独立思考，继续"自言自语"，这样就能扩大学生参与面，留给学生更多的探索空间，使学生在猜测、期待观察中有了深刻体验，学习的知识也就

更加刻骨铭心。而如果没有"延迟"判断，就缺乏期待和自主思考的时间，学生的思考就会囫囵吞枣、生吞活剥，不能很好地消化心中的困惑疑问，这样的学习活动就会浮于表面，毫无深度可言。有时在学生回答后，教师可以再"惊吓"一下学生："是这样的吗？对不对，好好想想。"在教师的惊吓面前，有些靠猜靠蒙的学生可能马上掉转"枪头"，钻入了死胡同了，这样也使错误答案原形毕露，使学生认识到自己的不足和错误，使教师透彻了解到学生的学情，从而有的放矢地补救教学。

课堂中的等一等、慢一慢，不仅仅是一种评判、一种赏识，更应该是一种启发、一种帮助、一种激励。课堂中的等一等、慢一慢，就是要留出相当的空间和时间让学生去思考，鼓励学生自己去钻研、想象和探索。为此，教师的教学设计需要有弹性和留白。课标是依据，而教材则可以大胆地取舍增删，在涉及情感、态度、价值观的问题上，更需"点到为止"，不应该生硬地"把窗户纸捅破"。很多问题都需要让学生自己去思考，在领悟的过程中学习、理解和掌握。

此时无声胜有声，一"等"激起千重浪。课堂需要含蓄和弹性，教学需要"空白"和等待。等一等、慢一慢，这是一种重要的教育智慧。

## 五、课堂上应该辅一辅、写一写——乱花渐欲迷人眼，拨开云雾见天日

【案例】

听了一节市级课改展示课，上课教师电脑技术运用熟练，课件制作精美。课堂上图片如云，动画展示夺人眼球，多媒体情境氛围浓厚。但下课时，笔者发现，教师在黑板上一个字都没有留下来，黑板板书空空如也。

在当今时代，多媒体课件的运用在课堂教学中起到了举足轻重的作用，优秀的多媒体课件知识密度大、表现力强，能很好激发学生的学习兴趣。但一定要"为我服务、为我所用"。如果在课堂教学中，多媒体自始至终占据课堂，就给人感觉是课件展示课，教师在领着学生在"赶趟儿"，而没有了知识的消化、思维的深入。事实上，多媒体是辅助手段，辅助辅助，就是需要时我们用点，恰当好处地用点，并不是整节课依赖着课件上课，让课件领着"直奔奔"地走。随着课堂教学的一步步深入，课堂上更多的是示例的鲜活，是知识的生成，是灵性的闪现……

同时，现代化的课堂，并不排斥传统的教学手段，并不遗弃板书。板书作为传统手段，对教师粉笔字基本功有展示功效，对教师机智调控课堂生成问题过程的展示功效，这是别的手段所不能替代的。而课件虽然声、影、图、文等效果突出，但媒体画

面上的文字是跳动的，随着鼠标的按动，文字也销声匿迹。这么快消逝的文字，学生往往不能及时消化理解、巩固记忆。

完整的一堂课，一定要留给学生一点儿实在的看得见的东西，那就是板书。板书应该成为学生课堂"永久的记忆"。有经验的名师总是设计巧妙的板书，让学生由板书来理解文本，让板书为课本提纲挈领，使学生明目清心。当一堂课结束时，板书也就水到渠成、首尾圆合。简明精美、完整醒目的板书，能极大增强课堂的艺术效果，使课堂教学臻于完美，给人以艺术享受。没有板书也是现代课堂教学的一大缺憾！

可见，在信息技术高度发达的今天，我们要"拨开云雾见天日"，要把握好多媒体辅助的特点，要发挥好板书的功能，要让"传统"与"现代"相辅相成，相得益彰。

## 六、课堂上应该结一结、点一点——"昨夜西风凋碧树。独上高楼，望尽天涯路"

【案例】

一位青年教师在讲的"凸透镜、凹透镜"的有关内容，应该说，课堂思路清晰，学生积极参与，教态亲切自然。临下课了，他认真总结本课内容要点，而后说道："关于凸透镜的焦距问题及其规律，我们下节课再研究。"笔者听后感觉迷茫。

课堂是传授知识的重要场所，也是启发学生思维的殿堂。教师说的"我们下节课再研究"，似乎有两个目的：一是告诉同学们，这堂课的学习结束了。二是这个内容，我们下节课再来学习。但这样的结束语，也似乎在告诉同学，课堂是教师主导的课堂，是教师才能发挥的课堂，课堂中由教师在引领学生学习，学生不须思索、不须主动，只能照着教师的节奏和步骤来学习。这就暴露了学生学习的被动性，湮灭了学生主动思考的热情。这和新课程的理念是相背离的。

那么应该怎么做？笔者认为，真正的好课应如一杯佳茗，韵味悠长；真正的好课，应该余音绕梁，回味无穷。好课堂，既要总结好，又要点拨引导好。在一节课的结束阶段，教师要在引导学生对本课进行总结、升华的同时，进一步激发学生对相关内容或问题产生继续学习的欲望，以达到"课虽止，意未尽，思不止"的效果。因而当课堂结束之时，教师不妨说："凸透镜的焦距问题与哪些因素有关系呢？有怎样的关系呢？大家课后可以做个小实验，探究探究其中的道理。我们下堂课一起来交流讨论。"这样的结束语，既抛出了问题，诱导学生去思考，又点出了下节课的学习内容，能激发学生思考的热情，更重要的是把学生放在了学习主体的地位，强调了学生的主体与发展的理念，为学生的学习思考画出了一长串问号乃至省略号。

课堂结语要能激励学生进行思考探究，要能"点燃学生创新的火花"，要诱导学生"独上高楼，望尽天涯路"；课堂结语，要将教学小课堂带入人生大课堂，将效果从课堂之点辐射到课后之面，达到余音绕梁、回味无穷的境界！

一位名人说："忽视细节的教育实践是抽象的、粗疏的、迷茫的实践。"上述这些"应该"的课堂细节，看似简单平常，实则意蕴深刻。从某种意义上说，这些"应该"的细节，既小且大，它能够鲜明折射出教育的博大智慧和教学的精彩光环；能够鲜明折射出执教者的教学理念和追求；能够集中体现出课堂教学的实质效果。因而，在新课程背景下，我们要努力学习、积极实践、及时反思，让这些"应该"细节作别不愠不火的无奈，释放真正亮丽的精彩，让他们充满着成长课堂、成长学生、成长教师的美丽期待！

（本文发表于2017年5月《学校管理》）

# 浅谈新课程背景下听课评议的有效策略

教师的"课堂教学评价"是教学活动中过程性评价的重要体现。目前，由于受种种因素的影响，在听课评课问题上，还存在着许多不尽如人意的地方，如重听轻评、敷衍了事、平淡肤浅、面面俱到、评"新"弃"旧"等等。那么，如何做好听课评课工作，让听课评课切实促进教学改革和质量提高呢？笔者深入课堂一线，关注听课评课，积累了一点儿案例，沉淀了一丝感悟，写出来求教于大家。

## 一、听课评议，不妨"阳奉阴违"

【案例】

市教研员来学校听课调研。课后教师都集中在会议室里。在听了教师的听课感言后，教研员微笑地点评。他挖掘出了授课教师的五大优点，从教态自然到板书设计，从巧妙过渡到重点诱导，说得大家频频点头。但他也指出了授课教师的两个缺点——学生自主性不够、教师课堂教学用语还有待改善。他希望这位教师多开课、多磨课，不断提高教学水平。大家心悦诚服，授课教师更是喜上眉梢、频频致意。

在大家散去之时，教研员却叫住了这位青年教师，说要单独同他一起交流。事后教研员对我解释说，他只是和这位青年教师面对面地、开诚布公地交流探讨一番，不恭维、不奉承，实实在在地提醒课堂中的不足。教研员又告诉我，他这样做，开课教师很认同，"听得进去"。笔者听之思之，不禁对教研员的这种做法举双手赞成。

针对听课评课，一般人不外乎采取两种做法。一是大唱赞歌，努力地挖掘开课中的优点，让开课教师在评议会上露出微笑。这样的评议，往往无关痛痒地说上几句，对教师教学中的缺点视而不见，不利于教师真正扬长避短。二是苛刻责难，总以挑剔的眼光来看待，把教师辛辛苦苦上的课批得过大于功，甚至一文不值，以致于大大挫伤开课教师的积极性，使开课教师在领导、众人面前下不了台，伤害了自尊心。

那么怎样的听课评议，使得开课教师既面上喜悦，自尊心得到保护，又明晰了课堂中的不足，真正扬长避短呢？这位教研员的做法给我们以有益的启示——在操作方式上，评议要分两步走，既要公开的评，也要"暗处"的议。

"公开的评"，是指在评议会上，在有领导、教师参加的公开场合，要认真看待开课教师的辛劳，要努力挖掘教学中的闪光之处。同时要适当地指出开课教师的一两个关键点的失误。这样既保护了教师自尊心，又一分为二地做了评价。这样"公开的评"，既使开课者舒心愉悦，有一种开课成功的感觉，又使他明确了课堂中的不当之处。其他人也能从听课中受到鼓舞、得到启示；"暗处的议"，即是指面对面的议论交流。有人说，最好的交流环境是一室之内两位朋友的促膝晤谈。"面对面"就要求评议者与开课教师两个人单独交流，双方均以学习者、研究者的身份进行平等讨论，相互学习，相互促进。在这种情形下，评议者可以毫不客气地指出开课教师的种种不足，细致入微地分析疏漏之处。由于只有两人，评议者可以撕破面子，开课者可以不顾及面子，评议能够评得深入，议得透彻。正由于是"暗处的议"，因而主要是以改进、发展为价值取向，不但不怕出现问题，而且开课老师能主动暴露问题，以获得帮助，求得指点，收得教益。也正由于是"暗处的议"，关起门来说话，即使话语尖刻，戳得肉痛，批得一无是处，开课教师也会心悦诚服，也会更清楚地认识自己的不足，继而在实践中扬长补短。

这样的两步，公开是"评"，是下结论作判断，给教师以鼓励；私下是"议"，是深挖不足，展开对话，促进反思，求得进步。做好这两步，就能使听课评议做得恰如其分、各得其所，极大激发教师开课的积极性，极大提高听课评议的质量和效果。有时在听课过程中不但要口头交流，还要写入材料。这时也可以两步走。写入材料，以做保存时，评议意见应有点儿遮掩的样子，要充分肯定开课教师的成绩，恰当地指出其不足。但当和开课教师个人进行口头交流时，应表现出刻薄苛刻的样子，要实实在在地指出他的不足、不当和疏漏之处。因为，材料上写的意见容易造成一纸定终身的印象，往往给教师以一定的心理压力，不利于教师的发展成长。

可见，如何听课评议，路径不同，效果迥异。笔者认为，听课评议的形式不妨采取"阳奉阴违"的做法——既要"公开评"，又要"暗处议"。

## 二、听课评议，不妨"突出双亮"

**【案例】**

同事陈老师上公开课，课题是课文《夏》。看到同事上课声音变调、课后神态惶恐的情景，笔者在组织评议时，突发奇想，灵机一动。于是笔者对大家说："感谢陈老师为我们上了一堂研讨课。让我们帮她总结总结课堂教学中的亮点，使之光彩夺目。"老师们你一言我一语，话匣子渐渐打开了"教学时提出了，'诵读、品味、探究'三步学法指导。这样的教学很扎实！""注意在教学中狠抓基础，如正确默写汉字，品味精彩词语的含义等，使双基得到落实。"……大家纷纷挖掘着这堂课的亮点。渐渐地，陈教师的脸上漾起了一丝笑容。

"一千个读者就有一千个哈姆雷特。面对同一篇课文，每人肯定有不同的教法、不同的招数。把你的金点子说出来，交流一下，相信定会启发智慧、开阔视野。"看到亮点多多的课堂，笔者又引导听课者思考：如果自己来上本课，将如何教学呢。在短暂的沉寂后，会议室又现出了热闹的气氛。"我要让学生想像文中情境，而后再出示有关多媒体画面，这也许更能激发学习兴趣，诱导学生思维。""把握作者写夏天的目的，这是教学中不可缺少的一个环节，要引导学生深刻理解末节文字……"

听课教师诉说着心中的想法，滔滔不绝；陈老师静静地倾听，边点头微笑边记着笔记。一股和谐民主的空气在会议室里流动着。看到这幅情景，笔者的心舒坦了下来，陈老师也向笔者投来了感激的一瞥。

以往听课评课往往对课堂教学作出定论，或赞许或指责，评课矛头总是直指开课老师，评课焦点总是对准开课教师的课堂。开课教师，就像训练场上一个孤零零的靶子，直直地接受着四面八方的意见。这样的评议，这样的对准靶子，不利于教师针对性地提高业务水平，不利于形成开课、听课、研课的浓厚氛围，不利于教研活动的有效落实。

那么如何使听课评议既不让开课老师"受罪"，又能使教师积极参与，广泛推动听课研课氛围的形成呢？应当看到，评什么议什么，这实在是大有讲究的。评议内容的恰当有序，能够牵动着开课老师和听课老师的神经，诱导着双方换位思考、互动交流。因而笔者认为，听课评议内容不妨"突出双亮"——挖掘课堂亮点、亮出教学招数。

听课后挖掘课堂的亮点，使开课教师增加了信心和热情，明确自己教学中的可取之处，有一种开课的成功感和光荣感。不是客套的恭维，不是严厉的指责，使开课教师无形之中减轻了心理压力，营造了和谐的教研氛围。更值得一提的是，听课者在评议时要亮出自己的观点和招数：假设自己讲同一篇课文，准备怎么上？有什么独特的做法？让听课者亮招数，能使听课者更好地钻研课文，思考教学的重点难点，思考自己的教学设计，达成对文本的深度理解，突出教研的性质；能使大家各抒己见，出谋划策，让不同见解磨擦，让不同思想碰撞，争论辨别，继而取长补短，共同提高，使集体智慧现出成效，更能使开课者在多样化的设计和多元化的理解中产生震动，开阔视野，拓展思维，强化反思，比照提高。让听课者亮招数，极大开拓了开课者的教学思路，启发了开课者的教学智慧，促进了开课者的教学反思——"这位教师的这种做法真的巧妙，我为什么没考虑到呢？""这位教师的理解更加全面，我的问题设计和点拨有点儿不对头……""对照那位教师的设计，我的教学需要改进……"让开课者见识大家的智慧，反思自己的设计，虽没有对开课者的课堂教学做出评判，但评判寓于其中，而且激发了开课者灵活开放的思维，使开课者受益多多。这可能是"让听课者亮招数"这一做法的潜在效应吧。

有鉴于此，笔者认为，在听课评议中，要挖掘课堂的教学亮点，要亮出听课者的教学"招数"。比起和风暖阳式的恭维、暴风骤雨式的指责，这种做法实在要好得多。

## 三、听课评议，不妨"直面观察"

【案例】

某校科研室主任组织语文组老师进行了一次别致的研讨课听课——不求听课老师面面俱到地分析评议，而只要求听课老师重点关注教师对学生回答的课堂评价语问题。九位听课老师每人分工负责每个 5 分钟时段内教师对学生回答的评价情况，集中对这位教师课堂评价语的有效性进行分析和思考。根据统计，教师对学生言语评价语共计 34 次，17 次属有效评价，其中 6 次是针对性评价，2 次诊断性评价，4 次是导向性评价，4 次是激励性评价，1 次是教育性评价，而其中 14 次为低效评价，3 次为无效评价。有效评价占教师评价总数的 50%。面对这个现实，老师们联系课例，探究怎样消除这些低效的、无效的评价，并总结出教师评价语的"调节性、启发性、针对性、激励性"等几点认识，使这位开课老师得到了一次实实在在的培训指导。

这所学校的科研人员又对本校一位新教师课堂提问的次数进行了观察分析。结果发现，一节课教师竟提了 51 个问题。这一现象不但引起了观察老师的高度重视，也引起了上课老师的深深震撼——51 个问题要在短短的 45 分钟内解决消化，可见提问之多、提问对学生思维产生着怎样的影响。于是这些老师思考着：怎样有效提问？怎样提出核心问题？怎样以问题来组织课堂教学……

目前，在听课评议中往往呈现出"眉毛胡子一把抓"的现象，教师教态、课堂情境、问题设计、教学方法、教师评价等都列入了评议范围，以致评议不分轻重，面面俱到，泛泛而谈，难以突破重点，事倍功半。那么如何使听课评议的主题集中、探讨深刻，达到评议一课、收获一得的功效呢？笔者认为，一个可贵的做法就是组织教师进行"课堂观察"。

应该说，一线教师听评课中的课堂观察，不等同于专家的课堂观察。它往往关注的是教学行为及教学情景中某一方面细节或某一个专题，力求从某一点入手来积累材料，从而剖析现象、反思做法、研究问题，最后落实在改进行动上。

应当看到，课堂教学很复杂，需要研究的问题很多。因而，听课评议中的课堂观察切忌大而全，一下子把课堂教学的许多方面都涉及、把课堂教学的许多问题都解决。要注意从小的角度切入，进行汇总、分析和研究。事实上，课堂中有许许多多的问题，值得去研究，如教师的课堂评价语、教师提问的对象、学生学习的专注程度、教师课上站立的方式地点、教师教学交流的方式、教学方法的变换等等。这些都可作为观察的问题。一次课堂观察，就观察一个主题，甚至是一个细节问题。在听课后，观察者和被观察者在某一点上共同琢磨品味、分析反思：看看哪些是可取的，哪些是欠妥的，并从理论层面观察这些做法是否可行，从而思考研究怎样改进这方面的教学行为。这样做，能够丰富开课教师的智慧，提高他们的教学技艺，实现课堂教学的有效超越。（要注意的是，这种课堂观察要在自然本真的状态下进行，被观察者即开课老师并不知道课堂观察的问题或主题，否则观察研究的意义就不大。）

课堂观察活动，也极大激发了听课教师的主体意识，使他们由"参加者"变成"参与者"，由"参与者"变成"研究者"。一些教师参加活动后深有感慨："从来没有这样听过课""从来没有这样专注过"。因为课堂观察要求教师具有明晰的问题意识，要围绕一个确定的主题来进行，具有强烈的针对性、要求教师及时捕捉有关教育现象和问题，不允许听课者思想旁骛游离。又因为活动中还要对观察到的现象进行分析，反思探究，由感性上升到理性，再由理论回归到实践改进。所以，这样的课堂观察，使得研究由粗放化走向精细化，真正把握了课堂教学的细节，真正使课堂研究落到了点子上，也促使一线教师领会了科研的方法，加快了成长的步伐。

可见，在听课评议过程中，不妨冷静客观地直面观察课堂。带着观察的问题（主题）进入教室，直面课堂的本真状态。这种直面观察式的听课评议能够有效观察课堂，有效思考课堂，也有效提升听课教师的研究水平。

当然，在新理念指导下，听课评议的有效策略并不局限于以上几种，而是有着丰富多彩的内容和多种多样的形式。从某种意义上说，听课评议，既小且大，能够有效达到对教师课堂教学的激励、肯定、展示、引导等多层次的作用；听课评议，说浅又深，可以具有复杂性、多元性、深刻性、过程性等多方面的特征。因而，我们不应将"听课评议"紧紧地掐死，也不应将"听课评议"轻轻地忽视。要让"听课评议"作别不愠不火的无奈，要让"听课评议"释放真真正正的精彩，要让"听课评议"充满美丽成长的期待！

（本文获 2008 年江苏省"五四杯"论文比赛省一等奖）

# 在精致化校本研修中彰显精彩

一束阳光透过活动室的玻璃窗印在了会议桌上，光影在舞动。一群青年教师怀揣书本，踏着轻盈的脚步走了进来。每周五下午放学后，学校的青年教师们就会主动齐聚在活动室，参加由苏州名教师、学校校长领衔组织的"镜湖研修读书会"，校长名师带领老师们一起读书、交流、研修，或点拨、或碰撞、或分享。

这是一所农村初中研修的一个场景。这所学校，教师普遍专业知识不足，教育理念不新，教学方法不当，严重阻碍着教师的专业发展和学校的整体提升。怎么办？学校结合当前教师队伍的现状，找准教师研修的突破口，通过为教师搭建校本化的研修平台，采取有效的研修措施，引领教师主动积极地钻研，有效提升了教师的工作积极性和专业水平，也促进了学校办学水平的提升。

学校精致化校本研修的具体做法为：

## 一、注重阅读：汲取源泉，宁静致远

【案例】

"那是开学前的一天，苏州市带头人、学校校长为我们推荐苏霍姆林斯基的《给教师的建议》，并结合实践谈论了大教育家的建议带给他的收获，那闪耀着智慧的建议和融于实践的解读让我感受到了经典的魅力。于是，我们默默地读了起来，不知不觉中，阅读给时间镀上了璀璨的色彩。这是我第一次参加镜湖读书会，也是从那以后，我下定决心，坚持每天读书，从中获得教育的方向与力量。"这是一位老师写在她的研修日记上的。从此之后，她列了详细的读书计划，边阅读、边记下丰富的感悟，边阅读、边采撷丰硕的果实。阅读为她的教学注入了源头活水，短短三年时间，她阅读了十几部经典书籍；阅读提高了她的教学水平，短短五年教龄，她就被评为大市级的教学骨干。学校开展了生动的阅读研修活动，旨在让青年教师借助阅读，从中汲取丰厚的营养，很多青年教师由此成长起来了。

读书之要，用鲁迅先生的话说，是"扩大精神，增加智识"。阅读优秀的书籍不仅能够帮助教师获得专业的知识，教育的智慧，更重要的是，它让教师拥有阳光的心态、儒雅的姿态。学校创办的镜湖读书会倡导成员在阅读前制订计划，阅读间交流思考，阅读后实践反思，计划推动阅读的进行，交流让阅读走向深处，反思让阅读经久弥香。读书会尽可能满足教师的多元阅读需求，他们相聚在一起或静读一段美文，分享思想的光华；或齐心修改一篇诗文，感受智慧的碰撞；或齐声朗诵自己的新作，挥洒恣肆的才情……这群教师从忙碌的工作中走出来，从最初抱团读书的"初心"，到自我成长的"私心"，最后再到志同道合的"欢心"。除了分享读书，教师也会分享教学经验，如怎样指导学生阅读，如何推行班级共读。让教师在阅读中获取知识，交流中分享智慧。阅读，是教师专业发展的源泉。相信孜孜不倦地阅读会慢慢影响、改变教师的课堂，相信教师的阅读将从读书会走向生活，更相信阅读将是教师成长的序言，并在宁静中走向更远、更美好的未来。

## 二、专家引领：把握方向，高屋建瓴

【案例】

学校申报了区"提质增效的课堂变革"项目，扎实开展"真善课堂"的研究。在校本研修活动中组织老师开设公开课，聘请专家来校指导。3月26日，著名特级教师、苏步青教育奖一等奖获得者、原苏州教科院祁建新院长来到研修现场，与学校领导、研修老师面对面。祁建新院长对学校领导务实巡课、注重备课品质、把控作业质量等做法给予了充分的肯定。他从三方面分享了自己的想法和建议，其一是把握好观念和实践的关系，更加注重实践；其二是把握好学术和方法的关系，更加注重方法；其三是把握好标准和质量的关系，更加注重质量。"教师要在对观念的理解下，研究自己的教学特点，让特点走向特色""学校要站在立德树人的高度上，提质增效，教师要教会学生求真理、悟道理、明事理"……祁院长的讲座既有精彩的理论，又有生动的实例，在深入浅出中给研修成员们以启发与引领。在专家的智慧引领下，研修老师感悟深刻、思维萌动、灵感闪烁。

在教师的成长道路上，专家的引领将起到非常重要的作用，是教师专业成长的奠基石。学校积极整合教育资源，通过采取"引进来"和"走出去"的策略，努力提升本校教师的专业水平。"引进来"即邀请教育专家到学校为青年教师进行"私人订制"式的指导，并持续关注他们的发展。学校邀请特级教师、生态语文的倡导者蔡明来校开设讲座，为青年教师指点迷津、把脉助力。这样的研修活动，使一线教师真正感受到名师的教育思想、聆听名师的教育主张，促进自身发展成长。学校组织教师"走出去"，让他们走进毗邻的程开甲小学，拜访特级教师薛法根校长，聆听他多年来摸索出来的教育、教学以及学校管理的经验。很多教师通过名师的引领逐渐成长起来，继续发扬传承、创新的精神，引领同伴，并发挥辐射作用，从而使学校教师综合水平得到很大的提升。专家高屋建瓴的引领让教师把握了努力的方向。

## 三、课堂研教：踩准基点，如切如磋

【案例】

为了深化课堂教学改革，以"夯实朴素课堂，推行真善课堂"为主题的课堂研教活动在学校里轰轰烈烈地展开。首先由教研组指定教师分别根据教材特点，设计活动方案，展现教学风采。随后，听课的老师们又分别对他们的课堂教学进行点评。一位执教英语的教师课堂充满激情，学生兴趣浓厚，评课教师肯定了她的教学优点之外，指出了课堂实效上的不足，并提出改进措施。由此，该教师在专家的指导下进一步扎实"三研"：研课标、研教材、研学生，进一步调整教学方案，挖掘学生的学习潜力。后来，再进班上课，课堂节奏更为合理、师生交流更为深入，给专家老师们留下了深刻的印象。在课堂研教之风的吹拂下，学校的课堂教学呈现出质朴实在、活跃有序的特点，趋向于提质增效的真课堂。如切如磋的课堂研教活动引导了青年教师对课堂教学的研究，使青年教师的备课能力和课堂组织能力得到了锻炼和提高，也为学校课堂教学实力的整体提高夯实了基础。

任何一名成熟的教师都是在学校课堂教学中培养出来的，回归课堂是教师专业发展的应有之意。教师的成长过程可以归结为"站上讲台""站稳讲台"和"站亮讲台"的过程。"课堂研教"一改以往教师单打独斗式的"备课—上课"模式，首先由教研组确定授课教师、课题、教学理念，接着由授课教师潜心钻研每一个细节，琢磨、比较、筛选。然后由教研组统一听课、推敲，碰撞出思想的火花，确定最佳方案，最后要求授课教师在一周内进行火力侦察，了解学情，有的放矢，形成新的个性化教案，并再次进行授课。在课堂研教的过程中，教师在与学生、文本的对话过程中，生成宝贵的教学经验，激活自身的理论思考。在实践中，授课教师与听评课专家、教师结成共同体联盟，共同关注教学思路，磨出亮点，显出特色，从而使教学适切有效、恰当高效。课堂研教，踩准基点，通过"开课—评课—反思—调整—再开课"的模式，在如切如磋、如琢如磨的氛围中，教师逐渐改进了教育理念和教学行为，从而提升了教学能力。课堂研教，最为接地气，也使得教师最为实惠！

## 四、实践反思：见仁见智，稳步提升

【案例】

学而不研则罔，教而不思则殆。研修活动时，组织者要求研修老师认真做好反思，带着问题思考实践，透过现象领悟精髓。每位研修者或思考点滴或反思过程，他们写下教学后记或记录三两行文字，定向发送到研修交流群中。一位语文教师写道："在诗词教学中，我采取学生自主讲解古诗词的方式，气氛活跃：'三日一诗'丰富积累，巩固教学，'三人一组'交流探讨，促进合作；'三问一体'激发思考，推进理解。这种做法发挥了学生的'领学'作用，提升了学生古诗词的阅读兴趣和理解能力。"这样的反思基于实践，致力于更好地指导实践。学校每周一次的反思分享活动可在线上或线下开展。线上，组长借助网络聊天群分享精彩片断；线下，由撰写反思的教师面对面交流。这些闪烁着智慧、凝聚着思考的反思日记成了宝贵的财富。在申请课题时，这些反思日记提供了课堂教学中真实的材料，形成了教师宝贵教学经验。

美国著名学者波斯认为：没有反思的经验是狭隘的经验，至多只能是肤浅的知识。他提出了教师成长的公式：成长＝经验＋反思。优秀的教师往往能把"反思"作为自己专业发展的源泉，靠"反思"去点燃探索的火把。反思的实质是对认识过程的自我意识、自我控制和自我感悟，是校本教研中贯穿始终的主要方法。学校教科室规定反思的五个具体内容是：反思教学行为是否达标；反思教学活动是否有效；反思教学过程是否在预设生成中精彩；反思教学环节是否发展、创新；反思教学语言是否启发引导。在写反思日记的过程中，教师回忆自己的教学行为，分享教学经验，同时找出教学中的不足之处，在批判性总结的过程中，教师的教学掌握、反思水平、科研能力都得到了提升。学校除了采用布置教师写"反思日记"的方式，还在全校开展"真善课堂大家谈""我的教学一招"等活动，激发教师们对课堂的思考、激活课堂的生命力。

"映着镜湖的夕阳，我打开了研修读书会的回顾之门，一个个鲜活的教育故事，一次次骨干的示范指导，一场场生动的专家讲座，一课课摸索的教学实践，都是研修读书会为我们青年教师精心安排的磨炼、进修、提升之径。"这是一位研修老师的肺腑之言。

研修是一种推动教师专业化发展的手段，也是学校可持续发展的压舱石。在实施过程中要以校为本，以人为本，掌握好度、控制好量、实现好质。为此，学校进行了理性的分析思考。

## 1. 以校为本，注重骨干引领

学校制订的研修策略始终是以校为本，即"为了学校发展""基于学校设计""挖掘学校资源"。研修的主体责任在学校，主要依靠校长、研修活动的具体组织者和教师共同的努力。学校在上级部门的正确领导下，承担了多个省级、市级课题，造就了一支有科研能力、发展欲望的青年教师队伍，拥有的市级名教师、学科带头人占总数的1/5，他们探求课堂教学艺术，积极撰写教学论文。每年都有几十篇教学论文在市级以上报刊发表。这对于开展校本研修精致化管理提供了有利的前提条件。同时，以校长为主体的研修负责人，是市级名师和教育领军人才，本身有着较高的理论素养，有着丰富的教学经验和管理素养，能够为学校研修活动进行顶层设计，制订研修方案，落实研修活动等。这样的负责人在校内发挥出了骨干引领作用，或组织校内有效活动，或提醒教师研修，或联系外校专家，或专注课堂磨砺，或引发课例研讨，或把脉教学倾向，或指点反思途径……开展的活动注重校本性多样性，着重采取"反思—实践"的学习模式，将理论与实践相结合，从而极大提高了实效性。可以这么说，学校领导兼具骨干的引领，能够使研修教师沐浴在温暖的阳光之中。

## 2. 以人为本，关注发展脚印

蒋茵指出：教师发展不仅仅是为了学生和学校的发展，更是为了教师本人拥有更充实、更有意义、更幸福的新生活，这才是教师发展的内源性动力。学校的发展归根到底是教师和学生群体的发展。学校充分调动教师发展内驱力，通过开展"奋斗的青春最可贵""我发展，我快乐"为主题的活动，邀请骨干教师分享个人成长史，现身说法，激发教师的奋斗欲望；通过邀请成长中的教师谈论教学中的收获和困惑，留住发展脚印，催发教学思考。教师的发展欲望被激发后，学校还要定期与每位教师沟通，了解教师在生活和工作中的困难，并建立专家指导团队，专家协同每一位教师制订个人发展计划，同时千方百计为教师搭建展示平台，促进教师间的合作交流，在活动中提升教师素养，从而提升教师的职业幸福感。在研修活动中，不要求教师一步登天，而是要求教师脚踏实地地行走，要求教师远望前面的灯塔，回望后面的脚印来走好现在的脚步。参与即体验，过程即成长，历练即收获！

## 3. 严格要求，强化执行力量

ABB公司董事长巴巴维克指出：任何组织的成功都是5%的正确决策加上95%高效的执行。没有执行，一切等于零。如果没有执行力，再完善、再科学的校本教科研精致化管理方案也只能是沙盘上的蓝图、墙壁上的标语。在实际教学中，部分教师认为教师的职能就是备课上课，认为研修是一种耗时费力的行为，拒绝参与任何形式的研修活动。为此，要严格要求，强化执行力；严格措施，保障坚持性。要经常督促勉励，要问出沟通督促，提高思想认识，在精神上给研修主体形成一定的压力，同时形成奋发有为的精神状态。要进行严格考评，加强过程管理，既定工作要不折不扣落实到位，不停留于纸上，不流于形式，注重做行的高标，考评结果及时记录到个人业务档案中。要采取滚雪球的形式和策略，引导教师加入到研修活动中。"井无压力不出油，人无压力轻飘飘"。研修时的严格和强化执行力的结果，会催发研修活动的灿烂之花！

## 4. 重视成效，形成正向氛围

开展切实可行的研修活动让教师有悟、有为，并走向有效。在成效彰显之际，学校一定要重视并扩大成效影响，形成正向引导氛围。对于研修过程中有突出表现的研修团队和个人，学校要给予一定的物质和精神奖励。可以通过让教师撰写每月研修成果，或"我的年度大事记"，以简报的形式出刊；可以通过通过网站或微信公众号等媒体进行宣传，发布教师研修成果，传播研修事迹。同时，学校要大力宣传研修带来的氛围变化，大力宣传研修管理的丰硕成果。骨干带动团队，团队影响学校；成效促进执行，执行推动成效。通过三年努力，学校形成了一支教学基本功扎实、教学质量上乘的研修型师资队伍，学校骨干教师比例和学校教学成绩均位居同类学校第一。2019年上半年，有两位老师摘取市级基本功比赛一等奖的荣誉，学校被评为"模范学校""文化型特色学校"，被确定为"国培实践基地"。可见，精致化校本研修，不是繁琐哲学，不是空中楼阁！精致化校本研修，促使教师成长，带动学校发展！

在研修之路上，教师在专家的引领下，孜孜不倦地进行理论学习，持之以恒地进行课堂研教，勤勉笃实地坚持实践反思，专业成长获得了源泉，明确了方向，找准了基点，稳步地提升。学校在培训过程中，既是组织者，又是引领者、监督者；教师在研修过程中，既是学习者，又是合作者、促进者。精致化校本研修，使得研修老师不断尝试新知识，形成新思想，创造新智慧；使得研修老师在"理论—实践—理论—实践"的反复磨砺中不断成长；也使得学校插上腾飞的翅膀、彰显出卓越的精彩！

（本文获 2019 年"江苏省中小幼优秀教育管理论文"省一等奖）

# 浅论新课程背景下课堂教学的不等式

新课程改革是教育领域的一次深层次革命，虽然笔者欣喜地看到所有教师对新课程的相关理念有了一定的了解，并尝试着将掌握的理念付诸实践，但是如何把先进的理念转变成可操作性的教学行为，在具体的实施中还有很大的难度。尽管人们在课堂教学改革上倾注了大量心血，但依然存在一些问题，尤其是矫枉过正的现象屡见不鲜。在教学中，对于以下几个不等式应该引起重视。

## 一、信息技术与学科整合≠唯信息技术而独尊

【案例】

如今在一些语文课堂上，信息技术得到了广泛的应用。一些教师用电子幻灯代替了板书，用电脑习题取代了书面作业，用图片取代了学生的浮想联翩。课件形式花哨，动画、声音效果鲜明，词语句子的呈现往往飞身而出并伴有声音，具有较强的视觉听觉冲击力。笔者又看到，一位教师在课件中设计了"勤劳"这个词语，但学生的回答却是"勤奋""刻苦"等，于是教师一而再再而三地启发诱导。而当学生说了"勤劳"一词时，教师兴奋得象发现了新大陆，一边连声赞叹："对！对！"一边点击鼠标。这一过程足足用了几分钟。

多媒体是以其图、文、形、色并茂的特有优势，是以在提高课堂教学效率方面的显著作用而备受青睐。但在现实生活中，一些教师以使用多媒体为时髦和荣耀，不考虑教学内容、师生情况，一味追求多媒体应用，这就有点儿过犹不及了。语文学习，就是要在具体的语言环境中引导学生分析探究，诱导学生联想想象，指导学生诵读品味，使学生"受到情感熏陶，获得思想启迪，享受审美乐趣"。因此过多过滥地使用多媒体，其实是忽视了学生的心理特点和感知规律。由于缺乏多种感官的刺激引导，学生的语言文字组织与表达能力得不到有效培养，影响了教学目标的实现。

况且很多媒体课件基本上围绕教师的教学过程来设计。而课件一旦被制作完成，它的内容和程序就被死死地固定下来，教师只能按部就班地进行演示，在课堂中大多扮演"放映者"或"解说员"的角色。作为课堂主体的学生，上课时只能按课件流程和教师的思路学习，失去了灵活性和主动性，如案例中诱导学生说出"勤劳"一词的做法。这显然束缚了学生的手脚，抑制了学生的思维，缺少双边情感交流，缺少思维想象的时空。因而信息技术与学科整合，不等于唯信息技术而独尊。信息技术仅仅是教师在课堂中的一种手段，而不是唯一的手段，更不是万能的手段。

## 二、强调自主讨论学习≠可以忽略教师的主导作用

【案例】

一节语文课上，一教师放手让学生自读课文《孔乙己》，体会孔乙己最后一次到酒店喝酒的情节和课文的主题。学生从自己的好奇心出发，更多关注的是孔乙己的嗜酒，关注孔乙己的言谈举止等表面问题。半节课下来，关于封建科举制度的毒害等内容涉及很少，学生理解不够到位。

新课标提出"积极倡导自主、合作、探究的学习方式"。但部分教师往往矫枉过正，从一个极端走向另一个极端，把教师的主导作用放在可有可无的位置。学生想怎么学就怎么学，课堂上放任自流，没有做到收放有度。抛出问题后，任由学生争论不休。学生或抓住细枝末节，东拉西扯；或高谈阔论，不辨本质；或就事论事，流于浮表，致使讨论肤浅，不能取得应有的实效。

其实，小组讨论过程和实效性的把握是非常重要的。由于学生知识结构和理解水平方面的原因，小组讨论有时往往热闹外显而实质缺乏，因此教师在教学过程中必须重视引导作用。学生进行自主讨论时，教师不能等待、观望，而是要深入到小组当中，和学生处于平等地位，或提出自己的见解和解决问题的策略，供小组内磋商、协调、

参考，或了解讨论的进程，及时为学生提供最新的思维素材和深化题旨的信息，帮助学生挖掘讨论的深度。如一位教师教学《孔乙己》，先引导学生讨论小说的最后一句"大约孔乙己的确死了了。"孔乙己到底是死了还是活着，为什么？学生深入文本，找出依据，各抒己见，课堂气氛极为活跃。接着，教师抛出下一个问题：孔乙己为什么会死？引导学生探讨文本的题旨。在学生的讨论过程中，这位教师自始至终深入各小组中，密切关注着学生思维的发展变化，适时提出第三个问题：你对孔乙己这个人是同情、还是怨恨？为什么？这三个问题，如行云流水，由表及里，具有序列性和梯度性，促使学生抓住研讨问题的关键，帮助学生透过现象看本质，挖掘出文本深层次的内涵。

可见，在自主讨论中，教师不仅要给学生创造学习情境，架设学习桥梁，而且要巧妙引导，及时调控，层层剥笋，使讨论逐渐深入。强调自主讨论学习不等于可以忽略教师的主导作用，完美的课程实施应该是让教师成为学生自主性学习过程中的引导者、组织者和参与者。

## 三、尊重学生的独特体验≠可以忽略教学内容的价值取向

【案例】

一教师在上《故乡》一课时，让学生谈谈对课文的看法。遵照教师要别出心裁、富有创新精神的要求，学生冥思苦想，思维的翅膀渐渐伸展开来。有的说到了改造旧社会、创造新生活的强烈愿望，有的谈到了帝国主义、封建主义对农民的压迫，而一学生另辟蹊径，语出惊人："闰土养了6个孩子，生活困苦，看来真的要实行计划生育……"对此，这位教师却大加赞赏："看法与众不同，很有创见。"

过去的课程教学，教师权威性体现得特别明显。学生不得越教材、越教师一步，教师的统一答案束缚了学生的思维，而新课程强调在学习过程中要尊重学生的独特体验，提醒教师让学生积极动脑，鼓励学生标新立异。但新的问题也随之而来，教师对学生的标新立异赞不绝口，对所有答案都点头称是，而且还将此看作是对学生的鼓励，觉得对学生的肯定就是让学生享受成功的快乐。案例中学生由《故乡》感悟到实行计划生育的必要性，即是如此，但使人感到茫然和疑惑。

在语文新课程背景下，倡导学生的自主探索和发散思维，培养学生"离经叛道"，从某种意义上是思维的开放，也是语文的解放，但是"离经叛道"不等于游离语文课的宗旨，脱离语文课的自身规律和特点。对于语文课堂上种种大胆的猜测和尝试，教师不能一概肯定，因为有些可能是违背文本价值的独特体验。教师如果一味强调学生

在阅读中的独特体验，而忽视文本的价值取向，甚至对学生的错误体验也不做评判，不加引导，那么就会迁就学生，纵容学生，无法让学生体验和探究语文自身的语言美和文字美，不能真正实现语文教学"文道统一"的宗旨。

新课程下的语文课堂是动态生成的过程。教师在创设情境、引导课堂动态发展的过程中，要理直气壮地拥有自己的声音，把握课堂的主旋律，切实渗透"三维目标"，正确理解和把握文本的价值取向。让课堂动态发展，让学生自主成长，不等于让语文课堂"另起炉灶"，不等于让语文精神"走样变形"。一句话，尊重学生的独特体验并不等于忽略教学内容的价值取问，新课程强调的目标是知识、能力、情感态度价值观三维目标的统一。

## 四、强调探究学习≠单纯查找搜集资料

**【案例】**

某校举行新课改公开课活动，一教师以"月亮"为专题的探究式学习课。课堂上学生手拿软盘展示自己的探究成果。"我搜集了月亮的别称，有婵娟、玉兔、广寒宫……""我探究了关于月亮的神话故事，有嫦娥奔月、吴刚伐桂……""我从网上下载了几十首写月的诗歌，有《静夜思》《明月几时有》等"几个认真灵活的学生娴熟地操作着鼠标，引领着我们欣赏他们的探究杰作。学生兴致盎然，课堂气氛活跃。最后教师总结道："同学们探究了月亮的称谓、神话故事及古诗等，对月亮有了更深刻的认识。这种探究式学习应成为我们学习过程中的良好习惯和方法。"笔者听后，心里有点儿不是滋味。

搜集月亮的神话故事、诗歌，培养学生搜集、处理信息的能力，开阔视野，丰富知识，这是值得肯定的。但把学生的这种学习谓之"探究式学习"则有失偏颇。只要登陆相关网站，输入关键词，搜集文本资料，那么月亮的别称、神话故事等知识就会一一呈现于眼前，根本用不着大花力气去探究。学生不用动脑筋去想、用语言去交流，只需动手去查、动笔去抄，课堂上也只是塞进软盘、轻点鼠标，朗读一下文本而已。如果硬要把这种学习称之为"探究式学习"，那么它的实质说穿了只是一个字——"查"。这种学习除了让学生多费周折、熟悉电脑之外，与教师直接交代结论没有什么区别。笔者注意到：学生资料查到了，但对于内容的理解却显得生疏，朗读文本时磕磕巴巴，语句不流畅。如果脱开文稿资料用自己的话讲述一番，则是结结巴巴说不上来。可见这种做法看重了"查找"，忽视了"学习"，忽视学习者主体对知识的内在理解消化。这样的探究式学习其实是在驯化一个个附庸风雅的假学者，不利于培养学生求真务实的良好品质，不

利于提高学生思维探索研究的水平能力，这是与新课程的本质背道而驰的。

语文探究式学习，应该怎么做？笔者认为，教师应该以问题为载体，激发学生探究的欲望：或提出问题，让学生思索解答，或诱导学生从材料中发现问题，多方辨别思考。以问题引领来探究学习，就能点燃学生思维的火花，让学生舒展情感，碰撞思想，增长知识，从而促进学生个性发展。切记：语文探究式学习绝不仅仅是让学生方便地查、简单地抄。

## 五、注重感悟积累≠片面强调人文性舍弃工具性

### 【案例】

笔者听过一堂公开课，课题是泰格特的《窗》。在初步感知课文后，教师首先指导学生复述这个故事，在复述中指出了近窗病人、远窗病人的思想性格，然后让学生围绕文末句子展开讨论"远窗病人在移到窗边的心愿实现时有怎样的思想行为"，最后启发联想"你读后有什么感受？在生活中你还了解或经历了哪些类似的事情？"。整堂课学生发言热烈，但就是没有触及文本。看到教学的这幅情景，笔者心里空落落的。

语文教学的最高境界是工具性与人文性的统一，但语文课毕竟不是思想品德课。语文教学中的思想教育、情感熏陶等人文因素主要是在语文学习的过程中完成的，是在语文能力的培养过程中潜移默化地形成的。如果离开了语言文字的载体去放大"人文"，就会改变语文课程的性质。因此无论语文教学的任务如何增加，外延如何扩大，课文教学的基本任务仍然是学习语言，提高听说读写的能力。"练武不练功，到头一场空。"没有了语言文字，也就失去了人文感悟的基础，犹如空中楼阁，最终必然要"倒塌"。

上述案例中，在分析近窗病人和远窗病人的思想性格时，可抓住文中的"栩栩如生的描述""津津有味地听着"等来分析；在设想远窗病人移到窗边的思想行为时，可让学生在文中寻找依据。只有触摸文本，咀嚼语言，品味语言，才能真正触摸到作者思想感情的深处，才能使自己的理解有血有肉，既有语言的依托又有思想的飞扬，达到透彻理解、深刻感悟、全面提高的目标。如果离开课文中语言文字的具体运用来感悟课文内容，就会造成阅读残缺，影响学生良好语感的形成和语文素养的提高。

因此语文教学中的"感悟"，应该是在夯实语文的"工具性"的基础上，科学合理地进行"人文性"的教育和熏陶，应该充分发挥好课文的"例子"功能，从语言实践出发，引导学生在实践中体验，在实践中培养他们的语文素养。

新课程改革赋予我们新的理念。在新理念指导下，课堂教学更应该充满生机和活力。这些不等式提醒着我们，不要从一个极端走向另一个极端，要在实践中不断地探索，在理念与可操作的教学行为之间找到一条洒满阳光的通道。

（本文获江苏省"五四杯"论文比赛省一等奖，并发表于2006年《江苏教育研究》。）

# 第四章　专注校园

　　优秀管理者的秘诀就是专注力：专注投入、心无旁骛，凝神静心、精益求精、匠心培育、追求卓越。用专注力提升学校的管理水平，创设人文育人环境。专注于校园文化建设，促进学校内涵发展；专注于骨干教师队伍培养，引领教师队伍建设；专注于教育科研，深化教学改革；专注于提升中层干部管理水平，从多维度修炼中层干部的高效执行力；专注于构建合理的评估制度，创新评估机制；专注于校园有效资源开发，丰富校园管理模式。作为校长，要在平凡的岗位上执着奉献，默默守护着校园这片净土，借"专注"之力在实践中推动自己成为一名精致卓越的优秀管理者。作为校长，还要以"专注"充分展现人文精神和人文关怀，以"专注"制定学校发展规划、深化学校办学特色，以"专注"谋划学校发展蓝图，实现校园的持续和谐发展。

# 不妨邀请领导专家为学校做"体检"

笔者一位同学在一所初中当校长,据说当得有板有眼,各项管理和谐有效,深得领导赞誉和群众好评。假期里,笔者向他讨教教育管理的经验,他以"借脑袋挖潜力"六个字来回答。询问缘由,他告诉我,每学期中间他们学校总要邀请市督导室领导及相关专家来校蹲点,现场观察检查1—2天。"你何必自讨苦吃呢?""不,与平常的市局检查截然不同。我主动邀请这些领导专家来校,巡视校园的角角落落,发现学校存在的零零碎碎的问题,对学校管理的方方面面'望闻问切',而后我再思考再内化再改正。"笔者听后不禁为他主动邀请检查而击掌叫好。

思前想后,市局来校检查和学校主动邀请检查,有着截然的不同。

**其一,检查目的不同,涵盖内容有别。**以往市局来基层学校检查,总是带着某一方面的目的而来,总是检查学校某一方面的工作做得怎么样,有什么成效,检查目的清楚,主题明确。而邀请市局领导检查,蕴含着批评和自我批评的因素,是为了一个为学校"把脉送经"的目标而来。邀请检查的内容是非常广泛的,它涉及到学校工作的方方面面,涵盖德育、教学、科研、后勤等方面,关乎领导、教师、学生、职工等等层次,检查的覆盖面广泛,有成绩盘点,有问题指点,思想的要点。这样做,才真正使学校明晰发展的现状,从而"对症下药"落实行动。

**其二,检查标准不同,学校心态有别。**市局来校检查,总是带着标准框框而来,带着一把检查的"斧头"而来,以此进行评估衡量,也总是把检查结果记载在学校考核资料中。因而面对市局检查,校长和老师总是以学校形象荣誉为第一要务,严阵以待,精心准备,总是把优点亮点放大,把缺点缩小甚至遮掩,以利于给检查组的评估留下一个好印象,博得学校工作优秀的美誉。而邀请市局检查,是正视自己、解剖自己、分析自己的机会,要求领导专家以严格的眼光来看待,以发展的视角来挑剔。学校校长借助上级领导、教育专家的眼光来审察学校,希望检查组多多发现管理中存在的问题,多多指点发展中的困惑。因而主动邀请检查,不回避现实矛盾,不存在"放亮遮缺"的问题;学校校长和老师的心态趋于平稳,以平常心来做学校平常事。

**其三,检查结果不同,改进落实有别。**市局来校检查,由于带着评估的成分,由于评价已记录在案，因而领导提出的改进意见往往得不到真正的落实——学校校长和教师可能都会这么想："反正已经检查评估完了，再改进也是无济于事了，还是等待下一个学期吧"。而邀请市局检查，不存在评价考核评估的因素，它是对学校进行"体检"，指出学校发展的有利和不利因素，它是细察自身"伤疤"，想方设法"消毒""清除伤疤"。因而学校对提出的问题需要认真对待，对提出的建议需要认真倾听，努力改进，积极实施，从而使学校管理更加健康和谐。

从某种程度上说，主动邀请检查，不但是学校办学成条的展示，更是对存在问题的发现、对不足之处的鞭策、对未来发展的指点，促使学校找到自己的最近发展区，扩大学校的提升空间。

因而，为营造学校发展的良好环境，有效推进各项工作的进程，积极促进学校的和谐发展，学校不妨主动出击，变"迎接检查"为"主动邀请检查"，不妨让领导专家来学校做一次全面的"体检"。

（本文发表于 2008 年 10 月《中国教育报》）

# 夯实学校内涵发展的有效策略

随着生活水平的提高，人们不再满足"有学上"，而是要"上好学"，追求优质、高品位的教育。由此可见，办优质教育，创优质学校是时代的呼唤。在学校的规模、环境和硬件都有较大发展的情况下，学校如何进一步发展，才能满足老百姓追求优质教育的愿望？途径只有一条——那就是不断夯实学校内涵发展。

## 一、维护学校安全——夯实的前提

学校安全关系到教育教学工作能否正常开展。为此，学校安全工作必须长抓不懈。如果学校出现安全事故，学校内涵也就无从谈起。安全工作关系到每一位师生的生命和学习质量，位列学校工作之首。

### 1. 要执行安全规范

学校成立了以校长为组长的安全工作领导小组，定期召开安全工作专题会议，分析、督查和解决学校安全工作中的问题。学校制订各项安全工作细则，如门卫工作安全责任制、值班管理安全责任制、体育课安全责任制、活动安全责任制等，要求相关人员遵守规范并且严格落实。学校重视技防、物防工作，确保安全设施器材到位。学校需要沟通政府部门，专项整治校园周边环境，增强安全防范能力。

### 2. 要加强安全教育

近年来，随着国家、政府和教育部门的重视，在学校管理中，安全工作已经提升到了最重要的位置。学校经常性开展安全教育活动，常态化开展防火防震防溺水、食品安全等主题演练。学校组织安全教育主题班会、安全教育知识竞赛。每学期的安全教育平台，对全校师生也要求100%完成。通过这些形式和活动，强化了学生的安全意识，增强了安全教育的自觉性。

### 3. 要抓好思想稳定

很多学校管理者把安全管理的定位在不出事故，但是却往往忽略师生在精神上和思想上的方向偏差。这样的安全管理是不完整、不全面的，并且也是缺乏内涵的。事实上，一个人的精神状态如果不稳定，往往会引起各种麻烦，甚至会发生一些安全事故。学校管理要重视师生的心理、思想和精神世界的发展，为此，学校倾注人文关怀，开通"阳光"心理热线，建设心理咨询室；积极开展心理教育活动，积极预防学生心理上的不良倾向。一旦发现思想上的不良苗头，就可以及时采取措施，避免不安全因素的产生。

## 二、关注教师发展——夯实的核心

关注教师发展，是学校发展的重要内容之一，只有教师发展了，学生才能更好地发展；只有教师发展了，学校才能更好地发展。教师发展，是夯实学校内涵的核心所在。关注教师发展，要注意师本思想，针对不同教师的实际情况，帮助教师制订不同的发展计划。

### 1. 搭建平台，让老师亮一回

有些教师，本身有较好的职业素养，有清晰的职业发展规划。他们在专业发展上也取得过一定的成绩，也曾闪亮过。只是，由于年龄稍大或是步子稍稍慢一些，导致他们与发展的轨道发生了偏离。对此，学校不能不管，而应该更加关爱他们。学校领导可以邀请他们为青年教师的发展出谋划策，让他们担任顾问或指导教师，或者让他们在校本培训中登上讲台，使其回顾自己奋斗的历程。这样的平台，既是对他们的重视，也是对他们的鼓舞。他们在平台上"亮"一回，这样既指点了别人，也使得自己的"亮"度加深了。

### 2. 明确方向，让老师进一步

一些教师，对自己的发展方向并不清晰，教育教学水平停滞不前，在教师岗位上得过且过，缺乏忧患意识。对这样的教师，学校要对其明确提出要求，告知该做什么、该怎么做，使其在成长中养成优良的习惯；学校要开展"同课异构""课堂反思"等业务评比活动，使其在活动中经受历练；学校要关注个体，让专家或骨干采用"教学会诊"的方法来组织诊断，对症下药，提出良方，使教师进步；学校要引导教师制订教学发展的目标，找寻压力、迸发动力。通过这样的活动，使教师感受到进步的喜悦，激发成长的内需，从而收获到成长的快乐。

学校要做的是，"推一把""提一把""帮一把"，让各层次的教师，都能在专业发展路上"走一走""亮一亮"。充满人文情怀的关注必将从内心深处感染教师的职业精神，激发教师进步的激情。

## 三、促进特色深化——夯实的关键

目前，很多学校都在做特色工作，但是要深化特色，使特色在学校的各个阶段和每个方面得到传承和发扬，这就需要花大量的时间与功夫了。大部分学校是从已有的学校管理、学校文化中提炼出特色，反过来，将特色体现在学校的每个领域是需要从大局上考虑的。

### 1. 以特色为引领，学校发展凝神聚魂

学校规划必定以特色为灵魂，在发展中，每新一轮的创建，都要动员各部门以特色为引领，瞄准目标、强化措施、真谋真创，全面提升工作质效。例如，某学校以"至善"为特色，设计创建各方面活动，就能使活动具有鲜明的校本特色，从而使学校具备了精神目标。譬如"至善"的阅读设计就不能只是一两个独立的活动，而是系列化的，从时间、人群、内容的"完善"上进行考虑，要有合理的序列性，有全面的课程对象，有充实的内容架构。而"至善"的特色也渗透到教育教学的各个领域。德善的"至善"是培养学生的全面发展，课程的"至善"是建设科学性与创新性的校园文化。站在特色的制高点上安排任务，学校的创建就有了一个总的抓手，并且具备了文化的内涵。

### 2. 以特色为途径，品牌构建绚丽多彩

在学校发展中，教学、教科、德育这三方阵地，都要求以特色为发展途径。教师与教研组要创建具有特色的课堂教学，构建特色的教学体系，培养特色的骨干教师。如某学校开辟供青年教师、骨干教师的展示平台，称之为"镜湖课堂"，既帮助老师创设个人特色风格，又形成了带有鲜明学校色彩的课堂教学模式。教科

研工作通过研究对象确定、筛选、研究结果呈现来凸显学校特色。如学校创办"镜湖研修"讲堂,吸纳有志教师加入团队,学习、交流、分享、提升,碰撞智慧的火花。德育工作要打造具有学校特色的品牌德育工程,设计、组织、开展带着鲜明学校特色的德育活动。如学校在德善品格的建设中,组织学生开展"暑期研学"活动,紧扣本土德育资源,将游、学、研、思等结合起来,尊重学生个性化表达的需求,满足了学生特长提升的渴求。

实践证明,学校特色是评价学校发展的一把重要尺子,每个特色就是一个刻度。以特色评价学校,是关注学校的个性发展态势,是对学校、教师、学生的尊重。这把"尺子"的刻度越深,学校的特色品牌内涵就越浑厚,而这种丰厚的内涵,也滋养了学校的全面发展。

## 四、提升教学质量——夯实的目标

教学质量是学校发展的生命线,没有质量的教学就是无稽之谈。深化学校内涵,要求教学质量的评价不能单一地从分数进行考评。

### 1. 注重课堂教学,努力提质增效

课堂是提升教学质量的主阵地。课堂教学的优劣,关系到质量发展的高低。学校要摒弃加班加点、题海战术的做法,要探索优质的课堂教学;要突出学生在课堂中的主体地位,激发学生的学习兴趣;要在课堂中采用灵活的科学方法,促使学生自主感知、合作探究;要培养学生的学习习惯,指导学生学习方法,提高学生的综合能力;要提出课堂作业要求,注重知识的整理反思,着力减轻学生课业负担,提高学生学习成效。学生课堂学习的优质有效,就能为提升教学质量提供有力保障。

### 2. 注重分类提升,关注发展需要

每一位学生都是独立的个体,有自身的特点,有成长发展的节奏。在提升质量中,关注不同类型的学生特点和成长需求,为他们量身定制合适的提升之道。对某个学生来说,是需要提升文化课还是需要加强体育锻炼?是需要强化答题规范,还是加强口头表达训练?是需要拓展知识还是需要实践操作?每一位学生发展的背后都是一份详细的个人分析,一份明晰的成长足迹。教师要注意因材施教,分类提升,关注全体学生的发展。

### 3. 注重方法创新,满足成长渴求

教学质量的提升也有赖于正确巧妙的方法。例如在语文学科上研究中学生家庭阅读情况,提升阅读能力和效率;在数学学科上探究生活数学解答,增强学生学以致用的意识;在体育项目上发展团体竞赛,培养团队协作精神;利用学校优势,在科技创

新上进一步推动发展，请专科教师来指导、教学；在社会实践学科上结合家乡丝绸文化设计活动，确定探究对象……这些方法的创新，既满足了不同学生的成长需求，也在全新的教学活动中默默培养着学生勤奋、钻研、探究的精神，这也是提升质量内涵的有效措施。

总之，学校内涵，是学校发展中长期积淀的智慧，也是推动学校发展的精神支柱。在学校安全、教师发展、特色深化、质量提升这四个方面扎实用力，真抓实干，才能夯实学校内涵发展，为师生的成长筑牢根基，擦亮品牌、促进学校优质化发展，使学校走向教育管理的"诗境"和"远方"。

（本文发表于 2019 年 3 月《教书育人 校长参考》）

# 由 "100" 和 "8" 的对比所想到的

笔者有两位同学，都是学校的校长，姑且称他们为甲校长和乙校长。他们不同的教学管理，使笔者感慨万分。

甲校长是市重点高中的校长。我好几次去找他想共叙友情，可总是不能碰面。办公室的人告诉笔者，他去听课了。好不容易遇见他，问起听课一事，他说，只有去班级走走，进课堂听听，才能真实了解教师的教学和学生的学习，才能使自己的指导、组织和管理有发言权有针对性。笔者问他一学期大约听了多少节课。"大概有一百节吧。"笔者不禁肃然起敬。

乙校长是乡镇初中的校长。年底前笔者去看他，只见办公桌上摊开着备课本，他认真地在本子上记着什么。笔者问他记些什么，他悄悄地说："抄写听课记录。"原来市局对校长的听课情况做出规定，要求一学期至少听 20 节课。可他只听了 8 节课。没办法，临时抱佛脚，只好把教师的备课本拿来抄点儿在听课本上，以应付市局检查之急。看到他一笔一画书写听课记录的情景，笔者顿感迷茫。

这 "100" 和 "8" 的对比，使笔者沉思良久，感慨万千。常言道：不抓教学的校长是不合格的校长，是不务正业的校长。学校教学质量是一所学校的生命线，也是一所学校的"形象工程"。相信所有的校长都会把教学放在日常工作中十分突出的位置。但怎么抓实抓好教学，怎么实施有效的教学管理，却是有天壤之别的。一些校长实施加班加点策略，让师生沉进学海之中；一些校长推行抽考、月考的勤考方法，使师生被考试牵着鼻子走。一些校长嘴巴上讲"深入教学"，可自己不上讲台不讲课，不进教室不听课，往往在办公室里拍着脑袋想计策，推出一个又一个"金点子"。一些校长看重结果，对期末考试成绩研究来研究去，而平时对教师教的状况和学生学的程度却不闻不问，很少理会。无疑，这样的教学管理，犯了"短视"的毛病，异化了管理的功能，不能使管理抓在点子上，不能有效地组织指导教学。

如何深入教学抓好管理呢？甲校长的做法就是一条很好的经验。对于校长，要了解教学情况的渠道和办法当然有很多，但听课了解是最普遍而又最关键的一种。因为尽管目前专业指导、教学沙龙等活动渐渐在教学活动中崭露头角，但课堂仍然是最直接的教师教研的基地，课堂教学仍然是校本教研的重要源泉。让教学组织指导植根于课堂，解决课堂教学中的实际问题；让教学研究实验立足在课堂，研究效应直接体现在课堂，这是校长指导校本教研、管理学校教学的一项不可推卸的职责。而校长听课，能够切实了解教师的课堂教学水平，做到心中有数；能够有效关注到教师的课堂教学效益，做到因课指导；能够有的放矢地重视学生的自主学习能力，做到胸有成竹；能够及时发现教学管理乃至学校管理中的疏漏和薄弱环节，做到及时把握，完善改进。总之，听课为校长指导教学、管理学校提供了鲜活的第一手资料。在新课程改革深入推进的今天，校长的听课评议更是显得愈加重要，其引领、指导作用实在不能忽视。

因而，从某种角度上说，这"100"和"8"的对比就是校长教学管理扎实有效的试金石。我们呼吁广大校长要真正沉入教学，真正沉入课堂，做一个名副其实的教学管理者、组织者和指导者。

（本文发表于 2005 年《现代教学》）

# 课例：让教师和专家面对面

某校在聘请专家指导、组织教师培训时，先由本校教师上课，而后由专家点评，让专家与听课教师、上课教师面对面、合作互动。在怎样创设问题情境、怎样精心设计活动、怎样做好教学反思等问题的研讨过程中，一线教师受到了实实在在的启发、教育和培训。

近几年来，针对教师专业发展的各种培训越来越多，有学历培训、继续教育等，采用的方式大多是专家、学者讲座。笔者经历过一次关于课堂教学有效性的培训。这位专家（特级教师）在台上围绕主题滔滔不绝，从有效性特点到重点关注的问题，从三维目标到教学设计，口若悬河，旁征博引。可是下面的听课教师却心不在焉，有的闭目养神，有的相互交谈，有的做起别样事情。应该讲这位专家讲得有理有节，教师听了也能很有感触，但一线教师好像并不需要这么好的理论，因为这些理论，在新课程解读的书本中都有，教师完全可以自己去学习领悟。他们未能得到自己想要的东西，因为专家的理论未能很好地与常态下的具体课堂情景相结合。

教师最渴望什么？教师专业发展最需要什么？据我们了解，教师们最需要的是实践性知识（智慧）。他们所需要的是：理论从"神坛"（讲台）上走下来，深入到实践中去；理论和教学实践有机结合，以有效促进教学行动。新课程改革的主阵地在课堂，新课程改革的主体是教师。某校上述做法的可贵之处就在于：通过课例的展示、观察，发现问题、提出问题，引出理论的缘起；通过专家、教师这个共同体的合作互动、反思探究、讨论设计，提出解决问题的有效方法，以理论来促进实践。这样做，既能使课堂教学落到实处，夯实教师教学底蕴，有利于提高课堂教学水平，又能使专家的理论内化到具体的教学实践中，使教师从教学行动中体验到理论，又能用理论提升自己的教学实践。这样做，让教师在与专家的对话研讨中学习，在发现问题和问题归因中学习，在反思调节自己的行为中学习，真正提高了教师培训的针对性和实效性。

课例研究，交互式讨论，开放式探究，多角度解读，从实践到理论，从理论到实践，让教师在与专家的面对面中获得理论涵养，促进专业成长。这样的培训对一线教师最为实用和有效。

笔者为这样的培训而叫好。

（本文发表于 2006 年 3 月《江苏教育报》）

# 善待"错误"，引导体验

曾看到一位教师的板书"悬梁刺股"一词时，错把"股"写成了"骨"，学生在下面叽叽喳喳地议论起来。这位老师微微一楞，故做轻松地说"怎么错了呢？不是刺到了骨头吗？"学生叫了起来："不是刺到骨头，而是刺到大腿。股，大腿。"教师微笑着改了过来，继续教学。教师怎么对待书写错误？是马上改正，还是引导一番？这位教师用引导的方式让学生帮着挑错，既很好地解决了"错误"问题，又使学生对这个词的含义有了深刻的理解。学生一定会在脑海里深深地印上了"悬梁刺股"这个词的写法。这位教师巧妙地化解了"错误"，从而促进了学生对知识的掌握。

无独有偶，一位化学老师在做实验时也遇到了"错误"。他精心地做"制取氧气"的演示实验。一阵手忙脚乱后，就是没见气体出来。台下几十双眼睛盯着他，教师紧张的要命，东瞧瞧西看看，脸上的汗都流下来了，教师不知所措，无所适从。最后只好以"药品过期了，这个实验下次重做"掩饰过去。实验一次成功，学生有一个清晰的印象，这当然最好。而实验发生意外，实验不成功，也是一个普遍现象，教师不必紧张过度更不必自责。关键是错误生成了，怎么办？一位资深教师这样告诉我们：实验不成功时，可把"绣球"抛给学生，让学生思考一下，为什么气体没有出来？是药量太少？还是操作不当？或者是装置不够密封？让学生顺着实验操作来检查反思一番，查找探明原因。这样即使实验不成功，学生也获得了实验成功的必要知识准备，懂得了其中的规律。这就能使学生知其然，并知其所以然。因而，面对不成功实验时，教师要抓住时机，巧妙引导学生探索其中的规律。这会比实验顺利来得更珍贵，更能有效地促进学生知识的内化。

"错误"可以激发学生的问题意识，更好地促进学生的认知和发展。这种思想无疑体现了新课程的理念。什么是错误？"错误"就是指师生在认知过程中的偏差或失误。错误人人会有，时时会有。错误并不可怕。但错误生成后怎么处理和灵活转化，可是很有讲究的。一些教师对错误唯恐避之不及，发生错误后或悔恨自责，或搪塞了之，留下了不同程度的遗憾。而另一些教师在错误发生时泰然处之，镇定自若，机智地把错误转化为探究问题的情境，在错误处敲打磨练，引导学生思索，这样不但能发现和解决"错误"问题，而且具有化腐朽为神奇的功效，使学生获得了在一般情况下所没有的感知体验。

"错误"是不可避免的。错误伴随着教学的始终，有时教师会有错误，有时学生会有错误。学生回答问题时可能有错误，做作业时也可能有错误。对此，教师就要重视学生的错误，因为这些错误往往体现出教师教学中的疏漏和薄弱环节，反映出学生学习中的含糊和失误之处。教师要剖析这些错误的原因，从而对症下药，有的放矢地教学。基于"错误"的教学，才能降低坡度，到达真理的彼岸。据说，江苏省名校——泰兴洋思中学的老师，个个都"呵护"学生的错误，人人都有"错题本"，记录教学问题。该校副校长秦培元把学生作业中的"病例"记在教本上，几年来积累了若干"典型病案"，为提高课堂教学质量提供了丰富的第一手材料。

目前，新课程改革倡导新的课程观，要求教师要充分地挖掘课程资源。而教学中的"错误"就是一种重要的课程资源。教师坦然面对自己的错误，巧妙化解，机智地寻求错误背后的创新价值；宽容学生的错误，引导尝试体验，这正是新课改强调体验课程的宗旨。可以预见：善于挖掘并运用形形色色的"错误"，将会给课堂教学带来蓬勃生机与活力！

（本文发表于 2005 年第 2 期《基础教育课程》）

# 我发现问题了吗？

每当学校召开行政人员例会，对上周工作进行回顾总结、排查问题时，中层干部们总会说："我值班那天一切正常。""上周工作中没有问题。"真的是没有问题吗？真的是没有一点儿异常现象引起注意吗？笔者满脸疑惑。"我确实没有发现问题呀。"他们似乎比较委屈。

真的是没有问题吗？偌大一个校园，有一千多学生，近百名教师。这么多人的思想、言行，真的与学校主旋律和谐共振吗？真的没有"旁逸斜出的枝条"吗？真的一点儿也没有看不顺眼的地方吗？都是顺乎天理、合乎常理的事情吗？套用罗丹的话——美是到处都有的，关键是我们缺少发现——笔者认为，问题肯定是有的，关键是我们缺少一双敏锐的眼睛，缺少去发现捕捉。

为了引导行政人员深入基层，发现问题，我们首先应该统一思想认识，提高发现问题的认识和觉悟。发现问题是领导工作的起点，发现问题的能力是领导的一项重要技能。安于现状的人往往觉得没有什么问题，自然也就不会主动地提出什么问题。只有敏锐地觉察到问题的存在，并尝试发现和捕捉问题的症结，才能形成研究问题、解决问题的原始动力，才能有效地组织和管理学校的教育教学。值日发现问题，这并不代表当天的值日不认真。有问题不要紧，有问题可以去解决，可以及时把问题遏制在萌芽状态。可怕的是发现不了问题，对问题和现象抱着一种麻木、无所谓的态度，反应迟钝，无动于衷，甚至熟视无睹。等到问题积成了堆，严重得乱成一团，才去"救火"，才去出面制止，会付出加倍的精力和努力，有时还需付出沉重的代价。在统一思想的基础上，我们倡导"值日—发现问题"活动，要求每位行政人员努力养成善于思考的习惯，逢事来个琢磨探究、追根溯源，切实发现教育教学乃至学校管理中的一些问题，并加以思索研究。

问题就在自己身边，问题无处不有。首先列举一个司空见惯的现象：第三节课始，总是先做眼保健操，后进行学科教学。可上第三节课的教师总是姗姗来迟。他们不是铃响后马上进教室督促学生做眼操，而是等到眼操结束后才进教室上课。教师认为自己是来上课的，而不是督促学生做操的。这样，在学生自主管理培养不到位的情况下，教室里有些许吵闹现象，学生眼操质量得不到保证，怎么办？这个现象就是一个问题，足以引起我们的思考。这个现象的发生，是归咎于教师还是归咎于学生？教师不按规定到教室督促学生，怎么处理？学生不认真做眼操，顽皮吵闹，怎样和班级常规管理评分挂钩？笔者把这一问题在会议上摊开后，行政人员纷纷表示深有同感。但如何解决呢？是教育教师还是处理学生？是扣减班级常规分数还是另寻别的管理办法？大家纷纷议论着，提出这样或那样的措施。笔者注意到这些发言，又考虑到做眼操是为了调节保护疲劳的眼睛，因而提出了把眼操时间安排在第三节课课末时段的设想。大家你一言我一语，认为这一改变有利于规范教育秩序，体现出对学生的人文关怀。

抓住一两个实际问题，深入地思考下去，在实践中探究解决的办法，促使我们的工作完善改进，并不断总结经验教训，上升到理性认识，这应该是一线管理者的一件非常重要的工作。笔者的现身说法渐渐地使行政人员豁然开朗了，他们觉得好像拨开了眼前的迷雾，一下子见到了太阳。笔者要求他们擦亮眼睛捕捉问题，研究对策；要求他们在熟视无睹的现象面前思索研究，在突如其来的事情面前果断处理。

在笔者的启发引导下，行政人员以"值日——发现问题"为中心，纷纷对麻木习惯的现象和稍纵即逝的细节，做了深刻透视、积极回顾、有效远瞻。于是在行政值日记录本上，留下了许许多多的问题或值得思考的现象：

"物理化学教师常在黑板上板演实验，而很少指导学生做实验……"

"各班黑板报从开学以来一直是老面孔，且内容主题不突出，缺乏新意……"

"上课铃声已响，但个别班级还未见到上课教师的身影。"

"外面阳光灿烂，但初二年级部分教室的日光灯依旧亮着。"

"夏天到了，不少学生常把冷饮带进教室吃。"

"课余时间，个别学生通过围墙栏杆同校外人员联系。"

……

同时，学校把巡查出来的问题汇总打印下发，又有利于值班人员、班主任的沟通交流，进一步提高管理的水平。以往值班记事本上即使记录下一点儿事项或问题，也只局限于中层干部交流，没有让大多数教师知晓，管理实施出现了"断层"，效果不尽如人意。而现在通过公开巡查，一些班主任看到汇总记录单上自己班级的问题，能及时进行批评教育；看到其他班级存在而自己班级暂时未发现的问题，也能防微杜渐地加以警示教育。

细节决定成败，问题决定认真。真正的管理者要做一个有心人。"值日——发现问题"，能促使管理者深入思考现象，捕捉意外发生的事情，能使管理者查漏补缺。因而在学校管理的纷繁事务中，我们必须每天扪心自问：

"我发现问题了吗？"

（本文发表于 2005 年《教育时报》）

# 打造校园环境资源的动感地带

走进今天的校园，流连于一块块绿茵茵的草坪，忘返于墙壁上一幅幅发人深省的标语，沉思于一座座独具匠心的雕塑……的确，许多学校能够做到"让每一寸土地、每一面墙壁都说话"。但我们也发现，校园环境资源往往只朝"大处"看，往"大处"想，而忽视了校园生活中的"细节"，忽视了校园环境资源的开发利用，忽视了变隐性资源为显性资源的过程。因此，立足学生的现实生活和学校的实际情况，开发利用校园资源，打造校园资源的动感地带，已经刻不容缓。

开发利用校园环境资源，就是要善于抓住校园中的每一个角落，精致管理，"量身"打造，使之成为丰富深沉流动的"景点"，以此展示学校的文化底蕴，凸显审美观念，传递办学理念，深化素质教育。

## 一、变陌生为熟悉——"微雨池塘见，好风襟袖知"

【案例】

某校在综合实践活动中，组织学生参观校史馆。琳琅满目的图片、丰富翔实的资料深深地吸引了学生。学生为学校今昔的巨变而欢欣鼓舞，为校友的杰出成就而深深震撼。他们纷纷说，校史馆是一面镜子，使他们了解过去，把握现在，更触摸到了希望。参观过后，学生为参观校史室而高兴，也为自己如何充实丰富校史室内容而深思。

反观其他的一些学校，因自身发展的需要，也为了迎接上级领导的检查，不惜花费巨资，搜集资料，建设了金碧辉煌的校史馆。但建成以后，大多数学校只是把它作为一个形象和窗口，每逢上级领导、外来客人莅临，才开放，以博取客人的赞誉。平时校史馆总是铁将军把门，藏娇于办公楼群中，学生根本和校史馆沾不上边儿，不知道它在哪儿，更不知道里面有什么内容。无疑，这样做是把宝贵的校园环境资源浪费了，起不到应有的教育启迪学生的作用。对此，某校的这一做法更值得提倡。

应该说，随着新课改的不断深入，校史展室、德育展室等各种展室纷纷在校园里落地生根，成为校园里一道道耀眼的"景观"。但是，这些"景观"只有在面向全校师生进行直观性、渗透性的"展示"时，才能实现自身的育人价值。

我们认为，应该让校园展室变陌生为熟悉，尽快走出"闲置"的误区，与校园活动牵手，为教师学生服务。

校园展室是"资源库"。富有内涵的图片可以成为作文评展、演讲比赛等活动的素材；极富创新寓意的展品，可以作为手工制作、科技小论文比赛等实践的样本；蕴含人文色彩的奇闻趣事、感人事迹，可以作为国旗下讲话、宣传橱窗的选择内容……同样，校园里各类活动也应成为校园展室的生成资源和个性内容。让各类展室和丰富多彩的校园活动真正携起手来，互相融合在一起。这样的校园活动才会更有成效。

校园展室是"成长簿"。各类展室在校园活动中频繁亮相，就会促使展室内容不断进行更新、补充和调整，可以清晰再现学校的育人足迹，也可以展现师生的成长轨迹和进取风貌，让每一位师生对学校自然滋生认同感和亲近感。同时，依托各类展室定期举办教师作品展、学生作品展等活动，以此展现出校园的风貌，让其变身为展现师生个性和特长的平台。

实践证明，校园展室凝聚着校园的智慧和财力，倾注着师生的情感和愿望。"微雨池塘见，好风襟袖知。"让校园展室摆脱旁观者的尴尬，和实践共"欢笑"，和师生同"成长"。

## 二、变隔离为亲近——"穿花蛱蝶深深见，点水蜻蜓款款飞"

【案例】

看到一些现代化校园的草坪，总是感慨万千。草坪一大片一大片，生气勃勃，惹人喜爱。占据了空间，可以说是校园环境的一个重要标志。可是，这些草坪大多是一大块一大块的，中间也没有小道或小径。一旦有人深入草坪中间，管理人员便来提醒：它是用来看的、用来展示的，老师和学生是不能亲近草坪的。

笔者真为这一大片的草坪感到委屈。

如何设计草坪，有这么一个故事。有位建筑师设计了位于中央绿地四周的办公楼。竣工后园林管理局的人来问他："人行道应该修在哪里？"他回答："在大楼之间的空地上全种上草。"夏天过后，在大楼之间的草地上踩出了许多小道。这些踩出来的小道优雅自然，走的人多就宽，走的人少就窄。秋天，这位建筑师就让人们沿着这些踩出来的痕迹铺设人行道。这些道路的设计相当优美，同时完全满足了行人的需要。

由此，校园草坪不应该一整块一整块的，而应该考虑师生的意向和要求，让草坪为师生服务。应该设计出几条小径，旁边点缀一些石桌石凳，可以让师生走到草坪中间，在草坪中赏心悦目，怡神醒脑。人居于草坪中间，与草坪恰当地和谐相处，这是多么诗意的校园、多么理想的境界啊。这样的设计，往往能消除青青草坪中间一条条明晃晃的被踩出的小路，使草坪与师生更加相亲相融。

芳草萋萋校园情。看着草坪，不禁会想到朱自清在《春》一文中描写的春草图："坐着，躺着，打两个滚，踢几脚球，赛几趟跑，捉几回迷藏。风轻悄悄的，草软绵绵的。"这是多么美好的境界啊！勃发的春草与活泼的孩子们组成的这幅图景，洋溢着春天的活力。而这些草坪不让人走、不让人亲近，总使人觉得有点儿不是滋味。草坪应该显出它的实际价值。换句话说，这么好的草坪应让人们好好享用，应该提倡人与草坪多加亲近。笔者冒昧提议：让学生在草坪上玩耍，让学生在草坪上看书谈话，让学生在草坪上舒心养情。

要做到这点，草坪就要适当开放。为保证草坪开放的顺利进行，学校要做好两件事。一是为经受住学生对草坪的"游玩"，学校选择的草坪应该是普通型的、大众型的，要绿期长、耐践踏性强、耐磨性好，这样才能使草坪能尽心尽力地为学生服务。二是为了保护草坪的生长，学校要设立草坪"休玩期"（每过一段时间要禁止学生在草坪上活动），帮助草坪暂时消除学生的"压迫"轻松愉快生长。笔者听说，某初中呵护进口的草坪，一律严禁学生在草坪上活动，草坪维护费用一年高达6万元。可惜啊，校园草坪不应该让人"供"起来，而应该让它在学校教育中发挥出应有的作用。

"穿花蛱蝶深深见，点水蜻蜓款款飞。"既要让草坪与学生相亲相融，使学生亲近感受大自然，又要让学生爱护草坪，不肆意践踏草坪，这就是学校种植草坪的根本所在。愿校园里的草坪与学生的距离拉近些，校园里环境资源都能做到变隔离为亲近。

## 三、变静观为参与——"留连戏蝶时时舞，自在娇莺恰恰啼"

【案例】

过去，某校墙面的用语都是名人名言，学校统一选购布置墙上，形式精美统一，内容深刻丰富，但与学生思想生活实际相去甚远，学生难以领悟，而且学生往往司空见惯，教育效果甚微。如何利用校园文化用语，因势利导地教育学生？校长们思考着、探求着。不经意间，身为语文老师的李校长从学生的周记中读到一句广告词，突发灵感：何不放手让学生自己来写劝学格言等一类的广告词？这一想法得到大家的一致赞同。于是全校开展了向学生征集校园文化用语的活动。全校学生积极主动，热情很高，创作了许多鲜活生动又富有学生特点的妙言佳句。这些句子琅琅上口，寓意明白，贴近生活，语气亲切，主题明确，富有较强的教育性和感染力。有的励志上进："每个人都是自己前途最权威的设计师和建筑师""只有失败的事，没有失败的人""把微笑送给别人，把自信留给自己"；有的劝学求知："荣誉存在于勤奋而诚实的学习之中""一步一个台阶，我们每天都要进步"；有的关注公德："花草有生命，手下请留情。""随手一扔，你丢下的是自己的素质；轻轻一弯，你捡起的是自己的道德。"

学校对这些征集的广告词作品进行了认真的评选，组织各班制作班级宣传展板，并将10条情真意切的广告词作品"定格"在校园里，旁边注上学生的姓名。这些校园广告词，由于是学生自己编写的，对学生自省自律起到了很好的提示、警醒作用。特别是被选用的学生，内心更是激动，他们看到学校把自己的"作品"制作得这么精致，摆在这么重要的位置，备受鼓舞。这样，在走廊里，在墙壁前，常有一大群学生围着精美的学生"校园广告词"标牌，驻足品读，赏心悦目，耳濡目染，构成了校园中一道独特亮丽的风景线。

现在，许多学校都非常重视校园文化建设，在楼道、走廊等处张贴名人名言、标语口号等。这就是让墙壁"说话"。但墙上标语过于概念化、笼统化，千人一面，单调而缺乏新意，没有引起师生的注意，因此校园文化仅仅成了一种装饰。而让学生动手设计，注重实际实用和实效，显得亲切个性化，能够真正陶冶情操、启迪心智、为学生促进全面发展起到积极作用。

当今课程改革，强调学生的综合实践活动。笔者以为，综合实践活动绝不能忽视校园环境和校内隐性资源。学校管理者应当在实践中努力探索，鼓励学生设计、解读校园环境资源。正因为身处学校，因而活动开展显得便利，有教师随时指导，有资料就近可查，不用车马劳顿，学生实践参与的时间机会极大增加，何乐而不为呢？比如学校一些建筑物上刻有"育英楼""敬业楼""格致楼"等文字，可让学生探究一下它们有怎样的含义。如是新造建筑，可让学生来个建筑物命名比赛：楼房应取什么名字，有什么含义，怎样使楼名和学校特色结合起来？笔者所在的学校是一所艺术特色学校，学生在命名时想到了用"星海楼""多芬楼"这些音乐家的名字来命名，全校师生拍手叫好。有学生甚至设想，把教学楼四周的草坪设计成五线谱形状，让校歌一目了然，耳濡目染。这样的活动学生积极性高，参与度广，极大提高了学生的创新实践能力。再比如，每所学校校园内都有些花草树木，有紫藤，有腊梅，有丁香，有桂花等，学生们有的熟悉，有的陌生。在生物教学中可以开展一个给植物挂牌的综合实践活动，让学生在老师的指导下，查资料，写要点，给植物挂牌，牌子写上植物名及相关知识。在这样的活动中，学生定会更加深化书本知识，有效培养各方面能力，进一步增进爱护一草一木的情感，由此激发的上进心、责任感是不言而喻的。

可见，校园环境中要有学生的参与。管理者应当充分挖掘探索，应当鼓励学生设计、开发校园环境资源，在潜移默化中深化学生的思想教育，提高学生的创新实践能力。

# 例谈管理问题的发现、解决和透视

一天早晨，学生大多已进入教室开始早自修了，李校长在一楼各教室的走廊来回巡视。突然他看到，七八个学生从宿舍方向跑来，神态慌张。李校长拦住他们，询问为什么这么晚才来教室。一人回答是宿管员找他们。为什么要找他们？李校长心中有了疑问。回答是宿舍卫生打扫未到位。为什么卫生没搞好？李校长追问着。回答是起床晚了，时间来不及。怎么会来不及呢？疑惑写在了李校长的脸上。看着他们诚惶诚恐的样子，李校长心中掠过了一丝怜悯的异样感觉：他真不想拿起班级常规管理的大棒狠狠地"杀"他们，可又不想给教师学生留下放任放松管理的把柄。于是，李校长把严厉的话扔给了学生："你们给班级抹黑了，课间到班主任那里说明情况。"

学生进教室了，可李校长还是怔怔地站在那里。他思考着这一现象，努力探求着其中的原因，积极考虑着解决的策略。十分钟后，李校长在校门口候到该班的班主任。这位班主任是位女教师，工作认真细致，不但教学上业务能力较强，而且在教育学生方面有自己的策略。学校很信任她的工作，把一个比较难管理的班级交到她手里。李校长向她说明了刚才的情况，她认真地听着，微笑着给李校长回复："我去细致了解一下，努力做好教育工作"。（第二节课课间，这位班主任向李校长和教务主任汇报她教育学生的情况：昨天体育课上，运动量过大，学生感到有点儿劳累，因而起床晚了。她要求学校在扣班级常规分时适当考虑学生的具体情况，考虑到学生的认识态度。同时她建议教务处要了解任课教师的课堂状况，减轻学生的"课业"负担。听了她的话，李校长为她的教育建议而感动。）

事情发生了，还要考虑它的相关牵连、追问它的来龙去脉。随后李校长来到宿舍，向宿管员了解这几天学生住宿的纪律情况。他们反映，学生可能春困，早晨起床比平时晚一些，但正由于天气转热，九点钟熄灯前后宿舍有点吵闹，学生不象大冬天那样很安稳地上铺睡觉。李校长一边认真听着，一边掏出口袋中的笔记本记录着。这几个迟到学生早餐吃了没有？食堂早餐供应情况怎么样？李校长边思考边走向食堂。食堂人员反映学生早餐很马虎，在食堂往往不吃粥。不吃好早餐，上午怎么能有精力认真学习呢？李校长的心中起了疑惑：起身后到早自修铃响这段时间里，学生应该可以充分地吃好早餐。食堂人员又表示，现在学生家里生活条件好了，他们的饮食也"高档"了，一般不喜欢吃食堂做的包子。在走回办公室的路上，李校长打电话给德育主任，向他布置要加强宿舍纪律教育管理的任务。而后来到总务处，就总务主任先前汇报的增加早餐品种的情况做了简单的交流，商量了进一步加强食堂管理的有关措施。〔中午德育主任召集了班主任会议，肯定了前阶段班级精致管理的成效，提出了对宿舍纪律量化考核的要求。活动课上，总务处召开了一个小型的学生座谈会，倾听了学生对早餐供应的建议，提出了做好服务工作的具体设想。德育主任总务主任后来向分管校长汇报，他们将每两周召开一次学生座谈会（调查会），自查问题，自纠改正，积极强化学生的教育管理，努力促进学生的健康成长。〕

坐在办公室里，李校长还在回想着刚才学生迟到的事情。每天都有行政值班，值班老师怎么没发现起床晚的学生呢？怎么没从学生迟到这件事情中深入下去呢？学校里经常强调值班管理要精致到位，不要浮于表面。单以早晨宿舍值班为例，学校也要求值班老师在起身铃响后要一个宿舍一个宿舍地催促提醒学生。可见，学生起床这么晚，固然有其他因素，但值班管理的疏漏可能也是一大弱点。李校长查阅了当天的值班名单，而后郑重其事地在笔记本上"下周工作安排"栏里写下了"强化值班管理的精致到位"的文字。（李校长思忖着，对值班的行政人员不能简单地发号施令，不能简单地指责训斥。他们的工作一时有不到位的地方，作为校长也要体谅理解，但体谅不等于看不到问题，不等于没有工作的具体要求。如果对值班不到位的情况听之任之，不予强调，那么很容易造成管理人员失去对学校规章应有的敬畏，不但对管理人员队伍建设产生较大的危害，而且可能导致学校管理经常缺位，造成管理上的混乱。为了照顾行政人员的面子，也为了和谐管理的需要，李校长在行政例会上只强调了值班管理的具体要求，以希冀相关人员心中有数，扪心自问，落实行动）。

一个小时过去了，学生迟到事情的"思索探究"暂告一段落。但李校长想，一个问题解决了，还会有另一个问题滋生出来。只要经常巡视，经常思考，经常行动，学校发展就一定会逐步趋于健康持续、和谐有效。

实践证明，管理与优劣的最大区别就在于是否善于发现问题与解决问题。只陶醉于肤浅的赞扬，看不到学校的问题，就要陷入管理的困境，学校发展的危机就要来临。因此学校管理者应不断强化自己的问题意识。同时，发现问题的目的是为了解决问题。探究问题发生的根源和原因，谋求科学的对策，积极解决问题，并透视相关的管理机制，学校才有源源不断的发展动力，才有"更上一层楼"的基础，才有再创辉煌的愿景。将学校管理浓缩于问题中，以问题促进学校管理，看似把管理简单化，实则为管理的升华。

一句话，问题要发现、解决并透视；要用问题意识促进学校的持续发展。

（本文发表于 2009 年《青年教师》）

# 行走着：校园管理者的应然常规

一直以来，管理者的办公模式大多是坐在办公室里，听汇报、看资讯、参加会议等。但对于有着几百名甚至千人师生的学校来说，其管理者也是在办公室这个中心发号施令、专注地全面地实施管理吗？在学校里，学生是活泼好动的，教师是活跃自尊的，校园管理者在工作中应该有特殊的一面。校长平时在哪里办公，怎么样管理，怎么做才能知晓真实全面的情况，怎么做才能求得有效扎实的执行等，应该引起广大校园管理者的深深思考和认真研究。

## 一、校长用"走进"来引领

【案例】

办公室里，几位教师在私下里评论着自己经历过的几位校长。说起校长的任课，陈老师说，刚退休的校长上数学，虽然不是市骨干，但课堂教学有一套。陆老师接过话茬，回忆起读书时的校长：每周上两节课，但经常穿着布鞋，常常出现在自修教室和班级走廊里，走走看看，不苟言笑，十分威严。刚从外校调进来的李老师说，他们原来学校的校长是不上课的，一整天在办公室里，要么听听汇报，要么弄弄电脑——校长的任课情况，牵动着教师的神经。

校长作为学校领头人，担负着管理学校的重任。校长作为法人代表，首先是教育思想的领导。校长主要出思想，主持学校的整体工作，实行一把手负责制；况且如今学校的事务繁多，大多数都需要一把手到场接待重视。目前的绩效制度下，校长上课与不上课，待遇其实是一样的。在这种情况下，有些校长就不再需求自己一定要进入课堂、站立讲台。

但校长不上课，就可能与课堂隔着一层纱。课堂，是学校管理的前沿阵地，是教育教学的重要基地。校长不走进课堂，就无法真切了解学校的教学情况，无法透彻把握课堂中的关系因素。一些校长在进行繁多的行政管理之时，仍然走进课堂，与一线教师一起摸爬滚打；一些校长以课堂研究为突破口，坚持听课评课。他们这样的"走进"，其引领、指导的影响十分深远。校长是领导，但校长的身份还是教师。是教师，就得上课。所以，笔者认为，不管上得多还是上得少，不管是上专业课还是其他课程，校长上课既顺应教师的身份，顺理成章，也是引领教师课堂教学取得进步的重要手段。校长，要以"走进"课堂来引领。

## 二、校长用"转悠"来"把脉"

【案例】

办公室里，几位教师对新来的校长品头论足，他们对比着前任和现任两位校长的管理行为，说起来头头是道。沈老师说，前任校长专门在他一个人的办公室里，占领着每分每秒，在思考和谋划。教师有事找他，他也一直都在。张老师接过话茬，轻轻地评论起现任校长：教师找校长，好像很难找到，因为他一般不在办公室——校长不是外出，而是巡视校园和课堂。有时去办公室找校长，校长不在；但到了楼下，却看到了在楼道里巡视的校长。

如何看待两位校长的管理行为，这是一个复杂而又艰难的话题，这个问题一般由上级部门来评议总结；作为一般教师，我们不便多做评论。但是校长经常在哪里立足，是办公室、是校园、还是课堂，这里面大有讲究。

应该说，大部分校长能够深入基层、深入班级，靠前指挥，指导得力。一些校长每天坚持巡视校园和课堂，把巡视所见所感写出来，思考、研究改进管理。他们反映，只有去楼道走走，进教室听听，才能真实了解教师的教学和学生的学习，才能使自己的指导组织有发言权和针对性。但是，个别校长嘴巴上讲"深入基层"，但自己不上讲台，不走教室，往往在办公室里拍着脑袋想计策，关起门来研究思考。这实际上犯了"放空炮"的毛病。据说，某校长上班时一直在办公室活动，足不出户，浑然不知教学楼师生吵架斗殴的事情，直到派出所人员走进校长室大门。这样的校长就缺少"转悠"的功夫。事实上，学校管理制度下发之后，到底落实了没有，制度的可行性到底强不强，执行力到底有多少。这些问题，校长通过在校园中的转悠走动，就可以掌握细节，从而有机收放、推及全面，为改进学校工作奠定基础。有调查观察才有发言权。校长的管理不能有"墙上芦苇腹中空"的弊端，否则就是异化了管理的功能，不能使管理抓在点子上，击在要害处，不能有效地组织指导和管理。总之一句话，校长要经常从办公室里走出来，去巡视、去转悠。

## 三、校长用"走近"来沟通

【案例】

办公室里，几位教师在谈论着学校的新领导。陆老师说："有一次我课堂上学生讨论问题的声音很响，校长正好经过，顿时我心里很紧张。但校长善解人意，见到我热情地招呼，没有说什么。""这位校长不错啊。一开学，就到我们老师办公室走走说说聊聊。这样的校长，好有人情味。我经历过的好几任校长，从来不这样的。"朱老师脸上挂着赞许的神色。"是啊。以前校长专门关好门，自己网上打牌的。现在的校长则每天行走在校园里，我们感到可亲，感到压力，但更多的是感到心里热乎乎的。"沈老师感慨地说道。

在校园生活中，校长与教师的沟通，可以在校长室或会议室，更可以在教师办公室、在校园走廊楼道里。校长在校园里行走，可以使沟通随时随地进行，抛却了正襟危坐，避免了正式场合的严肃和紧张。校长走在校园里，走到教师办公室，走近教师，自然而然地给他们一个信任的微笑，给他们一次肯定的颔首，对教师说一句鼓励的话语，这样会驱散教师心头的自卑和压力，唤起教师创新工作的动力。行走校园，就可以多一点儿与一线教师直接交流的机会，询问关心，坦诚沟通，这样就能获得彼此的好感，增强信任感，无形之中增进了相互的理解，体现了管理者与师生之间的平等和尊重，增强了学校的凝聚力和战斗力。可见，校长腿脚勤快点儿，走走办公室，就能走近教师，让校园环境更和谐。

## 四、校长用"脚步"来健身

【案例】

办公室里，几位教师在谈论着今天的步数——一天下来自己走了多少步。他们各自打开手机的微信，不约而同地对一旁的王校长竖起了大拇指：王校长走了一万多步。教师们纳闷了：没见王校长去锻炼呀，学校跑步室里和操场上没见到他的身影呀。王校长笑而不答。王校长何以步数这么多呢？原来，他有他的"校园脚步长征"：晨读时分，王校长跨出自己办公室，开始了他的校道锻炼——巡视之旅；上课期间，王校长行走在教学楼的楼道走廊，专注着他的班级"听课"——巡课之旅。

"身体是革命的本钱。"校长也是人，也需要锻炼身体；但校长作为管理责任人，应该首当其中率先士卒地扎根在基层一线。经常看到，一些校长徜徉于学校的健身室，在那里忘我地锻炼，或在跑步机上潇洒地行走，在乒乓台前激情地搏杀。长久地蹲在健身室运动馆，却淡漠了校园中的人和事，听不到吵闹声、吵架声。久而久之，就看不到校园里的真面目，也疏忽了校长的看、管、理的职责。这样，校长的管理行为，也就少了有效的针对性。而如果校长用"脚步"在校园里锻炼，丈量着校道楼宇，丈量着校园内部的边边角角（如操场边、围墙边、厕所边等），就会从中获取许多有价值的信息，发现管理中的诸多细节问题。这样，既走了路，活动了筋骨，又深入了基层，掌握了第一手材料。因此，校长不能自顾自地在场馆理锻炼；而是应该更多地在校园里用"脚步"来长征。

每天在校园里多走走，绝不是管理者的走秀。以务实扎实的态度，走走、看看、想想，应该成为管理者的常规工作。走动、巡视，所得的信息虽然具有偶然性，但很丰厚、接地气，具有真实性；观察、积累，往往成为决策时的有用素材，为管理的可持续发展锦上添花。

在教育的芳草地里，"行走着"的管理是一种方式，也是一种姿态。它能摸清真实情况，能发现现实问题，能扎实管理行为，能增进一流沟通，也能舒活筋骨强健身体；它让管理有了广度和深度，也有了暖人心的温度。一句话，行走着，是校园管理者的应然常规！

（本文发表于《中小学教育》2019 年 8 月）

# 校园：让"巡视管理"流行起来

学校规模大，学生人数多，管理工作需要校内各个部门都行动起来，每位干部都要以主人翁的态度，去落实推进各项工作。但是，很多干部在落实手头的有关工作时，往往互相推诿，往往不及时接手有关事情。比如，一名学生在校内停车棚和另一人吵架了，学生反映给一位干部。这位干部马上告知学生："去找德育处，或找值班老师吧。"如果想质询这位干部的行事方式，他会振振有词："今天我不值班呀。"一句"今天我不值班"，就把一切事情都推掉了。细细想来，这位干部似乎也没有错。他是负责教务工作的，可能不大熟悉对学生的教育管理。而且，学校每天安排干部值班，轮流记载好《值班记载本》——今天我值班，我就记载处理有关情况，明天你值班，明天你就记载处理。但这样的轮流值班记载，却让干部们丢掉了主动积极的热情，丢掉了管理的要义。

怎样提高干部工作的积极性？一位校长在学校管理的实践中，尝试运用了巡视管理制度，让中层干部在记好值班时的《记载本》同时，要记好自己的《巡视管理本》，要求干部们每天巡视校园、勤于管理，并把相关情况及时记入《巡视管理本》。笔者闻之，不禁暗暗叫好。《巡视管理本》与《值班记载本》，粗看好像只是名称的变动，但细细辨析，两者有着截然的不同。

**首先是立足点不同。**《值班记载本》着眼于"记载"，往往注重记录值班时发现的诸多情况，如秩序是否正常，学生是否有违纪情况等。而《巡视管理本》则强调"在巡视中管理"，往往记录巡视时发现的问题以及干部是如何管如何理的情况，记录管理的动态和动态的管理。可以想见，学校干部在巡视校园，一边发现问题，一边解决处理。在巡视中，干部的赞许、疑问和督查等，构成了校园管理的亮丽风景；走动时的"管"和"理"、坐下时的"记"和"思"，也组成了校园管理中的特有景致。作为管理者，就要捕捉、把握和落实这些要素，从而夯实学校管理。从这个角度上说，《巡视管理本》更能全面完整地反映学校的管理情况。

**其次是管理态度不同。** 因为《值班记载本》侧重于值班时的"记载"，所以即使在"值班"，其管理的落脚点也在"记载"两字。字里行间有一种"只负责记载、不问其他事情"的态度倾向。而《巡视管理本》就全然不一样，它定位于"巡视"。身处校园，只要你在走动，就是在巡视，就是在管理。"巡视管理"四个字，提醒干部要认真巡视、要细致管理。可以这样说，手拿《巡视管理本》，就好像每天处在不是值班的值班时间，在无形之中，增强了干部管理的高度责任感，工作态度也变得认真严肃起来；手拿《巡视管理本》也在有意无意地催促干部要"想方设法"地在本子上记录点内容，这就促使干部去深入校园各个角落巡视管理。从这个角度上说，巡视管理也促使干部学会了关注校园细节，培养了敏锐的观察力。

**第三是范围内容不同。** 《值班记载本》似乎偏重于单一的值班记载，注目于校内学生的表现，而对教师情况、学校活动等很少涉及。而《巡视管理本》，既称为巡视管理的"本"，则范围内容必然广泛多样——既巡视学生表现，也巡视教师情况；既巡视教室走廊，也巡视操场和办公室；既管理校园中正在发生的事情，也预测可能发生的现象；既管理着别人的事情，也记录着自己所做的工作。干部在巡视管理过程中，针对学生，也针对教师，更针对校园中的一切情况；干部记录《巡视管理本》，不但记录发现的问题和现象，也记录着自己所做的管理工作和由问题引发的见解、思索。从这个意义上说，记好《巡视管理本》，有利于使每次工作及时留下"痕迹"，便于总结反思。因而《巡视管理本》，其内容更全面、更真实、更有系统，更能整体把握干部的管理情况。

总之，把简单的事做认真，把认真的事做彻底。实施《巡视管理本》，既能使干部的管理能力、执行能力和创新能力得到有效提升，又能使学校日常管理工作更加规范、更加有序、更加高效，久而久之，这样的管理就会内化为优良的思想品质，呈现出一种自觉内生的管理行为文化，推动学校科学发展。

由此可见，学校的校园管理，要让"巡视管理"流行起来。

（本文发表于 2016 年 3 月《教书育人 校长参考》）

# 立足点　外显点　着力点　落脚点

在当今的学校管理中，特色学校建设是一个时尚的课题。特色教育是学校核心发展力的重要组成部分。特色是学校的风格，让学校走上审美的境界。特色是一种质量，会改变学校。那么，特色建设应该怎么做？笔者经过学习研究和探索实践，认为以下四个方面的"点"值得重视和落实。

## 一、把握立足点——继承创新

学校特色建设应当是全体师生在学校历史发展过程中通过教育实践创造出来的。它有校园历史基础，也有现实发展要求。特色建设应当是传承历史的，在传承中创新，在继承中发展。一所学校要进行特色建设，应该从本校实际出发，在学校的历史回望与未来展望中勾勒特色建设主线，做好整体设计，并且坚持在传承中开拓。前后发展应该统一和谐的，而不是断层断代的；应该统一规划，而不是独立割裂、相互矛盾的。

某校在开展特色建设活动中，总是跟着潮流走，刮起了阵风。在"国学"流行时，学校就一窝蜂地搞"国学"；"诵读"流行，学校就一窝蜂地搞"诵读"。高潮一阵接着一阵，但高潮过后，空留叹息：上下学期、上下学年，"脚踏西瓜皮，滑到哪里算哪里"，没有形成一个系统整合的立体文化。前任校长基于朴素理念，推崇"崇本"文化特色，但继任领导甩开膀子，另搞艺术方面的特色建设。前后出现断层割裂的现象，致使学校特色建设一会儿东风劲吹，一会儿西风横扫。今天一个新点子，明天一个新思路，看起来热热闹闹，到头来往往形不成学校个性，最后也形不成学校特色。

只有在紧扣学校实际、在原有文化资源的基础上做文章，传承修正完善，持之以恒，"咬定青山不放松"，才能使文化特色一以贯之地得到发展。一句话，建设特色，应该把握继承又创新的立足点。

## 二、扩大外显点——环境文化

一所学校的校园文化，应该包括很多东西，但呈现在人们眼观里的环境文化，应该是最为鲜明，最为显眼的。校园环境文化是特色学校建设的外显。在特色学校建设中，学校要挖掘自身资源，明确办学理念和特色定位，制订实施《特色学校建设规划》；

要确立校徽、校歌、校旗等文化标识，构建基于学校特色的走廊文化、墙壁文化、教室文化等校园文化主题系统。只有这样，才能使学生在诗意有意的精神家园里和特色的浓厚氛围中，自由地呼吸和浸润。

某校在特色建设中根据学校传统，因势提出了"至善教育"的特色。为此，学校努力烘托至善的环境氛围，精心构筑至善景点。走廊墙壁上整齐地粘贴着内容丰富的"至善"手抄报，有感恩教育，有经典阅读，有"三有三讲"……一篇篇精心撰写的文章，一幅幅色彩绚丽的插画，展现了学生的智慧和才气，成为"至善"氛围中一道亮丽风景线。他们让学校建筑外化"至善"，让校内道路标签"至善"。位于校园东南角"至善"广场上的真善美雕塑，每天迎接学生上学、关注学生认真读书。科技广场上的笔形雕塑直插天空，抒写着学生至善向上的豪情壮志。行知广场上的陶行知铜像，目光深邃、神情和蔼，提醒着学生要"惜光阴立志立德至善"。学校的建筑楼群，楼名别具匠心：至善楼、习善楼、崇善楼、乐善楼、弘善楼，一个个"善"字楼名，跳出了人们狭窄的视野，更浓化了特色的氛围。还有校内的道路，也文雅别致：立德路、立志路、立学路、立善路、立远路，路名紧扣特色，围绕求学，促使至善教育的特色得到张扬。更有校门口广场上的"善"字石，正对校门的镌刻在墙壁上的"学以求真行以至善"八个红色大字，更使校园具有了文化的神韵，契合了校园学习的本质。处于这样的氛围，指点校园、激扬文字、书声朗朗，本土性的文化特色气息扑面而来，使人一走进校园就身感"至善"的浓厚馨香。

笔者认为，环境文化就是学校特色的外在显点。环境文化就是校园中的文化，是植根于校园的。学校的特色建设要植根于教育教学活动、植根于校园实际、植根于学校的环境氛围。只有这样，特色建设才能得到呈现，才能得到发扬。

## 三、夯实着力点——课堂质量

学校特色建设是高瞻远瞩的建设，但过程必须脚踏实地。特色不是涂脂抹粉；特色需要落地生根，需要充实体现。一所学校是否形成特色，需要具有特色的环境文化来体现，更需要具有特色的课堂来承载。如果说校园是学校坚守特色的乐土，那么课堂就是师生巩固特色、发展特色的阵地。课堂是学校教育教学的首要阵地，没有课堂教学的特色体现，学校特色建设就成了无源之水、无本之木；只有夯实课堂这个着力点，才能使学生被特别的课堂教学所影响，才能使学生接受特色之风的熏陶。

"至善校园情，殷殷真善课。"某校的"至善"教育，着力点在彰显学生主体地位的"至善课堂"上。学校申报了"学生互助式自主学习"的省级课题，让教师在至善教育的旗帜下围绕课题，研究"至善课堂"，积累"至善"课堂教学的做法和经验。

在"至善"课堂上，教师在课堂上多问一问，多引一引；学生多听一听、多想一想。在"至善"课堂上，师生分享彼此的思考、经验和知识，交流彼此的情感、体验与观念，丰富了教师的教学内容，培养了学生的"善学"能力。学生在互助式自主学习环境下努力善学，做到善听、善问、善思、善习、善得。"善听"指的是学生在听课过程中努力做到全神贯注，并灵活地根据课堂情境和教师要求适时调整自己的听课方法。"善问"，是指学生要多动脑筋，敢于提问、善于提问，凡是经过反复思考，依旧不得解决的问题，学生要勇敢地提出质疑，请教师和同学们帮助自己解答。"善思"，是指学生要掌握思考的方法，灵活思考，举一反三。"善习"，是指要善于学习善于操练善于实践，努力"学而时习之"。只有在"善听""善问""善思""善习"的基础上，将知识转化为智慧，将技术转化为能力，学生才能真正在学习中"善得"。

笔者以为，只有在课堂上落实特色，体现特色，发展特色，才能使学校的特色生根开花，才能使学校特色之树长青。同时，也应该看到，如果课堂上把握了特色，课堂教学的质量有了显著提高，那么，特色教育的效应就显现在课堂上，学生就享受到了特色教育的"美味珍馐"。这样才能说，特色教育取得了实在的成效，学校特色教育的声名就会远播；否则特色教育可能是"空中楼阁"，永远也没有根基。

## 四、注重落脚点——学生发展

特色学校建设是一项涉及课程建设、课堂教学改革、学生发展等方方面面的系统工程，但是最终落脚点无疑是学生发展。一切为了学生的发展，应该是学校教育的本质，也是特色教育的要义。如果离开了学生的发展，特色学校建设将成为一句空话，成为"花拳绣腿"。为此，学校要以促进学生多元化、个性化成才为出发点，开发出一整套与学校办学理念相吻合、与学生成长需求相对接、与学校特色教育相呼应的特色教育体系。

某校在至善教育特色的实践中，始终善习善行，他们用蕙质兰心孕育教育的至善之花，用乐美之手谱就至善之曲。学校在国家课程的基础上，开设了经典阅读、趣味数学、英语会话、科学实验、绘画美术、强身武术、手工剪纸、模型制作、电脑创意、志愿服务、社会调查等课程，形成了国家课程、学科拓展课程和兴趣特色课程组成的丰富多元的课程体系，最大程度地满足了不同学生的个性需求。学校坚定实施素质教育，开展丰富多彩的活动，促进学生素质全面提高，促进学生向善至善。综合实践活动，丰富多彩。学生踏访古村黄家溪，聆听古老历史的召唤；游览盛泽新城，体会家乡日新月异的变化。校园科技节，异彩丰呈。学生开动脑筋，积极探索，创造发明获得大奖，小小年纪专利在手。体育节，学生一展英姿，诠释着至善教育中的"力"；艺术节，学生歌声嘹亮，舞姿翩跹，展示着至善熏陶下的"美"。社团活动，喜闻乐见。或下棋或手工或写作；班级名片，各具风格，撒满幸福，昭示着至善氛围中的"真"。

笔者以为，为了学生的发展，特色教育开设的课程，不仅局限于"丰富"，更在于科学和有效。要立足于对学生"习"和"行"的能力培养，致力于对学生身心美育的探索，植根于对学生特长的潜能发掘。只有把握好学生发展的落脚点，开设促进学生个性发展的课程，开展丰富多样的活动，特色教育之花才能永远盛开！

总之，学校特色建设是提升办学品质的必由之路，是学校内涵发展的核心内容。特色学校创建，只有在继承创新上立足，在环境文化上外显，在课堂质量上着力，才能扎根于达成学生发展的落脚点。也只有这样，才能以特色滋润校园，以特色促进管理，以特色提升品位！

（本文发表于 2016 年《创新时代》）

# 深化真善特色，促进学校发展

"真"和"善"是中华传统文化的重要特质，是社会主义核心价值观的重要内容，是一代代教育者矢志不渝的追求。某学校地处丝绸之都——盛泽，经济繁荣，学生中外来工子女占到全体学生的 70%。这些学生学业基础差，品行习惯有待养就。为此，学校领导求真务实，努力让"真善"的元素，渗进、化入学校的教育教学管理之中，营造学校"真善"的环境氛围，诱导教师实施"真善"教学，引导学生追求"真善"学习，积极抒写学校"真善"教育文化的崭新篇章。

## 一、真融善和，丰美学校环境

真善元素融于环境，美化了环境、滋养师生眼球、丰富了特色，润泽师生精神。学校树木葱茏、花香四溢、校园环境优美，建筑富有特色。科技广场的宏大壮观、行知广场的幽雅宁静、日月广场的设计新颖，这些精心构筑的景点，努力烘托真善的环境氛围。校门口广场上的石头上，镌刻的一个"善"字苍劲有力；电子屏幕上"立德至善，健身成才"八个字一闪一烁；两者配合映衬，相辅相成。正对校门的大楼墙壁上，"学以求真、行以至善"八个红色大字，熠熠生辉，宣示了校园文化的神韵。学校的教学楼宇，取名紧扣"善"字，分别有：至善楼、习善楼、崇善楼、乐善楼、弘善楼等，浓化了特色的氛围；学校的校内道路，路名文雅别致，分别是：立德路、立志路、立学路、立善路、立远路等，张扬了特色的气息。校园广场的"真善"雕塑，使人心旷神怡；校园橱窗的"真善"标兵剪影，激励着学子求真向善。乐善楼大厅墙壁，镌刻着"格物致真，用真淳培育精深智识；上善若水，以善美润养诚朴心灵"的标语，生动阐释着学校"真善"课程文化的要义。学校走廊墙壁上整齐地粘贴着"真善"手抄报，有感恩教育，有经典阅读，有科技之光，有"核心价值观"，内容丰富、色彩绚丽，展现了学生的智慧和才气，成为"真善"氛围中一道亮丽风景线。

处于这样的氛围，学生指点校园、激扬文字，耳濡目染，时时处处感受"真善"的浓厚馨香，历久弥新。事实证明，"真善"特色植根于校园环境氛围，已经成为一张学校名片，受到了普遍赞誉。学校也因此获得了吴江区"文化型特色学校"的亮丽招牌。

## 二、真悟善学，丰富课堂特质

学以求真、行以至善。课堂是教的阵地，更是学的战场。学校教师努力实践、积极探索，初步形成了彰显学生主体地位的"真善课堂"。真善课堂源于现实、强调朴素；强调真实，保持原生态。真善课堂凸显"简"，精简内容，少讲多学，精讲精练；真善课堂彰显"活"，充满趣味，巧妙引导，激活学力；真善课堂重在"实"，主动思考，专注实践，夯实过程。沐浴着真善课堂的光芒，学生逐渐养成真悟善学的习惯。学校申报了"学生互助式自主学习"的省级课题，引导学生在真善的氛围中自主学习。学校教师围绕"善教""善学"开展课题研究，务实课堂行动，以善教引导善学，以善学促进善教。学校教师根据学生学习的真实情况，细化"善学"的要求，把学生的"善学"分解为善听、善问、善思、善习、善得等几步，努力落实到学生真学的实际行动中：指导学生在课堂中全神贯注，做到"善听"；在听讲接受的时候，灵活头脑，时时"善问"；在善听、善问的基础上灵活思考，举一反三，促使"善思"；同时，要手脑并用，动手操作，行动实践，重视"善习"；在完成了这些动作程序后，努力由巩固知识发展到运用知识、由课内延伸到课外、由知识趋向于能力，达成学生学习中的关键一步——"善得"。"善听""善问""善思""善习""善得"促使学生活学活用知识，学生的善学能力得到了有效培养。学校又申报"善思善创型课堂教学的实践研究"的市级课题，旨在变革课堂中的教学行为与方式，探寻课堂教学中思维力的激发引导，进一步培养学生善于思考、善于创新的学习力和创造力，使学生学会了深度学习。

在课堂中，学生真悟善学，丰富了课堂特质，提升了善学上进的水平。就读四星高中的人数连创纪录，多门学科连获优良证书。学校被评为吴江区"模范学校"和"高考尖子生培养先进学校"，办学水平得到了切实的提升。

## 三、真习善行，丰厚学子素质

著名教育家陶行知有言："教师的职务是'千教万教，教人求真'；学生的职务是'千学万学，学做真人'。"教育的目的不只是传授知识，更是全面提升学生的综合素质。学校全面落实素质教育，坚持真习善行的做法，用蕙质兰心孕育真善之花。学校在开齐国家课程的基础上，开设了经典阅读、趣味数学、英语会话、科学实验、绘画美术、强身武术、手工剪纸、模型制作、电脑创意等课程，形成了国家课程、学科拓展课程和兴趣特色课程为主的丰富多元的课程体系，最大程度地满足了不同学生的个性需求。学校组织开展丰富多彩的活动，让学生且习且行——科技节活动，激发创新探索；体育节活动，强健学生的体魄；艺术节活动，熏陶真善美韵。"真读善写"的新书发布会，"真善丹青"的学生书画展，"真吟善播"的校园诗词大会、诗歌朗诵活动等，展示了校园文化和艺术的魅力，渗透真善的思想，传播了真善理念，润物无声，育人无痕。

## 四、真研善修，丰满教师能力

教师的发展关联着学生未来的发展，更支撑着学校的发展。为此，学校大力推进"真善"的务实研修，促进教师快速提高自己的教学水平。学校根据每位教师的实际情况，统筹规划，分步推进，有效实施。学校以校内独特的"真善研修"活动为引领，努力提升教师专业水平，举办了校级领导、中层干部"真善"讲坛活动，对教师进行思想引领；学校举办了能手带头人"真善"公开课活动，由骨干教师进行示范。学校开设了青年教师"真善"培训班，有专家指点，有科研讲座，有微课竞赛，有研讨课交流，有基本功比试……这些"真善"培训活动，直面教师个人发展短板，夯实基础、提升能力。学校在关注教师个人活动发展的同时，更加注重"真善"研修团队的实践：关注备课组的研讨，关注班主任工作站的交流，关注课题项目组的行动，关注年级共同体的合作……在这样的氛围、这样的活动中，团队研修真诚交流、思想撞击，形成"真"的氛围、"善"的磁场，从而促进教师教育教学行为的改变，提高教师"真善"教育教学的能力。

在"真善"教育活动中，学校成立"镜湖研修"读书会。每周二下午第四节活动课成了教师们不变的约定，他们相聚在一起读书、交流、教研，探讨教学热点、解除教学困惑、分享教育故事、思考课程建设，或静读一段美文，分享思想的光华，或齐心修改一篇诗文，挥斥方遒，或修改一份教案，思维在交流碰撞中闪光……学校两位苏州市带头人倾力领衔，专业引领，读书致远，研讨共享。读书会进一步激发他们的阅读兴趣，为他们展示才华创设条件、提供平台。请进来走出去，交流共生。学校请进特级教师、教育专家，开展"真善"文化沙龙，让学校真善文化与丝绸地域文化相谐共生，用先进理念滋养生命、丰润生活；也让教师访问名校名师，开阔视野、接受洗礼，以此熏染真善的教育氛围。

真善读书，真善研修。随着时间的发展，滚雪球的效应逐步凸现，一大批教师提速发展、逐步成长。2019 年，有教师被评为"教育领军人才"，有教师被纳入特级教师后备培养，五位教师被评为"区带头人"，两位教师获大市级基本功一等奖，两位教师取得大市素养比赛一等奖。真善研修，锤炼和丰富了教师能力，校园里呈现出积极奋发的浓厚学习氛围。

教明德之道，育真善英才。学校的"真善"的环境、"真善"的课堂、"真善"的实践、"真善"的研修，有效地引导着教师的善教，促进了学生的善学，丰富了学校的办学内涵。实践表明：从学校的传统和特点出发，抓住"真善"这个切入点，坚持真善的理念，唱响"真善"的声音，能够切实提高学校教学质量和教育品位，能够让"真善"之花在丝韵水乡绚丽绽放！

（本文发表于 2020 年第 5 期《初中教学研究》）

# 浅谈校长对中层干部的有效引导

如何促进学校健康生存持续发展？人们常说，一靠校长，二靠教师。但笔者以为，校长和教师之间，应该还有座桥梁起着承上启下的作用，那就是中层干部。中层干部的能力、中层干部的执行、中层干部的管理，在学校管理系统中起着至关重要的作用，那么，校长如何引导好中层干部，促使他们在管理工作中尽好自己的工作职责和发挥好集体作用呢？

## 一、合理施压，引导业务发展

【案例】

某校校长上任之初，了解了学校中层干部的现状，他发现中层干部兢兢业业，勤奋肯干，但就是专业发展显得乏力，市骨干教师比例偏低。于是这位校长在中层干部中召开了骨干提升推进会，向一线中层提出一定的目标要求。他要求甲干部：积极开设市级公开课，争取在市优质课比赛中获奖；他要求乙干部：写好论文后让校长前期阅览，每学期争取发表两篇以上论文。在校长的"威逼利诱"下，甲干部喜滋滋地拿到了优质课证书，乙干部则收获颇丰，把教学做法、管理经验变成了一篇篇论文，姓名时不时出现在报刊上。两年后，中层干部中，一人成为市级带头人，一人成为区名教师，多人成为市级能手。干部的专业发展走上了一条"康庄大道。"

俗话说："井无压力不出油，人无压力轻飘飘。"中层干部的业务发展在学校管理中非常重要，对其他老师的进步，起到了直接的示范作用。这样看来，校长对中层干部的专业发展过程进行直接"干预"和"影响"显得十分必要。校长想方设法促进教师专业成长的同时，更要尽心竭力引导培养好青年干部。校长要关注中层干部成长的需求，积极地为每个中层干部设置就近发展区。并合理施压，促使他们明确目标。要千方百计为中层争取展示自我的机会，让他们在校内和一线教师同台竞技；让他们作为学校代表隆重推出；让他们在各自管理的条线部门对接市、片教研活动，做活动的"热心人"、参与人和指挥者，从而促使他们在活动中发挥特长，展示才能。中层干部在学校里是认真做事的人，引导他们业务发展，这是有为校长的魅力所在。

## 二、多方交流，引导正向情感

【案例】

某校校长十分注意和中层干部进行沟通交流，时不时地和中层讨论这讨论那。同时，他还深入到中层干部的家庭，交流慰问。一个周六上午，这位校长就和其他领导来到德育主任家里。这位中层家里是四代同堂。看到校长访家，老人忙搬凳泡茶，热情招呼。当着几位老人的面，校长把德育主任在省比赛中获得的微课竞赛奖状颁发给中层干部，并向老人汇报了这位中层干部在学校的突出表现，感谢老人为学校培养了一位好干部。这位中层干部的爷爷听后，脸上绽开了笑花，连声说道："谢谢领导，谢谢学校。"同时又对孩子说："要好好工作，不辜负校长期望。"看到这位中层干部连连点头的情状，学校领导的心里也乐开了花。屋子里洋溢着积极上进而又欢乐喜悦的气氛。

如何有效激起中层干部的积极性，校长除了在学校和中层干部交流，还可以有多种形式交流沟通。而校长家访中层干部，是效应比较显著的一种。校长家访，在直接面对中层干部亲属的同时，能够"广而告之"中层干部的荣誉及其突出表现，能够更深入地了解其家庭情况，以更好地为他们排忧解难，鼓舞他们奋发向上。事实上，中层干部的上意下达、下情上传的特殊位置，决定了他们心理上可能有落差，而且工作琐碎，难免产生情绪，这就需要及时疏导。校长走进中层干部的家，喝一杯热茶，听听他们的需求、困惑，以及对学校发展的建议，这样的"听"来得真切而自然；这样的"听"，更能显出尊重，更能鼓舞中层积极进步，更能凝聚努力向上的正能量，更能使校长和中层干部的关系更加和谐亲近，在积极和谐的氛围中相互理解、相互接纳，从而引导中层干部努力发展、促进学校工作顺利推进。

## 三、留出空白，引导管理磨练

【案例】

校长在管理工作中总会遇到这样那样的问题现象。怎么办？是靠校长发号施令、督促解决，还是发动中层想方设法、落实到位呢？比如，某校早晨，学生陆陆续续地到校，时间有先有后，教室里也总是乱哄哄的，个别学生大吵大闹，有时还抄袭作业。发现这种现象，该校校长不动声色，召集几位中层干部开会研究，请中层想办法出点子："早晨教室里乱哄哄，请大家想想合情合理的办法。"在校长的诱导下，干部们想出了好几种办法，还对怎样实施提出了要求。这位校长静静地听着，不时颔首赞许。最后他微笑着说："我有点儿不知所措，想不出办法，但你们的点子很好。就照你们的办法去做吧。"受到校长的肯定，干部们精神振奋，第二天就落实了工作行动。

在学校管理中，多数校长都是管理的行家里手。但是，如果在工作中不让中层干部参与思考决策，而只是执行落实，那么他们的管理往往疲沓，有时工作开展缓慢，或者产生抱怨。因此，校长要放下架子，要留出空白，要给中层干部以思考的时间空间，要让中层干部思索出管理的良方，要让中层干部在管和理的实践中锻炼才智。事实上，校长对某些事情的"无能"，对管理办法的"求救"，能最大限度地引导中层用心思考工作。有时，校长特意留出任务，让干部接手这个"空白"，全面负责某一工作，实施项目承包制，能激励干部独挡一面，创新工作思路，在具体管理中实践磨练。这样，既体现了校长对中层下属的尊重，又能充分挖掘干部的创造力，并且能使中层干部仔细研究问题，能够为自己的决策承担责任。实践表明，校长适时"无能"，留出空白，能有效引导他们敢想敢做、不断改进工作方式方法，还会赢得管理的和谐顺畅。

## 四、务实表率，引导实践行动

【案例】

一位校长到一所学校任职。新学期开始，校长就要求教务主任给他安排好初三数学教学。教务主任劝道："校长事情多，每周上初一两节政治课吧。以前校长也是这样的。"校长先是疑惑地盯着主任，而后语气比较坚决地说道："我上一个毕业班数学课吧。"看到校长态度坚定，主任也不再说什么。第二天，校长上毕业班教授数学的消息在中层干部中在校园里传开了，好似炸开了一口锅。一位教师意味深长地说："好久没看到正职校长上考核科目啊，这个校长不简单啊。"说来也怪，一些干部原本想脱离一线、做做后勤，现在却一边管理，一边进课堂教学，中层干部的工作也呈现出前所未有的好气象。

虽然校长是领导，是学校的导航者、领路人，但校长也应该是一个教师、一个教育者。"打铁还需自身硬。"要求干部做到的，校长首先要做到。要以身作则，务实表率，这样才能使干部心服口服。校长的表率，还能积极引领干部在繁忙的工作实践中深入研究，认真管理，抓出成效。试想，校长不上讲台授课、不进教室听课，但在开会时大谈特谈课改的理念和操作，教务主任和其他中层能信服吗？校长不研究课题、不撰写教育教学论文，但要求教师注重科研、发表论文，教科主任和干部能信服吗？有人说，一位喜欢阅读的校长，会带出喜欢阅读的干部和教师；一位爱好体育的校长，校园里会弥漫着运动锻炼的气息。这足见校长的"引导"之功啊。"随风潜入夜，润物细无声。"校长务实的行动，干部会看在眼里，化在行动上；校长真实的表率，会产生潜移默化的引导影响。

总之，在学校管理系统工程中，校长是"学校航船"的船长，中层干部则是是各项工作的具体执行者和重要二传手。校长率先垂范，校长在业务发展、在情感沟通、在管理实践等方面，有机引导中层干部，就能引领提升中层干部的能力水平，就能引领学校航船驶入可持续发展的正确航道。

（本文发表于 2015 年《青年教师》）

# 让干部教师变成那个"分粥的人"

一所学校，有校长室和校长，便会有中层部门和中层干部，更有群体教师。如何协调好校内各个部门，如何调动好教师工作的积极性，是每位学校的管理者都在静静思考、暗暗探索的问题。环望学校管理现状，学校的一些中层干部之间可能相互协作出现问题，或工作不协调、相互推诿扯皮，或相互攻击、相互设置障碍；学校工作事务中，一般教师也可能凭借自己的资格，或漠不关心置之不理，或调皮捣蛋故意刁难，这些都使得管理工作陷入尴尬的境地。

看到这种现象，笔者就想起了一个分粥的故事。

有七个人住在一起，每天共喝一桶粥，显然粥每天都不够。一开始，他们抓阄决定谁来分粥，每天轮一个。于是几乎每周下来，他们只有一天是饱的，就是自己分粥的那一天。后来他们开始推选出一个"道德高尚"的人出来分粥。大家开始挖空心思地去讨好他，搞得整个小团体乌烟瘴气。看来这个办法不行。于是，大家开始组成三人的分粥委员会及四人的评选委员会，可是，实行过程中的讨论评议往往变成互相攻击扯皮，粥吃到嘴里全是凉的。最后，某人想出来一个方法：轮流分粥，但分粥的人要最后拿，要等到其他人都挑完后拿剩下的最后一碗。这样，为了不让自己吃到最少的，每人分粥时都尽量分得平均，就算不平，也只能认了。从此之后，大家快快乐乐，和和气气，日子越过越好。

如何"分粥"，这其实是一个管理问题。管理的真谛在"理"不在"管"。管理者的主要职责就是建立一个像"轮流分粥，分者后取"那样合理的游戏规则，让每个员工按照游戏规则自我管理。游戏规则要兼顾集体利益和个人利益，并且要让个人利益与整体利益统一起来。可见，责任、权力和利益是管理平台的三根支柱，缺一不可。缺乏责任，集体就会产生腐败，进而衰退；缺乏权力，管理者的执行就变成废纸；缺乏利益，员工就会积极性下降，消极怠工。只有管理者把"责、权、利"的平台搭建好，员工才能"八仙过海，各显其能"。

由这个分粥的故事，我们不妨尝试实践：要让干部或教师适时地成为那个分粥的人。

## 一、干部"分粥"，巧妙适应，"望尽天涯路"

学校工作管理任务千头万绪，条线众多。有时校长布置一项工作，牵涉到多个部门，需要多个条线的干部予以配合。但中层干部只负责自己的一块，对其他条线不闻不问，配合协作往往漫不经心，造成隔线如隔行的状况。为打破这种局面，一位校长试行了让中层干部"独立分粥"的办法。正好外校一参观考察团来学校参观交流，校长便借此机会退居到幕后。在行政人员会议上，校长把权力给予了教务主任："接待外校参观的任务由教务主任总负责，请各部门配合"。领导们也面面相觑，教务主任更是有点儿像热锅上的蚂蚁，在想：怎么办呀？怎么指挥？平常他只是开开教研组长会议，安排好听课研课等任务，现在一个重要临时接待任务从哪里做起呀？校长看出了教务主任的紧张不安，宽慰他："不要紧的，这项任务可分解成哪几项具体任务？每个具体任务要求落实后，你去协调去检查去修正。"校长的启发，拨亮了主任心头的明灯。于是，他实施了一些行动——请总务主任协同，准备好会场、茶水供应等；请德育主任协同，准备好班级教室包干区清扫、学生养成规范教育等；请教科主任协同，准备好学校特色介绍，等等。在一切安排妥当后，教务主任又对每个项目细细检查，同相关干部交流研讨，督促准备工作的做好做实。准备工作还算有条不紊地完成了。参观接待也终于在教务主任的紧张不安和略显兴奋的情绪中落下帷幕。事后，这位教务主任感慨万千："通过这次接待工作，我了解了各个部门的特点，也能学会各个岗位的工作管理，在参与实践锻炼中提高了认识，增长了综合管理的能力。"

## 二、教师"分粥"，因材施管，"春风吹又生"

一些学校在组织教师理论学习讲座时，部分中老年教师总是姗姗来迟，还开玩笑说："我怎么也要学习啊？我年龄差不多了。"会场上，他们也总是摆出一副老资格的架式，或与你争辩，让你下不了台，或背地里说风凉话、说落后话。有时学校里索性把这些教师撇在一边，但会场之外不三不四的言论，更令领导烦恼。就这样，一个浓厚的研讨气氛就像打了霜的叶子一样蔫了。

怎么对待这些"功成名就"的中老年教师呢？怎样使他们跟着全体老师"齐步走"？王校长从分粥的故事中领悟到，要转换思维视角，要让他们变听为讲，变被动为主动，让他们去"分粥"。讲座论坛活动，除了邀请专家带头人主讲外，也可以就地取材聘请身边的教师"讲讲说说"。于是，在班主任培训会议上，王校长特地请一位资深老班主任姚老师做培训辅导。姚老师回顾了从教以来的经验经历，讲述了班级工作中的精彩故事，还把自己的工作总结为"勤、抓、放、爱"四字。会场上学习氛围非常浓厚，姚老师眉飞色舞，滔滔不绝。青年班主任们听得非常认真，会后他们大加赞赏这样朴素实在的讲座。说来也怪，这以后的班主任论坛活动，无论是其他人的经验介绍，还是领导的工作布置，姚老师都提前到达会场，参加培训活动十分投入。

教师"分粥"，意在引导参与。针对中老年教师，可以利用他们的特长、经验，采取让他们现身说法、向年轻教师开展讲座等方式，促使他们参与到校本活动中来。他们有的善于组织管理、教育学生有一套办法，可让他帮助培训年轻班主任；有的教学业务好、课堂质量高，可让他去听听课指点课堂；有的动手实践能力强，可让他带领年轻教师和学生一起开展有关的综合实践活动。"露露脸、照照面"，让他们讲讲成功做法，说说"沟沟坎坎"，这些就是宝贵的教育培训资源，能够营造出一个有效、务实、探索的教研氛围。这样一来，老教师觉得领导对他们很重视欣赏，渐渐地也加入了学习型组织的队伍，随之而来的是他们的理念做法得到了更新，校本培训也更加和谐有效了。

总之，管理不是压制，而是唤醒；不是机械的杠杆，而是灵活的人本。让干部和教师成为那个"分粥的人"，让他们全权负责某项工作，激发了他们工作的积极性，使他们设身处地想事情、换位思考做事情，培养了他们的主人翁意识，全面提升了干部教师的素质和能力，也为学校管理的和谐顺利奠定了扎实的基础。

（本文发表于 2016 年《河北教育》

# 要让管理"下基层""接地气"

有一位教师，教而优则仕，在学校里当干部。笔者问他最近工作怎样、是否还在一线上课，他笑笑说："在学校做管理工作，坐坐办公室，课就不上了。""你数学课上得很好，怎么说不上就不上呢？""领导要我做管理，我就不上课了。"很显然，这位担任副校长的教师把担任副校长和上课对立起来。在他看来，管理就是坐坐办公室，就可以不上课。笔者听后，不敢苟同。管理不是凭空的，管理也不是简单地坐在办公室里发号施令。那么,在当今形势下,怎样才能把"管理"引向深入呢?怎样让管理下基层接地气呢?

## 一、在带头中引领管理

常听一些校长说,做领导就是把工作分配给别人做。这话对于某些行政单位可能管用,但在学校里可能行不通。因为教师是自尊心比较强的知识分子;在学校里,干部与教师之间不是一种简单的上下级关系,而是一种平等的工作关系。教师可以听从他们的,也可以不听从他们的,这就要看他们的"管理"能力了。如果学校干部自己什么事都不做,也不会做,那么别人就不一定会服从管理。教师是专业技术人员,领导必须懂业务,否则在管理中就很难有发言权。如果是一位分管科研的校长,他自己不研究课题,不撰写论文,那么他怎么领航全校科研呢?如果是一位教务主任,自己上课一塌糊涂,教学质量不佳,那么他怎么在听课、评课方面拥有自己的发言权呢?孔子说:"其身正,不令而行;其身不正,虽令不从。"在满是知识分子的学校,领导不但要在指挥方面动脑筋,更要在带头方面狠下功夫。一位正职校长管理着一千多人的学校,但他仍然上一个班级数学课,同普通教师那样在教学田地里摸爬滚打,在管理过程中充分发挥了模范带头作用。领导只有在自身教学和分管事务上带头探索,并且有一定的成绩,才能在教师面前树立威信,才能引领管理。

## 二、在巡视中夯实管理

善于发现问题和解决问题是管理者的一项基本功。怎么样才能发现问题呢?怎样落实好这项管理基本功呢?那就要管理者坚持不懈地去巡视,脚踏实地地去洞察。因为校园时时变化、师生时时发展,总有问题现象时时在萌芽露头;只有在巡视洞察中才能发现问题,摸准脉搏,提高管理的针对性有效性。经常看到这样的现象:几位学校领导在办公室里深居简出,高谈阔论,讨论热烈,对学校内部提出这样那样的决策措施。而很少到教师中间探望,很少到学生那里观察,很少到校园内巡视。有些领导早晨一到学校,就进入办公室;下午也从办公室走出,走向校门。在他的心目中,办公室就是他的管理重地。这样的领导在管理中,就可能看不到各种问题现象,把握不住管理的实质。我们认为,发现问题是提升管理水平的一个重要环节;发现问题存在于认真的巡视中,存在于细心的观察中。巡视是一种"沉下去"的姿态;深入工作一线,深入到工作现场,了解实际工作,就会从中发现问题。发现了问题,就抓住了管理的脉搏,继而及时采取措施,调整策略,使问题得到圆满解决。

## 三、在指导中落实管理

管理做事最忌讳的是甩手，做事只"管"不"理"，就是把工作布置下去，不去分析指导，不去总结，认为别人一定会按方案做好。一位新教师带班级，可能经验不足，导致教室纪律乱哄哄、班级氛围不正常。学校分管校长总是横眉竖眼，指责某位新教师缺乏班级管理能力。该教师为此情绪低落、一蹶不振。后来，一位中层干部接近新教师，肯定了他的工作热情，并热心地为他出谋划策——指导新教师：要建立常规制度和班级公约、要挑选得力班干部协助班级管理、要关心诱导"刺头学生"发挥特长、要开展活动展示教师特长让学生信服，等等。在这位干部的悉心指导下，该教师的班级很快走上了健康发展的轨道。新教师是在实践中增长能力的；新教师所需要的不是指责，而是实实在在的分析指导。领导的管理就要体现在指导中，体现在具体的操作中。在工作的过程中，给具体实施者一个指导甚至是具体的操作方法，授之以渔，这才是一个有用的管理。只有把管理落实在指导中，工作才能顺利推动，才能富有成效。

## 四、在欣赏中体现管理

管理，不是一个人的管理，学校管理牵涉到学生，更牵涉到教师。由此，在管理中要调动教师的工作积极性，充分发挥他们的主观能动性和创造性。要积极并善于发现每位教师身上的闪光点，以积极、健康、阳光的心态去发现、去欣赏；少一份挑剔，多一份感激；少一些隔阂，多一些融洽；少一些指责，多一些理解；在真诚、尊重、赏识、宽容中体现管理，将管理潜移默化地落到实处。某位校长在管理中十分尊重下属人员，对他们提出的积极建议微笑接受、认真采纳。他的口头禅是："你的建议不错，我们试试看吧。"当建议推行不错时，校长扬起大拇指加以点赞；当建议需要调整时，校长也总是微笑而言："你的点子不错。我很欣赏。你的积极思考，启发了大家的思路。"真正的管理，是以信任为基础，通过别人的努力，从而推动工作的顺利进行。作为管理者，要期待教师的努力，看到教师的努力，欣赏教师的努力。这种期待这种欣赏，就是一种无形的力量，能够激荡教师的内心，使教师自身价值得到彰显，心理上精神上都获得较大程度的满足，工作的干劲更足了，从而使管理健康和谐、深入有效。

总之，管理并不意味着"绝对权威""高高在上"，管理也不是简单地"按章办事""服从命令"。管理是一方民主开放的平台，是一个和谐互动的空间。学校管理者，只有对自己严格要求，深入一线观察思考，不断完善关心指导，充满热情欣赏期待，才能让管理下基层接地气，才能将教师的工作积极性发挥到最大限度，才能让管理工作发出幽幽清香、结出累累硕果。

（本文发表于 2017 年 10 月《教书育人 教师新概念》）

# 做一个"五有"的管理者

学为人师，行为示范，校长的一言一行，一举一动，影响到每位教师，波及到上千名学生。一所学校办得好与不好，是与校长的思想境界、自身素质密切相关的。因而，怎样管理学校、管理措施如何落实，是每一个有为管理者值得深深思考和努力付诸实践的课题。笔者认为，在教育管理实践中，应努力做到"五有"，务实提升学校管理水平。

## 一、巡视发现，做一个有"问题"的管理者

有人说，管理就是发现问题和解决问题。问题哪里来？问题不会从天上掉下来，也不会简简单单地从脑海里生出来。"没有调查就没有发言权。"学校干部不能只坐在办公室里运筹帷幄，更不能只凭教师的汇报了解情况，必须走出去，走到校园里、走到课堂上、走到教师学生中间，用自己的眼睛发现问题。问题就是从每日的校园巡视中来。每天巡视校园，可以敏锐发现教育教学乃至学校管理中的问题。来之于实际的问题，往往是真实的问题；来之于实际又是亲自观察发现的问题，往往是真实真切真情的问题。校长巡视校园，多到校园走走，会有惊人的发现：会发现部分学生空着手上学、空着手回家；会发现某位学生被老师"罚"出了教室；会发现某堵白色的墙壁有几处脚印；会发现教师办公室空无一人，而电灯电扇却亮着开着……校长的校园巡视，显微镜似的观察和思考，会直接指向管理上的真空和漏洞，从而更好地分析问题、解决问题，更好地提高学校管理的针对性和实效性。因而，笔者坚持做到每天巡视三次以上。早晨到校后和傍晚离校前，总是把校园走个遍，去宿舍看看，去食堂瞧瞧，去教室瞄瞄，沿着围墙走一走，顺着操场跑一跑，依着校道遛一遛。每天中午，笔者习惯性地督促教室里的学生，看看办公室里的老师。这样的每天巡视校园，又从中了解到学校政令的执行情况，了解到一线师生的呼声，从而为促进校园和谐想方设法。

事实上，只有多到校园走走，才能最大程度地保证校长决策的正确和施政的有效。如果认为"天下太平"，各项管理都没有什么问题，其实恐怕不是问题不存在，而是自己转得少、看得少、到位少，没有发现问题罢了。巡视发现问题，这正反映了校长注重调查、注重实际、扎根基层、务实管理的工作作风。这是在行政楼里深居简出、在办公室里发号施令的工作现象所无法比拟的。

## 二、研究思考，做一个有办法的管理者

在管理工作中经常会遇到这样那样的难题，有些是普遍性的，比如学生跑操队伍不齐的问题、评课流于形式的问题、作业讲义偏多的问题等，大会小会开了不少，各种要求提了不少，但是收效甚微，时间久了有的干部也开始大摇其头，觉得没有办法。于是，学校的管理工作可能就在干部的思想疲沓中逐渐懈怠，有的方面甚至停滞不前。

"办法总比困难多。"如果一个校长仅仅满足于获得经验而不对经验进行深入反思，那么只能是一个操作型校长。思考反思是校长进行学校管理的法宝。作为一个学校管理者，可以从微观角度上评估教学的亮点不足和各项措施的影响反应，也可从宏观层面上反思自己的教育理念、管理思想。只要做一个有心人，炼就一双火眼金睛，那么自己教育教学中乃至身边的种种现象，都值得思考研究。我们可以思考心理偏差学生的教育方法，思考如何避免学生中的抄作业现象，反思双休日对学生教育的影响，反思教学措施带来的变化，反思学校特色的发展轨迹和特点，等。有的放矢地去反思，带着问题去学习、研究、实践，就能不断地解决教育教学中的实际困惑，为教育教学管理拨正航向。有时，即使不研究其他问题，也要对自己的工作进行一番反思：反思自己一天的工作有什么地方不到位或有哪些失误、失误的原因是什么；思考工作的任务完成了没有、目标达到了没有、有哪些经验教训。思考一个现象，研究一个问题，提出一个方法，落实一个措施，天长日久，就是一笔非常宝贵的精神财富、理论精华。

"做思考的实践者和实践的思考者。"这是教育大家的至理名言。唯有在实践中思考，在成功中反思，在失败中反思，才能与时俱进，才能促使学校健康和谐地发展。

## 三、亲近教学，做一个有课堂的管理者

作为校长，应该认识到：学校的中心工作是教育教学。一个不倾心关注、指导和研究教学工作的校长，不是真正称职的校长。虽然校长是领导，是一个学校的导航者、领路人，但校长更应该是一个教师、一个教育者。现代教育大家陶行知、陈鹤琴等当初也当过校长，都曾亲自上阵，从丰富的教学体验中逐步形成了自己的理论与实践。一些校长嘴巴上讲"深入教学"，可自己不上讲台不兼课，不进教室不

听课，往往在办公室里拍着脑袋想计策，推出一个又一个"金点子"。这样的校长，能说他了解教学动态吗？能说他对课改做到心中有数吗？能说他是学校教学的管理者和研究者吗？

课堂是最直接的教研基地，也是校本教研的重要源泉。让教学组织指导植根于课堂，解决课堂教学中的实际问题；让教学研究实验立足在课堂，研究效应直接体现在课堂，这是校长指导校本教研、管理学校教学的一项不可推卸的职责。因而校长要亲近课堂，要上课听课。亲自上课，能够发挥出自身的引领、指导作用，能够触摸课程改革的脉搏，积累丰富的实践经验。深入听课，能够切实了解教师的课堂教学水平，做到心中有数；能够有效关注到教师的课堂教学效益，做到因课指导；能够及时发现教学管理乃至学校管理中的疏漏和薄弱环节，做到即时把握，完善改进。总之，亲近课堂，积极上课听课，将为校长指导教学、管理学校提供了鲜活的第一手资料。

## 四、认真读书，做一个有书香的管理者

我们管理者常常抱怨没时间读书，不是应付这个检查、那个评比，就是参加会议、汇报工作，这样总能找到自己疏远读书的借口。其实，校长尽管时间很紧、工作很忙，但是读书时间总能挤出来的。在检查过后，在会议间隙，在幽静的晚上，校长有支配自己读书的时间。每晚临睡前，笔者便津津有味地翻起教育类的书籍与杂志：读名师的教育专著，爱的阳光温暖笔者的心田，教育智慧积淀脑中；一些专业杂志也让笔者大开眼界，教育理念逐渐更新。笔者捧着《给校长的建议101》，触摸到省内名校长的教育思想，感受到了他们的管理魅力；捧着《透视名师课堂管理》，笔者揣摩了名师课堂教学中的招式，萌发了组织教师学习精彩课堂的念头；捧着《英才是怎样成就的》，感悟了"只要方法得当，每个学生都可能成为英才"的理念，体会了教育的魅力和父母的作用。读书给了笔者很多启示，让笔者在思考和学习中学会管理。

学习使校长博学多才，常教常新，常理常新，魅力十足。读教育经典，读人文书籍，甚至，读写学生的书、学生自己写的书、学生中流行的书，走进学生心灵，广泛猎取充电，不断"丰满自己"，"煽动"起全校师生的读书热情。让读书成为一种生活、一种习惯、一种需要，夯实自己的文化底蕴，增长自己的管理智慧。唯有如此，才能以源源不断的活动滋养、充实师生的心灵，才会更加胜任灵活多变的管理工作。

## 五、助人成功，做一个有指导的管理者

"一花独放不是春，百花齐放春满园。"作为校长，不仅自己要成功，更要带动班子成员成功，更要帮助教师、学生成功。校长常常为他人的成功而"欢呼雀跃"，也

常常为他人的"失误""失败"而痛惜不已。校长要想方设法促进教师专业成长，尽心竭力培养教师青年干部。要充分满足教师成长的需求，积极地为每个教师设置就近发展区，促使教师明确目标，跳一跳摘果子。要千方百计为教师争取展示自我的机会，可以对教师进行适度的"包装"，让教师作为学校的代表隆重推出；可以跟有关教研部门加强沟通，让上级部门关注学校青睐学校教师；可以热情承担各项教研活动，做教研活动的"热心人"，让学校教师在教研活动中崭露头角，尽最大可能给学校教师展示自我亲近成功的机会。要对教师换一种方式定位，争取发挥教师的特长，想方设法为教师提供最近发展区，为其提供一切有助于他发展的条件，他的潜能才能得到充分的展示。

校长应有宽广的胸怀，让教师们勇敢地超越自己，绝不压制任何人才。应有博大的气度，为他人成功舍得投资。只追求自己教业的成功，而不关心属下的进取；只捞取自己事业的荣誉，而不关注属下的努力，这样的管理者是心胸狭隘的人。放眼芳草满园春，"兵强马壮我安"——这才是有为校长的助人成功的魅力所在。

总之，学校管理，方方面面，多种多样，涵盖了各个角落，存在于多种方式。但笔者认为，巡视校园、亲近教学，会直接激发校长管理的源泉；研究思考，会直接表达校长管理的内容；认真读书，会直接增长校长管理的智慧；助人成功，会直接增添校长管理的魅力和价值。因而，这"五有管理"，能够以少胜多、以简胜繁；这"五有管理"的良好习惯，必将引领我们学校管理者守望着这片多姿多彩的管理天地。

（本文发表于 2015 年 9A《江西教育》）

# 做一个有情有味的校长

学校的管理主要是人的管理。人有七情六欲，教师有困难，有愿望，有内需，有疏忽。在学校管理中，校长要树立自己的威望，有效地实施自己的管理理念，就要充分利用人格因素，充分尊重教师信任教师，体贴教师，做一个有情感有品位的校长。

## 一、设身处地，有难去帮助

【案例】

叮铃铃——放学时分，校长室的电话急促地响了起来。校长拿起电话，那端即刻传来了门卫的声音："校长不好了！吴老师的汽车……碰倒了学生……在校门口……。"校长陡然紧张起来：放学时，校门口人多车多，学生也拥挤着出校门，教师开车要出校门，一些家长总是蜂拥在校门口向校园张望着……。校长随即打电话问值班的副校长，副校长一副轻描淡写地样子："车子碰到了学生。学生脚痛，哭着。不过应该没问题。吴老师已经送学生去医院了。""哦——"校长松了一口气。想着这个问题，校长再也不能平静了。校长联系了吴老师，回答是："马上到医院。好像问题不大。"虽然是这样回答了，但声音明显轻声低调。校长想起吴老师是一位刚工作两年的新教师，可能校门口走得匆忙，车里可能只有他和那个碰擦学生。想到这里，他告诉吴老师：到医院后让学生马上就医，校长随后赶到。校长赶到医院，和吴老师一起陪着学生拍片。学生家长过来了，校长又是述说事情经过，又是表示歉意。还好，学生没伤到骨头，只是红肿淤血。在配点儿药后，学生和家长离开医院。吴老师噙着眼泪，说："校长，谢谢你的帮助。"

应该说，每一个人都是血肉之躯，有情感有心理，也都有一些难事、一些沟沟坎坎。校长在管理工作中，就要从教师的困难出发，实事求是地去帮助解决。这样就能赢得教师的尊敬和佩服。案例中的新教师遇到事情、孤独无助时，校长亲自上阵，肩并肩地和他站到一起，这是多么大的安慰啊！设想一下，如果校长不陪着教师和家长交流，家长可能会劈头盖脸地指责教师，可能会使教师脸面尽失。校长陪护援助，对当事教师实在是莫大的安慰。一位教师家庭经济困难，因要购房，愁眉苦脸，校长听说后雪中送炭地借款，这位教师感激涕零；一位教师的爱人一时工作没有着落，校长主动联系兄弟单位和相关领导，为工作一事奔走帮助，教师就把这份谢意倾注到学校工作中。难了，帮一帮，可能是小事一件，但它深层次地唤起了教师对校长对学校的认同心理，激发了教师工作的积极性！

## 二、严格要求，有事去催促

【案例】

"喂，你收到校长发的信息了吗？"办公室里，沈老师问着李老师。教育局要组织青年教师教学基本功比赛，学校根据分配的名额，推选了沈、李、王等三位教师。"校长说，下个月月初要比赛了。我们真的很忙啊——"两人感叹着。周五晚上，叮咚一声，沈老师的手机上又收到一条信息："沈老师，你好！为迎接基本功比赛，下周学校将邀请一位名师来校辅导。同时也请你在课余时间要复习好有关教学理论，材料见2015年的《教育增刊》。"看着信息，沈老师既有点儿怨烦校长，怨烦校长晚上还来信息打扰，又有点儿感谢校长，感谢他及时提醒，实实在在地催促，把材料的来源都告诉了教师。看着信息，沈老师决心合理安排好休息和学习，努力为比赛做准备。过了几天，沈老师手机上又来了一天信息："沈老师，本周六基本功比赛，请你为了自己的业务成长，高度重视，认真复习。相信你能为自己添彩、为学校增光！"看着信息，沈老师和李老师都嘀咕起来：校长的信息，既是催促，又是一种正向能量。两位教师读着信息，心中倍受鼓舞："校长工作这么细心周到，我们要奔跑起来，拿出实际行动！"后来，这三位教师在基本功比赛中都榜上有名，踏上了专业发展的健康轨道。

在学校工作中，教师要担任繁重的课务，也要突出育人，还要其他杂七杂八的事情。应该说，每个人都很忙。校长觉得，在忙的同时，更要对教师严格要求，提醒教师做好有关事情。设想一下，案例中如果学校对基本功竞赛事情简单布置一下，没有三番五次地加以提醒督促，那么三位教师可能竞赛成绩不够理想，可能从此对专业发展有点另眼相待了。"罗马不是一天建成的。"如果只是严肃地下达任务而不督促，没有温馨的提示，没有方法的指点，没有情感的交流，那么教师工作的热情可能不会很高涨，完成任务的质和量都可能受到影响。正因为校长的严格要求，校长"烦躁"的督促，教师们在繁忙的工作和生活之余也把这事放在心头位置了！某名校长每月要求老师写教学随笔和论文，并设定了上交的日期和有关要求。在校长的"威逼"下，教师每月都完成了这个"苦差使"，但后来，教师们渐渐以苦作乐，渐渐苦中有乐，渐渐乐在其中了！严格要求，严格督促，就能使学校管理趋向精致而有效、到位而深入。

## 三、真诚热情，有需去指导

【案例】

"小李，明天教研员来校听课。你今天是否试上一下，以磨磨课呢？"校长来到了老师办公室，微笑地对小李说。小李是去年上岗的新教师，担任了两个班级的语文教学，工作热情高。小李本来不打算试上磨课，校长的一番问话，使得他立即协调好课务，邀请了校长和几位同事来听《相见欢》一课。听课后同行教师都说了些表扬的话语，校长也微笑地予以肯定，大加赞扬小李老师基本功好、课堂组织环节清晰。而后，两人私下交流时，校长直截了当地指出小李要重锤敲打"人物介绍"的环节：要适时插入，不要古板地在导入环节后介绍作者；介绍时内容要有所选择，要服务于课文重点理解，不要眉毛胡子一把抓。一席话，说得小李频频点头。拿着精心修改的教案，小李老师在教研员面前有了底气。新教师的精彩亮相，马上赢得了教研员的好感。"这是一棵苗子，可以好好锻造。"小李听到了教研员的话，心底里感激着校长的指导。

应该说，校长都有着这方面或那方面的特长。在教师管理中，校长就要发挥自己的优势和长处，把这种优势和长处落实到教师的指导中；就要真诚热情，使教师切身体会到校长的关心厚爱。案例中，教研员要来校听小李老师的课，校长可能在语文教学方面有独到见解，就热情地"凑"上去，在大家面前表扬新教师，指导新教师在某个教学环节再思考再修改。正是这样的指导，使得小李老师"如沐春风"，学到了方法，提升了能力。在现实生活中，校长的兴趣、爱好和才能是各不同的，有的精于写作，有的精通教学，有的擅长学生管理，有的通晓演讲，等等。这样，校长在管理过程中，就要使出这样的看家本领，给教师具体的指导、具体的操作方法，授之以渔，让教师佩服校长，爱屋及乌！只有把管理落实在指导中，工作才能顺利推动，才能富有成效。

## 四、因势利导，无言去关心

【案例】

今天是周一，校长值班。叮铃铃——中午自修课的铃声响了起来。校长抖了抖衣服，照例精神抖擞地向教室方向走去。按照学校规定，自修课教师，可以不讲课，但须在教室维持秩序、督促学生自修作业。随着铃声，校园顿时安静下来。校长微笑地走着看着。教室里，教师有的在个别辅导，有的在凝神关注着学生，有的在批改作业。

转到三楼，嘻嘻哈哈的声音传了过来。走近教室门口，声音顿时消失。校长一看，教室里没有教师。校长心头的火冒了上来：谁怎么这么不负责任？但转念一想：教师可能有事情吧。校长打开手机备忘录，一查：哦，是黄老师。校长记得，黄老师有两个孩子，小儿子两岁，丈夫又在外地工作，每天中午她都要回家帮助婆婆照看一下孩子。可能今天有事情耽搁了？想到这里，校长就走进了教室，微笑地对大家说："老师马上过来了。大家要注意自修纪律。"同时，校长给黄老师发了一则信息："黄老师：今天3班的午自修轮到你。有什么情况吗？如果有事，我先给你照看着。"在校长的关注下，教室里安静下来了。五分钟后，黄老师出现在教室门口，很尴尬的样子。校长大大方方地迎了上去，脸带微笑："你班的学生很乖的。你辛苦了。"校长走了，教室里一切正常。事后，黄老师来到校长室，校长仍然微笑地招呼着："没事，没事。"看到校长这个样子，黄老师眼里噙着激动的泪花。此后，黄老师一直很准点地在自修课时看护学生。

诸葛亮一生谨慎，却仍有大意失街亭的过失；老师们工作再努力，有时也会出现这样那样的小疏忽。何况教师们在现实生活中为家庭所累，为身体所累。案例中的黄老师，工作认真，但家庭事务使她不能准时到教室。校长巧妙地以信息提示黄老师，又以自己亲自在教室看护的举动，表达对黄老师的关心。设想一下，如果校长看到教室里没有教师，火急火燎地打电话催促，那么黄老师肯定会没好声地应答，或者索性人在学校也不进教室了，那样肯定会失了和气，造成关系紧张。校长默默地帮教师看护学生，而后微笑地离开教室。这样的举动，既感动了教师，又使老师产生了无言的羞愧自责。"此时无声胜有声！"当教师因事有小疏忽，做得不到位时，校长就要因势利导，以无言去关心。教师不需要大声的批评，不需要雷霆的呼喊。校长的轻轻点拨、无言的提醒，会使彼此心理趋于和谐，会使教师对校长产生了特殊的信任与感激，使两者之间有一股真情之水在流淌。

人本主义理论告诉我们，人人都有追求成功、追求自我实现的愿望，作为特殊知识分子阶层的教师，这种愿望更加强烈。校长在学校管理中要以人为本，要设身处地地帮助、严格要求地催促、真诚热情地指导、因势利导地关心。只有这样，才能以情感人、以理服人、以德治人，焕发出校本管理的无穷魅力！

（本文发表于2017年12月《中国农村教育》）

# 做一个有点儿境界的学校管理者

中小学校长是学校的法人代表，是学校行政方面的第一责任人。学为人师，行为示范，校长的一言一行，一举一动，影响到每位教师，波及到上千名学生。一所学校办得好与不好，是和校长的思想境界、自身素质密切相关的。因而，作为学校管理者，非有点境界不可。

## 一、做一个以德服人的管理者

校长带领的是一批具有较高学历的知识分子，他们有较高的知识和道德修养，有较强的事业心和自尊心。但是他们之中有的人也不乏盲目自信和清高，往往用怀疑的目光审视一切。因此校长既要看到教师的高贵品格，经常肯定和表扬，又要正视教师身上的弱点、问题，不断提出善意的批评，但切不可颐指气使指责训斥。校长要讲究感情投资，要了解人、尊重人，及时化解教师心中的郁结、矛盾，解决他们的实际困难，创造一种融洽的人际关系氛围，科学地调动人的积极性。

校长要充分发扬民主，办事要公开阳光。凡是有关学校改革和发展的重大问题、涉及教职工的切身利益的事项、群众普遍关心和反映强烈的问题，都要在充分发扬民主的基础上予以公开，按原则进行公示，做到公正公开公平，实施"阳光工程"。这样，一方面增强了工作的透明度，杜绝了不正之风，另一方面能使广大教职工真正成为学校主人，增强主人翁的责任感。

校长应豁达大度，出了问题要在主观上查找原因，分析问题出现的症结。如果是自身的问题，自己要彻底反思，并认真改正；如果问题出在教师自身，最好不要动怒。"校长要当好教师的心灵按摩师"，要冷静分析教师心理和出现问题的客观原因，然后耐心启发疏导，晓之以理，动之以情。校长要在遵纪守法、清正廉洁、教书育人、改革创新等方面时时、处处、事事以身作则，起模范带头作用，这样才能博得教职工的真心佩服。

## 二、做一个亲近课堂的管理者

作为校长，应该认识到：学校的中心工作是教育教学。一个不倾心关注、指导和研究教学工作的校长，不是真正称职的校长。虽然校长是领导，是一个学校的导航者、领路人，但校长更应该是一个教师、一个教育者。现代教育大家陶行知、陈鹤琴等当初也都当过校长，都曾亲自上阵，从丰富的教学体验中逐步形成了自己的教育理论与实践。一些校长嘴巴上讲"深入教学"，可自己不上讲台不兼课，不进教室不听课，往往在办公室里拍着脑袋想计策，推出一个又一个金点子。这样的校长，能说他了解教学动态吗？能说他对课改做到心中有数吗？能说他是学校教学的管理者和研究者吗？

课堂教师是最直接的教研基地，课堂教学是校本教研的重要源泉。让教学组织指导植根于课堂，解决课堂教学中的实际问题；让教学研究实验立足在课堂，研究效应直接体现在课堂，这是校长指导校本教研、管理学校教学的一项不可推卸的职责。因而校长要亲近课堂，要上课听课。亲自上课，能够发挥出自身的引领、指导作用，能够触摸到课程改革的脉搏，积累丰富的实践经验。深入听课，能够切实了解教师的课堂教学水平，做到心中有数；能够有效关注到教师的课堂教学效益，做到因势利导；能够及时发现教学管理乃至学校管理中的疏漏和薄弱环节，做到即时把握，完善改进。总之，亲近课堂，积极上课听课，能够为校长指导教学、管理学校提供了鲜活的第一手资料。

## 三、做一个文化熏染的管理者

在学校管理中，要制度先行，但也要文化熏染。学校文化是一种气势，是一种相对稳定的校园心理现象。学校文化一旦形成，将会对学校办学行为和教师的教育行为产生导向、内聚、激励、约束作用。它能以一种无形的精神力量引导、规范、约束和激励人们潜心研究，忘我工作，实现人生价值，达到"不法而治"的目的。一所学校如果不能形成属于自己的积极向上的学校文化，而只靠外部力量强制管理，那么这所学校就很难有长久的生命力、凝聚力和竞争力。学校管理者既要重视显性文化，比如学校的校训、校魂、宣传栏、悬挂的格言警句、校园中的一草一木等，更要重视隐性文化的建立和传统文化的传承，比如良好的学校风气、浓厚的学术研究氛围；教师对学生富有爱心，具备较强烈的上进心等。如果能够建立一种和谐优美、奋进向上的校园文化，让学校具有浓厚的文化气息，那么全体教师就会在学校深厚文化底蕴的熏陶下致力于教育教学、业精效高，那么这所学校在社会上就会有极高的声誉，学校的发展就会显示出强大的后劲。

学校文化是一种"无言之言"，是无处不在、无时不在的人文气息、精神氛围，是全体师生与众不同的气质、风度、习性、心态……文化将学校形象充盈得鲜活、饱满，将在师生心灵中实现"软"着陆。因而，用文化管理学校，是每一个有为管理者值得深深思考和努力付诸实践的深远课题。

## 四、做一个助人成功的管理者

"一花独放不是春，百花齐放春满园。"作为校长，不仅自己要成功，更要帮助他人成功，更要帮助教师、学生成功。校长常常为他人的成功而"欢呼雀跃"，也常常为他人的"失误""失败"而痛惜不已。要想方设法促进教师专业成长，尽心竭力培养教师青年干部。要充分满足教师成长的需求，积极地为每个教师设置就近发展区，促使教师明确目标，跳一跳摘果子。要千方百计为教师争取展示自我的机会，可以对教师进行适度的"包装"，让教师作为学校的代表隆重推出；可以跟有关教研部门加强沟通，让上级部门关注学校，青睐学校教师；可以热情承担市片各项教研活动，做教研活动的"热心人"，让学校教师在教研活动中崭露头角，尽最大可能给学校教师展示自我亲近成功的机会。要对教师换一种方式定位，争取发挥教师的特长，想方设法为教师提供最近发展区，为其提供一切有助于他发展的条件，让他的潜能才能得到充分的展示。

校长应有宽广的胸怀，让教师们勇敢地超越自己，绝不压制任何人才。校长应有博大的气度，为他人成功舍得投资。只追求自己人生的成功，而不关心属下的进取；只捞取自己事业的荣誉，而不关注属下的努力，这样的管理者是心胸狭隘的人。放眼芳草"满园春"，"兵强马壮我安"——这才是有为校长的助人成功的魅力所在。

## 五、做一个与时俱进的管理者

校长是一所学校的灵魂，要有较高的思想品德素质，还要有出色的教育教学艺术和管理水平，时代在不断前进，学生在深刻变化，教师在积极成长，这就要求学校管理者与时俱进。

要与时俱进，校长要保持一种学习状态。学习使校长博学多才，常教常新，常理常新，魅力十足。与时俱进的最佳途径是读书：读教育经典著作，领略教育大师的风采，体验大师的心路历程；读教育书刊，常了解教师在思考些什么，在做些什么；读人文书籍，不断拓展自己的人文视野，提升自己的品位；读写学生的书、学生自己写的书、学生中流行的书，走进学生心灵，了解学生所思所想，广泛猎取，不断充电，不断"丰满自己"，给教师们一个"听君一席话，胜读十年书"的感受，"煽动"起全校师生的读书热情。

要与时俱进，就要不断反思自我。反思自己的教育行为乃至教学细节，反思自己的管理措施乃至管理要素，使教育管理的缺憾降到最少。我们既要从宏观层面上来反思自己的管理思想、教育理念，也要从微观意义上评估教育管理的能量效度和教育管理对于师生个体的影响。"做思考的实践者和实践的思考者。"这是教育大家的至理名言。唯有在实践中反思，在学习中反思，在成功中反思，在失败中反思，才能与时俱进，才能促使学校健康和谐地发展。

（本文发表于2012年《学校管理》）

# 第五章　创意管理

　　《礼记·中庸》有言："唯天下至诚，为能经纶天下之大经，立天下之大本，知天地之化育。"《礼记·大学》说："大学之道，在明明德，在亲民，在止于至善。""学以求真，行以至善"，我们的教育是追求"求真至善"的过程。作为校长要以"求真至善"的理念营造浓厚的校园文化氛围，以"精致"的管理奠定学校发展的基石，以"至善"的思想提升教学质量和竞争力，以"至真"的管理夯实教科研管理。作为校长，要打造一支队伍，培养一批师德高尚、业务精湛、脚踏实地、锐意进取、充满活力的"真善"特色骨干教师。作为校长，要搭建一个平台，将"求真至善"的创意思维培养纳入管理制度，培养探求真相、追求真理的教书育人者，培育"向善向上、明辨是非、品行优秀、学养深厚"的真善学子。总之，要用"求真至善"的理念来构建学校教育价值观，努力追求教育本真，用教育的真谛引领学校发展。

# 构建学校"习得教育"文化
# 特色建设的实践与研究

长期以来，由于管理的僵硬及沉重的升学压力的影响，千校一面、缺乏个性生气的现象普遍存在。因而在当前课程改革的背景下，努力发掘学校教育资源，精心打造学校教育品牌，争创办学特色，对于发展学校的优质教育，提升学校的教育品质，打破千校一面的单一模式，有着十分重要的意义。

我校顺应教育改革的形势，从学校传统教育强项"劳动与技术教育"入手，用行为引导法，构建并实施以"研究性学习"为核心的、富有学校特色的校本课程——项目学习课程，以促进学生综合素质的发展和学校个性化发展。而后在优化"项目学习"课程形态的基础上，发掘"习得教育"的特色内涵，注重让学生在"习"中得、边习边得，注重"习得教育"的文化建设，学校办学水平和教育质量得到了切实的提升，学校两度被命名为3A级特色学校，摘取了"文化型特色学校"的桂冠，学校走上了科学发展的"康庄大道。"

## 一、咬定青山不放松，文化建设显山露水

我们认为，作为一所学校，要想成为教师和学生的精神家园，文化建设当是应然且必然。我校在文化建设上思考着、摸索着、实践着，坚持在传承中发展，在发展中转型，努力培育"习得教育"特色文化，构想用"时习"方法教学生学知，用"至真"理念育学生成人。

### （一）以传承为基调，营造"习得教育"校本环境氛围

学校现形校址，是21世纪初易地新建的。在新校舍的建设过程中，学校领导十分重视校园环境建设和校园文化韵味，美化绿化校园环境，形成了雅致的园林化校园环境。近年来学校把环境文化建设纳入学校总体发展规划之中，以传承为基调，因地制宜制订了学校文化环境建设方案，在传承中丰富以"习得教育"为主旋律的特色文化的元素。

**1. 激活人文景观的育人功能**

我们专门组织骨干教师，对校园人文景观进行描述解释，考证说明，然后由项目学习课程开发小组开发成为"校本项目学习教材"：《校园人文景观》，在初一年级中使用，在研究性学习课程中实施，在班会活动中强化，在学校项目学习节上展示。这样每年新入校的学生，就会在学习和实践中了解家乡文化、热爱学校，激发学习热情，启迪励志愿望，学做时代真人。

**2. 增设"习得教育"的人文景点**

首先是"习得教育"特色书："习得教育"是学校校本项目学习教育特色的概括。习得教育特色与升旗台上镌刻的"心灵手巧"呼应，彰显了学校习得教育追求：习而手巧，得之心灵。其次是"时习至真"校训墙："时习至真"是对校本项目学习课程形态和习得教育特色内涵的提升，校训墙上方的梅花形钥匙，其寓意为"时习至真"犹如梅堰中学的一把钥匙，将打开"习得教育"之大书。

**3. 刷新校园环境的文化氛围**

首先组织力量给校园内的景点、大道、楼名进行统筹命名。命名了"梅苑""慎思园""时习园""至真园""博学园"等景点，取名了"习得路""博学路""慎思路""笃学路"等道路，征名了"思齐楼""知新楼""慎思楼"等楼宇。这些名字，点化了静止的东西，使它们具有了文化的神韵，契合了校园学习的本质。其次，发动师生手绘校园地图。一图在手，使学校立体化地变成了"城市"，让学生指点校园、激扬文字，校园的文化氛围十分浓厚。这在农村初中是首屈一指的。

如今，梅中校园处处洋溢着习得教育的气息，弥漫着习得之花的馨香。校门口的龙南风广场，取名与龙南风浮雕一致，源于良渚文化发源地之一吴江梅堰"龙南村落遗址"。其含意是"脚踏农村沃土，传承良渚文化；仰望时代发展，构建和谐校园"。站在龙南风广场上，让教师、学生、家长从浮雕中感受到家乡文化的深厚；从至真园里感悟行知思想的博大；从主题墙上领悟习得教育的追求；从校训墙上体悟时习至真的精神；从重建记碑文上了解梅中发展的历史；从宣传橱窗口领略学校发展的风采。漫步校园，有一种习得教育的文化氛围味道。

**（二）以发展为宗旨，优化"习得教育"校本课程形态**

课程是学校文化的主要组成部分，是学校内隐文化的重要元素。在文化建设的实践中，我们深切感受到，把校本学习课程的开发与实施，内化为管理者、教师、学生的自觉行为，养育成一种教与学的习惯，构建成一种教育模式，那就会形成了一种特有的学校文化。为此，近年来我们着力优化"习得教育"特色内涵的校本项目学习课程形态。

### 1. 强化项目学习课程的主题意识

项目学习作为学校校本化的课程形态，几年来，我们下功夫在校园内强化项目学习课程的主题意识。首先，在学校项目学习实践中心建好了"项目学习"实施展示厅。展示校本项目学习的理念，项目学习的特点，项目学习的流程，项目学习的实践，特别是项目学习的个案以及项目学习实践的成果。其次，在学校教学区布置了"以人为本，项目学习"专题宣传廊。宣传项目学习课程的特征、优点；宣传实施项目学习的方法、实践；宣传学生亲历项目学习的体会、经验等。第三，在校园大道两侧形成了"以校为本，项目学习"主题道。以此来彰显学校项目学习建设的理论依据、校本特点、发展愿景，尤其是校长、教师、学生的实践体会和认识。

同时，学校专门成立了校本项目学习教研组，鼓励有一技之长的教师加入到校本项目学习实验中去，充实开发校本项目学习课程的力量，致力于转型、升级、创新等多层次的开发，以优化项目学习课程的开发实施。

### 2. 深化项目学习课程的课题研究

"十二五"期间，我们以"十一五"积累的一定经验和取得的一定理性成果为基础，针对"十一五"研究主要在于综合实践活动课程领域实践层面的局限性，确定了深化研究的方向：项目学习课程的开发与实施之研究。因为项目学习要成为学校的品牌，需要我们进行项目学习课程的开发与积累，需要各学科领域项目学习课程实施模式和策略。

如今我们编写了具有浓郁地域文化色彩的《龙南陶》校本教材，在局领导的关心下，由江苏人民出版社出版，在全区初二学生中推广使用。2012年，我们又对学校文化资源进行整理和研讨，发掘人文景点内涵，让景点与文化特色建设融合，编写了新一期项目学习校本课程（教材）《校园人文之景》。我们把校园人文之景，整理成一个系列，并且配上一定的文字简介，让学生对校园文化之景，有一个比较完整的认识和印象；把校园人文之景，设计成几个探究性学习版块，让学生对部分景点在研究中有一个深入的解读和理解；把校园文化之景纳入综合活动课程之中，通过课程的实施，让学生在读梅中、知梅中、悟梅中，激发爱梅中的情感，学会探究的方法，提高学习的能力。另外，注意拓宽习得教育的辐射领域，让学生在校园文化建设活动中发展个性，陶冶情操，做学合一，心灵手巧。把原有的"体育节""艺术节""科技节"合并建设成习得杯"项目学习节"。可以说，我校以习得教育为内涵的项目学习课程形态，丰富而多样；其成果实在而有效。

### 3. 实化了以项目学习为特质的"习得"课堂研究

多年的校本项目学习实践，使我们在实践中积累了经验，在反思中优化了环节，在软件硬件上丰实了资源。我们逐步把项目学习的学习方式从综合实践活动课程向文化课程向课堂教学深化拓展。申报了2013年度省立项课题《以"项目学习"优化农村初中课堂教学的研究》，构建基于项目学习为特质的"习得教育"课堂，以形成学校校本化的教与学的模式。

拟订了"习得教育"课堂评价标准，强调教师在课堂上要设计"习"的活动，要指导学生"习"的方法，让学生自主学习研究；强调学生在课堂上要有"习"的时间和机会，要以多种方式参与到"习"的活动中；强调学生在课堂上要完成"习"的任务，要通过多习而"博得"，得到知识、得到方法、得到技能、得到经验、得到体验、得到快乐。召开了专题研讨会，开设了"习得"研讨课，坚持在课堂中发现问题、开展研究，通过课题优化课堂，在不断反思、提炼中实化"习得"课堂，创生"习得教育"文化。在"习得"课堂的研究中，让课堂习以为常、课有所得，让学生时习而学、得之于心，让老师时习以教、得之于行；在"习得"课堂的研究中，学校把文化落实于课堂，使课堂变成了"文化"的重要载体，使"习得"教育的文化弥漫于课堂教学之中。一分耕耘，一分收获。教育局特地在我校召开了品牌初中发展共同体会议，对我校在传承"项目学习"的基础上打造"习得教育"品牌、转型文化型特色发展的成功经验，给予了充分的肯定。

（三）以转型为契机，提炼"习得教育"校本文化精神

大家知道，学校文化之"魂"应该是校园精神。一所学校的特色文化是一种信念和追求，是一种无形的正能量。在教育转型的今天，我们渴望提炼学校文化之精髓。为此：

**1. 邀请领导和专家精准指点**

在文化建设中，我们多次邀请领导和专家来校考察指点。区教育局局长多次听取我校的汇报，指示我们要用文化管理来调动教师、引领教师。区教育局副局长沈正元等领导多次巡察我校校园，指导文化建设的布局方略。区教科室和教研室领导多次来学校考察论证。平望镇领导多次对我校文化建设上的点点滴滴给予倾心关怀。领导的悉心指导，使我们厘清了文化建设的思路。

**2. 多次组织文化建设领导小组人员外出借鉴经验**

平望中学校训墙给我们以很大的启发；七都中学的主题文化墙给我们以有益的借鉴；吴江实验小学的文化建设让我们懂得了文化建设的统筹规划和内在发掘；平望实验小学文化氛围的营造让我们更加明确了文化建设主线贯穿的重要。"他山之石，可以攻玉。"外出考察，坚定了我们的目标，丰富了我们文化建设的内涵。

**3. 多层组织专题论坛，广泛征求师生的建言，研究习得教育特色文化建设**

学校特色建设在校长领导下，组织多层面专题论坛，中层级、教研组级、学生级和建设小组级分别开展研讨活动。大家根据实际，解剖分析；集中智慧，形成共识，加速建设。在文化建设中，我们充分发挥教师和学生的主人翁作用，广泛征求来自第一线教师和学生的直接建议和意见，使文化建设有群众的基础，有家乡的底蕴，有主人的情愫，有集体的智慧。

教师的广泛建言，专家的精准指点，考察的有益启示，论坛的聚力共识，让我们站在校园传统人文的土壤上，集中力量诠释习得教育特色的内在含义，提炼习得教育立校的文化精神。

首先，诠释了习得教育特色的内在含义。何谓"习得教育"？其本意解读为——"习"，在甲骨文的上部是两根"羽毛"，代表鸟的翅膀，下部是个"太阳"，表示百鸟在日光下练习飞翔的意思。广义的理解是：温习、实习、实践、练习、做。"得"，是"获取、接受"意思。广义的理解是：接受知识，懂得道理；得到启发，获得发展……。其校本解读为——学生做学项目学习课程，时习而学，得之于心；教师施教项目学习课程，时习以教，得之于行；学校开发项目学习课程，时习为本，得之于真。

**习得教育要义**：习以为常，日有所得。

**习得教育理念**：以人为本，和谐发展。

**习得教育方法**：做学合一，个性发展。

**习得教育课堂**：项目引领，生命发展。

**习得教育课程**：项目整合，校本发展。

其次，提炼了习得教育立校的文化精神。在文化建设过程中我们逐渐看到文化立校的方向：时习至真。龙南风浮雕上折射出我们校本文化特色的意蕴：传承良渚文化，构建校本课程。梅苑中圣人孔子的名言"学而时习之，不亦说乎"，呼应了我们"项目学习"教育的基本做法，习也，"温习、实习、实践"。至真园里陶行知的名言"教学做合一"，成为开发校本化个性化课程的核心理念；"千教万教教人求真，千学万学学做真人"，更是学校习得教育实践的理想。

总之，"时习至真"是我校文化立校的方向，也是学校升级发展的基础；我们正构想着用"时习"方法教学生学知，用"至真"理念育学生成人。在"习得教育"的文化探索过程中，学生品德发展水平、身心发展水平得到培养，兴趣特长养成得到巩固。在"时习至真"的文化精神影响下，学校进一步提升了教育品质，发展了优质资源，打出了特色旗帜，在市内外引起了积极的反响。

## 二、千磨万击还坚劲，文化征程启思诱究

文化，源于细致，成于极致；文化，始于精心，成于精彩。学校依托"文化"，提升品位；"文化"引领学校，成长师生。回顾学校实施文化管理发展提高的过程，我们作了一番理性的思考，获得了一些的启示。

**（一）理念思想是文化建设的灵魂**

学校文化特色说到底是实践一定办学理念的产物。任何一所文化特色学校必定有一个适应时代潮流和符合教育发展规律的先进理念作支撑。没有理念支撑和指导，特色是难以形成，也是难以持久的。

人们常说一个好的校长能带出一所好的学校。同样，一个有独到教育见解的校长，才能创建出特色学校。苏霍姆林斯基说过："领导学校首先是教育思想上的领导，其次才是行政上的领导。"事实也正是如此，校长工作主要是用正确、科学和先进的教育思想和理念，不断引导全体教职工提高和统一认识，可见校长的教育观念何等重要。因此，校长要具有正确的教育思想，独特的教育理念。该校前任、现任两位校长都是苏州市名教师、苏州市科研学术带头人或学科带头人，他们淡泊名利，胸怀宽阔，潜心钻研，沉入教育。他们研究课堂、研究学生、研究管理，善于从纷繁复杂的教育问题中看出理性的东西、本质的内涵，善于把握剖析学校发展的方向、目标及问题，并形成了自己的教育理念。他们注重文化管理，注重用文化来影响和引领教师。他们认为，学校文化是一种气势，是一种相对稳定的校园心理现象。学校文化一旦形成，将会对学校办学行为和教师的教育行为产生导向、内聚、激励、约束作用。能以一种无形的精神力量引导、规范、约束和激励人们潜心研究，忘我工作，实现人生价值，达到"不法而治"的目的。校长的这种文化意识，就能激起教师思考探究的热情，就能使自己站在更高处把握办学方向，促使学校办出文化特色。

**（二）定位完善是文化建设的切点**

学校文化特色如何定位，是创建文化特色学校的重要一环。学校文化特色建设需要找准一个切入点，这个切入点就是学校的特长、优势和潜能所在，它将是一个学校的闪光点生长点乃至发展点。

**1. 现实基础是创建文化特色的平台**

每所学校都蕴含着丰富的教育资源，但这些资源不会自然形成特色。要对各种资源进行认真发掘和分析。学校的文化特色应该是从本校实际出发、经过深思熟虑提炼出来并被绝大多数教师认可的。学校前几年积极开展项目学习活动，被列入中德劳动技术项目合作学校，有浓厚的项目活动基础，积累了一些经验做法。学校在传承学校"项目学习"的基础上，适应教育转型的形势，适时提炼了"习得教育"的学校文化特色。应该说，"习得教育"既有深厚的实践基础，又具有创新的实践思考；"习得教育"

来之于"项目学习",两者既有传承,又有发展。

### 2.创新是创建文化特色的基本要求

特色本身就是创新。要创建文化特色,教育者自己必先具有文化创新精神。这就需要教师尤其是学校的校长认真反思,锐意改革,勇于创新,大胆试验。在科研效应声名鹊起、文化管理逐渐强化的背景下,该校行政一班人时常围坐一起,讨论反思工作,筹划构想未来。他们认识到,科研兴校是一条路子,但大多数学校都在搞,势头很猛。学校能否借助科研的起跳板来个文化特色上的腾飞超越呢?正由于这样的创新思考和实践,才使学校的创特之路越走越宽广,越走越鲜明。

### 3.文化特色是相对存在的,不是一成不变的

由于过去认识的局限,在新的历史面前很可能需要对文化特色重新思考、重新定位完善。该校开始时提出"项目学习"的特长,后来提出"项目教育"的特点,现在形成"习得教育"的文化特色。三次递进式的定位应该讲都紧扣学校实际,但又有所发展变化。"习得教育"比"项目教育"含义更加广泛,更能密切联系学校实际,更能鼓舞师生大气,更能发挥学校的优质资源。可以相信,植根于教育原野沃土的"习得教育",定能产生一定的影响。

## (三)落实措施是文化建设的保证

文化特色建设是有计划有目的长期的实践过程,需要精心部署,需要采取扎实有效的措施

### 1.文化特色建设需要形成共识

文化理念是抽象的,又是实在的,需要经过艰苦细致的工作,使之成为学校所有成员的共识,成为全体教师的共同目标。该校在创建过程中有针对性地开展了"如何提升学校办学水平"的专题讨论,引导教师转变教育观念,使全体教师认识到,创建文化特色学校是在做好其它工作的基础上的一种提升,是共性和个性的统一。文化特色是一所学校至高至真的特别之处和山峰之巅。学校文化建设工作有坚实的现实基础,又符合时代发展需求,体现发展的前瞻性。有了这样的共识,才使教师对文化特色工作有了自觉行为,创建之花就会越来越茁壮。

### 2.文化特色建设需要科研支撑

创建特色过程就是教科研过程。开展教育科研是学校办出文化特色的重要途径。该校以科研课题为载体,在十一五课题、十二五课题的基础上,积极探索《以项目学习优化农村初中课堂教学的实践研究》这个省级课题,走科研特色之路。学校以科研论坛、课堂教学比武、项目学习课堂构建等科研活动为抓手,指导学校的文化特色建设;既深化了课题研究,又使课堂成为文化建设的一个落脚点,促使解决创建中的问

题，从而使文化特色建设有根基、上质量、上水平、上品位。

### 3. 文化特色建设需要持之以恒

文化特色建设是一项创新性工作，没有现成的操作模式，不可能一蹴而就，需要艰苦探索，需要校长、教师几年、十几年甚至更长时间的共同努力。今天一个新点子，明天一个新思路，看起来热热闹闹，到头来往往形不成自己个性，最后一事无成。该校在形成"项目学习""项目教育""习得教育"的文化特色过程中，应该讲能够紧扣学校实际、紧扣学校资源来做文章，有一种"咬定青山不放松"的坚毅，在继承中创新。该校做到了以文化特色支撑学校，在坚定文化特色中发展，使文化特色建设更好地促进学校发展、师生成长。

### 4. 文化特色建设需要文化来充实

一所学校是否形成特色，需要具有特色的校园文化来体现，使人一走进校园，就被独特的校园文化所吸引，使人潜移默化地受着特色教育的影响。该校精心设计高雅的文化情景，开掘校园文化底蕴，校园处处可见有关"习得"的经典名言，矗立着教育大师的雕塑，张贴着"习得之星"的照片，于细微处于不经意中培养学生"习而手巧，得之心灵"的研究精神和探索意识，从而营造了品位高、特色明、形式多的校园文化氛围。

### 5. 文化特色建设需要机制构建

学校特色建设过程就是学校利用种种教育资源，在一定教育理念指导下，进行优化组合的过程，因而需要以机制构建为保障。该校首先以文化活动为载体，促使特色凸现出来。其次引导教师开展"习得"课堂教学的研究，加强对教师创建特色绩效的考核评价，三是建立"习得"型教师、"习得"型学生的评估和奖励制度，促使文化特色创建深入到师生心坎里，内化到师生行动中，从而促进教师素质全面提高，促进学生个性发展。

### 6. 文化特色建设需要专家指导

理论指导下的实践探索和实践基础上的概括反思，将有助于文化特色建设健康深入发展。该校在"创特"过程中多次聘请教科室专家、高校教授、市局领导来校指导、会诊，为学校特色建设把脉，开出良方。实践证明，主动与科研机构挂钩，建立密切联系，请教育专家当参谋作顾问，让理论"下嫁"中小学，这种"借脑袋"办学的做法，将使领导老师尽快掌握"创特"工作的环节和方法，使文化特色建设步入科学化、规范化的轨道。

"习得教育"是学校在传承与发展中着力打造的学校文化特色。"时习至真"是学校师生共同追求的文化精神。脚踏农村沃土，仰望时代发展。"习得教育"文化建设，已经成为一所农村初中学校健康科学发展的重要基石。

可以预见，学校师生和谐共进，用时习至真的钥匙，去打开习得教育的大书，必将使得以"习而手巧、得之心灵"为理想的习得教育之花开得更绚丽。

可以相信：从学校的传统和优势出发，有效适宜地整合开发学校文化资源，能够切实提高学校教学质量和核心竞争力，促使学校教育文化的品位得以提升，学校文化特色建设的步伐得以加快。

（本文被收入京苏粤优秀中青年校长教育思想集
《学校管理变革的实践智慧》，江苏凤凰出版社 2014 年 12 月）

# 让思考"成就"文章

要写好教学文章，首先并不在于教师怎么写，怎么讲究技巧，而在于教师琢磨得程度、思考得怎样。

应该说，每个教师在教学实践中都面对着一些纷繁复杂的教学现象。对这些司空见惯或稍纵即逝的现象和细节，教师要有很强的问题意识，要在教学实践活动中能思考反省出问题所在，发现出纷繁复杂中的迷雾：这样的教学中有无问题？遇到的是什么问题？出现问题原因有哪些？这个问题给教学带来什么样的影响？怎样解决这个问题？采用什么方法与措施？这样看待教学，这样思考问题，就能学会用学术的头脑和研究的意识来审视司空见惯的教学。把这些思考的轨迹写下来，就能孕育出掷地有声的文章。有时即使是"灵光一闪"，也要抓住它。因为点滴的思考能够积累成一片汪洋。集腋成裘，聚沙成塔。用心思考、有心积累，才能有自己的真知灼见，才能有自己的文章天地。

一次笔者去观摩某校的新课改公开课研讨活动，一位教师上以"月亮"为专题的探究式学习课。看得出，这位教师的精心布置设计，学生也有备而上。课堂上学生手拿软盘纷纷展示自己的探究成果。"我搜集了月亮的别称，有婵娟、玉兔、广寒宫……""我探究了关于月亮的神话故事，有嫦娥奔月、吴刚伐桂……""古代写月的诗歌是很多的，我从网上下载了几十首，有《静夜思》《明月几十有》等"。几个认真灵活的学生娴熟地操作着鼠标，引领着其他人欣赏他们的探究"杰作"。学生兴致盎然，交流热烈，有一种让人分享成果的喜悦，课堂气氛活跃。最后教师总结道："同学们围绕月亮这个专题，探究了月亮的称谓、神话故事及古诗等，使我们对月亮有了更深刻的认识。这种探究式学习应成为我们学习过程中的良好习惯和方法。"笔者听后，心里有点儿不是滋味。笔者以为，围绕"月亮"这个关键词，搜集了月亮的神话故事、诗歌，培养了学生搜集、处理信息的能力，开阔视野，丰富知识，这是比较可贵的。但把学生的这种学习谓之"探究式学习"则有失偏颇。那么这种做法有什么缺陷？怎样实施好语文的探究式学习？如何上好以"月亮"为专题的探究式学习课？笔者经过思考，写就了《语文探究式学习岂能用"查"字代替》一文，并发表在《新课程研究》上。这种来源于课堂、注目于课堂、思考于课堂的文章，为自己教学科研积累了宝贵的资料，也使自己写文章找到了捷径，奠定了写作的基础。

事实上，一线教师同科研人员相比，往往缺乏理论的条分缕析，但我们有他们所没有的独到之处。一线教师的优势就在于我们有大量的教学感性认识，有丰富的实践经验。我们有成功的轨迹，有失败的遗憾，有困惑的火花。我们写教学论文，往往不能像他们那样，左一个理论，右一个观点，旁征博引，引经据典，洋洋洒洒。我们一线教师写论文，就要根据自己的优势和长处来发挥，来"做文章"：切入点要来自于教学实践中的思考，要以一次典型的课例、教学中的困惑和反思为基石，探索、反思、研究，探讨其中的规律，挖掘其中的缺陷；要磨砺课堂，实践解析，观照理论，自我诊断，反思得失。我们要随时记录，坚持不懈，天长日久，这种思考便有了理论的积淀和实践的升华，久而久之，它就成为一笔可贵的财富。

"文章本天成，妙手偶得之。"依笔者看，这个"妙手偶得"，就是思考的积累、思考的升华。记得学校要求教师参加江苏省"五四杯"教育教学论文竞赛时，一些教师忙于搜集材料，东拼西凑，而笔者手头却已经积累了一些案例思考，如探究学习中单纯查找资料的倾向、自主讨论中学生自流的现象、对课文独特体验却忽视文本价值取向的问题等等。但如何"敷衍"成文呢？笔者对这些案例做了一些思考，挖掘出了案例现象中的几个"不等式"：信息技术与学科整合≠唯信息技术而独尊，强调自主讨论学习≠可以忽略教师的主导作用，尊重学生的独特体验≠可以忽略教学内容的价值取向，强调探究学习≠单纯查找搜集资料，注重感悟积累≠片面强调人文性，舍弃工具性。我把这五个"不等式"作为小标题，并把论文题目定为《浅议新课程背景下语文课堂教学的几个不等式》。结果，这篇实践操作性很强、富有思考深度的论文荣获了省"五四杯"省一等奖，并在《江苏教育研究》上全文发表，得到了众多专家和读者的好评。回顾论文的形成过程，笔者深深感谢"思考的积累和升华"。没有思考，就不可能提炼原始材料；没有思考，就不可能以教育理论来剖析现象；没有思考，就不可能使自己的见解得到升华。

"好风凭借力，送我上青云。"这个"好风"，便是对教学现象的思考与探究。善于在教学工作中发现，善于积累，勤于思考，论文便不是什么难事，下笔也不会有心无力了。否则，"写"就成了无源之水、无本之木。

一句话，让思考成就你的文章。

（本文发表于《中小学教师培训》）

# 这位校长爱听课

每当听到一些校长在教师会议上滔滔不绝时，每当看到专家教授理论讲座洋洋洒洒时，我便想到这样一位普通的农村中学的校长。他的有别于他人的教学管理方法，便是每天"下沉"到教室里去听课。

他每天到校后的第一件事情，就是看看学校的总课程表：今天第一节是哪几位教师的课？新上岗教师今天上午有课吗？今天能够听几节课呢？他看着课程表，脑海里思考着，心里挂念着：是听新教师的课呢，还是听起始学科的课呢？终于，他咬咬牙：两节课都要听，听完课后去镇上汇报学校工作。

他听课，喜欢听"家常课"，要求教师平时怎么上，他来听课的时候就怎么上。听完课后，他就诚恳地与开课老师交换意见，他欣赏开课教师的课堂亮点，提出这样那样的课堂遗憾。他的听课评议有别于他人，不是大庭广众式的批判式评课，而是"关起门来交流"。他要求评议时只有开课者评课者两人，这样，交流评议时尽管有时语言尖刻，有点儿不讲情面的批评，但开课者面子上过得去，更况且他的评议切中要害，有血有肉，开课教师心悦诚服。他满腔热情，期待着开课教师的教学成熟，最后总是跟教师说一句话："好好努力。下个月再来听你课哦。"因而，对每年新上岗的教师，他都有一个清晰的印象；对校内每位教师的课堂教学，他都能说得出个一二来。

在逐个摸清"家底"的基础上，他抓住一线教师新课程教学中面临的一些具体的问题，每学期召开课堂教学"诊断"解析会，分别邀请新教师及市骨干教师来校上公开课，要求开课教师围绕一个专题性问题开课、说课，然后进行沙龙研讨。他要求开课者听课者会聚一堂，双向互动，平等交流，以解剖麻雀的方式讨论评析公开课；他要求教师以新课程理念来评价课堂，挖掘闪光点，指出改进点，把课堂教学中的问题搞懂搞透。这样的开课评议用他的话说是"敞开胸膛评议"，共同切磋，取长补短。因此，全校教师从课例中感受了和谐相处的教研氛围，受到了实实在在的启发指点，智慧共生、成果共享。

可见，这位校长的教学管理的一个重要法宝就是积极地听课评议。常言道：不抓教学的校长是不务正业的校长。教学质量是一所学校的生命线，也是一所学校的"形象工程"。相信所有的校长都把教学放在日常工作中十分突出的位置。但怎么抓实抓好教学，怎么实施有效的教学管理，却是有天壤之别的。一些校长实施加班加点策略，让师生沉进学海之中；一些校长推行月考联考方法，使师生被考试牵着鼻子走。一些校长嘴巴上讲"深入教学"，可自己不上讲台不兼课，不进教室不听课，往往在办公室里拍着脑袋想计策，打出一个个"空对空导弹"。一些校长看重结果，对期末考试成绩研究来研究去，而平时对教师教的状况和学生学的程度却不闻不问，很少理会。无疑，这样的教学管理，犯了"短视"的毛病，异化了管理的功能，不能使管理抓在点子上、击在要害处，不能有效地组织指导教学。

如何沉入教学抓好管理呢？笔者以为，对于校长，要了解教学的渠道和办法当然很多，但听课指导是最普遍而又最关键的一种。因为尽管目前专业指导、教学沙龙等活动渐渐在教学活动中崭露头角焕发出魅力，但课堂仍然是教师最直接的教研的基地，课堂教学仍然是校本教研的重要源泉。校长听课，能够切实了解教师的课堂教学水平，做到心中有数；能够有效关注到教师的课堂教学效益，做到因课指导；能够有的放矢地重视学生的自主学习能力，做到胸有成竹；能够及时发现教学管理乃至学校管理中的疏漏和薄弱环节，做到即时把握完善改进。听课，能够为校长指导教学、管理学校提供了鲜活的第一手资料。在新课程改革深入推进的今天，校长的听课评议显得愈加重要，其引领、指导作用实在不能忽视。

总之，作为校长，要搞好教学管理，就是要抓住课堂教学这个牛鼻子，就是要真正沉入课堂。因而，笔者不禁为这位农村初中校长每天下沉到教室里、沉浸在课堂里的行为而拍手鼓掌！

（本文发表于 2015 年 12 月 17 日《中国教育报》）

# 精致管理：学校发展的基石

精致管理是一种理念，是一种文化，是一种以最大限度利用教育资源，体现以学生为本、实现教育最大价值为目标的管理形式。为此，我校的校本管理在"精致"上做文章，以精致为手段和抓手，把"精致"落实在平时的"行动"之中，把"精致"贯穿在日常的过程之中，采取了扎实的措施，强化了实用的策略，取得了实在而突出的管理成效。

本文试着讲述学校精致化管理的思路举措，以此获得有益的启迪思考。

## 一、咬定青山不放松，促使管理显精致

精致管理，就是要把简单的事情做好。在学校面广量大的各个层次的管理中，如何把精致落实到位呢？我们紧紧抓住学校中领导的管理行为、学生的学习状态和教师的教研情况三个方面，突出强化精心的态度、精细的环节、精到的要求，促使"精致"成为领导、学生、教师发展自我和提升水平的有效手段。

### （一）精致学校管理行为，做到规范和谐

#### 1.确立制度，严格管理行为

"没有规矩不成方圆。"管理精致化的前提是有一套以人为本、规范细化、科学可行的制度。就拿德育来说，规范的德育管理首先要有科学的制度作保障。学校建立和完善了有关班级管理考核细则，如文明班级考核评比细则、文明宿舍的评比制度、学生奖惩条例等。今年还增设了班级安全考核办法和奖励方案，每月设立"安全奖"。要求班主任和行政人员在住宿生早自修结束前务必到校到班，杜绝班级管理真空；要求学生到专用教室或操场上课，务必由任课老师提前到班级点名排队带领前往，避免课堂管理真空。另外还建立"校园安全备忘录"制度，时刻关注校园内的安全隐患，从细节上创设安全、和谐的校园环境。

#### 2.落实法规，规范教学行为

学校严格执行课时计划，严格在法规规定的时间内进行教学活动。学校和教师不占用节假日和休息时间组织学生补课和集体补课，不组织学生参加各种学科辅导班和学科竞赛，保证在校学生有充足的活动和休息时间。每天中午静班、每天四点以后开

展各类课外兴趣小组活动。积极开展科技节、体育节、艺术节，活动丰富多彩。我校切实开展每天一小时的体育大课间活动，每天上午半小时、下午半小时，各个年级雷打不动。学校积极开展校园开放日、家长接待日、金秋开课节等活动，依靠社会阶层的监督、学生家长的提醒来提高自己的管理水平、规范自己的教育教学行为。

### 3. 加强督查，深化管理行为

学校加强了行政领导的巡查管理，实施"值班发现问题反馈制"和"主要领导带班制"制度，每位行政领导每周上交"巡查反映情况记录"，细心发现问题，提高管理质量；值班老师的值班管理，实行了定点、定时、定人管理，强化校容校貌管理，强化教学规范的管理，工作成效明显。学校还建立了每日巡课制度，值班领导在校务日志上有巡课记录，班级日志记载每天教师上课的情况。值班人员中午要检查班级静班情况，晚上要检查学生自由作业情况。学校每次召开教师会议，下发名为《日常细节和有效轨迹》的"校园扫描"，让教师对照借鉴提高。领导带头执行，领导带头检查，促使管理到位有效，力求教育教学安全规范。

## （二）精致学生学习指导，做到精细创新

### 1. 精学精练，控制学生练习卷的文印数量

学校倡导学生自主学习，培养学习能力。坚决禁止班级或教师代买学习辅导资料，控制讲义的印刷，由原来年级学科组审核付印机制调整为学校教务处审批印制，而且每个年级学科组每周不得突破 16500 份的数量，从数量上有力限制了学生练习的数量和作业量，这样从源头上减轻学生课业负担。另外，还对练习时间做了规定，要求在规定课时上或晚自修时间里完成，这样从时间上限制了学生练习的次数和作业量。

### 2. 推行学生作业纠错本机制

为了防止出现大量的重复练反复练，真正减轻学生的作业负担，推行学生作业纠错本举措可以说是一项行之特有效问题措施。学生在做教师精选的作业过程中理解可能不到位，做错是难免的，对做错习题以往更多的是以重复练习来弥补，势必增加了学生的课业负担，而改为错题本制度，使针对性更强了，也大面积减轻了学生的负担，使更多的学生有自由支配的时间来进行个性化的学习和活动。

### 3. 实施学生每周学习生活反思制度

"我思故我在。"精致学生的自我管理，发挥学生的自我教育功能。由班主任组织学生利用班会课时间进行一周学习生活反思，引导学生在反思后完成书面总结，反思内容涉及学习、纪律、卫生等各方面的情况，如对自己哪些方面的表现比较满意？对哪些方面的表现还不满意？为什么？存在的问题怎么解决？让学生在思想意识上经常性地思考如何上进，并确立好自己的阶段目标。

### （三）精致教研科研活动，做到精心有效

#### 1.教科研过程做到三个结合

在教科研活动中我们努力实现研究课、评优课、展示课"三课"结合；研究学生、研究教材教法、研究课堂教学、研究阶段质量"四研"结合；课堂观察、个人小课题研究、学校主课题研究、听评课、平时主题教研"五活动"结合。学科教研组一次活动明确一个主题，由一位老师主发言，其他同行谈看法提建言，以此来解决教学中自己认为值得解决的问题。学校开展教学观摩研讨、教学总结反思、教学案例分析、课改专题研讨等多种形式的教研活动。校级领导以及中层干部要根据自己任教学科，深入教研组，参与教研组活动；还要深入其他学科教研组，了解学科教研活动情况，对教研组的工作进行具体指导和帮助。

#### 2.科研活动做到论坛、刊物、课堂"三实在"

学校组织"周六科研论坛"活动，通过论坛交流和思想交锋，促进教师对科研的理解，而且及时发现问题，总结经验，促进了科研水平的提高。学校每学期编印科研刊物，编辑教师原创论文和有关发表获奖论文，并且给予教师一定的奖励。广泛开展了课堂教学的研究活动，例如，课堂观察研究活动，采用团队观察、互助观察、自我观察相结合的多层观察形式，以此来解决课堂教学中存在的突出问题。积极组织青年教师开"同课题""对比课"，观摩别人，对照自己，比照提高，受益多多。学校积极开展校园开放日、金秋开课节、课堂教学展示、青年教师说课等活动，引导教师在活动中改进自己的教学细节，以提高自己的教学水平来规范自己的教学行为。

#### 3.教科研指导做到"一课一文一题"三到位

学校积极倡导每一位教师成为善于思辨的人，要求教师上好一堂优质课，写好一篇论文，研究好一个校级市级课题。具体的做法是：把课堂教学作为研究的重点，开展青年教师校级优质讲课活动、片级研究课活动、市级展示课活动以及邀请专家指导课活动，引导教师记教后笔记、反思日记，以此发现教学的得与失，引导教师不断改进、改善自己的教学行为，在此基础上确立自己研究的学年小课题，教科室积极配合教务处参与每月检查教师备课笔记上的"教学后记"活动，把"一课一文一题"落实到位。

精致于行，精致而远。目前，我校管理规范和谐有效，学校年度工作考核和教学质量考核立于全市第一方阵，赢得了普遍的社会赞誉。教师在精致化环境中快速成长，教师论文发表与获奖均创下了历史新高，在市青年教师基本功竞赛等赛事中中刷新了历史记录。学生在精致化教育中全面发展，在金钥匙科技竞赛、航模比赛、校园集体舞等大赛中连续荣获省一二等奖和市级一等奖。实践证明，校本管理只有在"精致"

上做文章，才能扎实做好学校里的平凡事、简单事，才能积极提升办学品位，精心打造学校优质教育品牌。

## 二、千磨万击还坚劲，精致管理启思辩

精致，源于细致，成于极致；精致，始于精心，成于精彩。学校依托"精致"，提升品位；"精致"引领学校，成长我们。回顾学校实施精致化管理的过程，我们作了一番理性的思考，获得了一些的启示。

### 1. 制度内化是精致管理的前提

管理离不开规则和标准，而规则和标准正是精致的完美表现。没有好制度，成功不容易；有了好制度，失败不容易。因而学校要健全完善各项岗位责任制度，用制度管人，让制度主宰习惯。制度建设要坚持民主集中制的原则，让师生自觉地执行制度，最大程度地激励师生奋发向上，追求成功。如果教师在制度的约束中养成良好的习惯，那么精致管理就有了良好的基础。

### 2. 层级"扁化"是精致管理的保障

精致管理要求上情下达，畅通完善，要求强化责任，提高效率，这实际上是要求：管理层次实行扁平化。所谓"扁平化"，即赋予学校中间层职权，拉近学校层级距离，变"金字塔型"管理模型为"橄榄球型"。如果按"校长—分管校长—中层正职—中层副职—办事人员"的层级来管理，可能会带来管理的臃肿偏差，导致人浮于事。而适当扁化，纵向到底，层级精简；横向到边，疏而不漏，就能大大减少层级损耗，提高执行效率，确保精致管理落到实处。

### 3. 过程量化是精致管理的关键

一件事情总有它的发生、发展和结果，管理也同样如此。精致管理重结果，更重过程，精致管理是过程和结果的统一。在管理工作中要坚持"布置任务＋检查"的原则，要坚持"检查＋公开"的原则，要坚持"公开＋考核"的原则。只有监控过程，促使过程量化，才能有效落实责任，及时反馈情况，认真整改处理。只有这样才能推动学校精致化管理的深入开展。

### 4. 细节常化是精致管理的重点

"天下难事，必作于易；天下大事，必作于细。"态度决定一切，细节决定成败。放弃细节的管理就等于放弃管理的全部。只有对细节的精确把握、落实到位，才有可能打造完美的管理；只有对细节的常态追踪，望闻问切，才有可能达成有效的管理。细节的表现形式是多种多样的，或环节中的注意点，或事情中的着重点，或人的一点问题，或物的一丝欠缺，或管理的一方漏洞等等。关注好这样的细节，以常

态的管理重视好细节，精致管理的水平就能实现飞跃。

综上所述，管理的精致，本身并不是目标。事实胜于雄辩。在精致化管理中，无论是采取精心的态度、实行细化的制度、强化精细的过程，第一位的要达到有效的结果。精致管理的过程就是追求完美、实现卓越的过程。结果的有效、数字的实化，就是精致管理的追求目标。学校管理者要以有效为灵魂，以精致管理为手段，努力扎实做好每件事情，精心打造学校优质教育，使精致管理真正成为学校发展的基石。

（本文发表于 2009 年《江西教育》）

# 努力打造着学校管理中的近距离

学校工作，是面对人的工作。作为学校的法人代表，如何树立"以人为本"的管理理念，加强与教师的有效沟通，促进学校的持续发展，这是校长必须认真对待并努力实施的重大课题。笔者在教育管理的调研实践中，深深体会到：校长要努力打造着学校管理中的"近距离"！

## 一、虚掩半开着的门

【案例】

大冬天了，外面寒风凛冽，教师办公室都开起了空调，办公门总是关得严严实实的，室内温暖如春。但学校校长室的门却总是虚掩半开着，即使里面打了空调也照开不误，有时教师汇报完工作临走想把门带上，校长忙打招呼："门开一点，开一点。"有人问起其中的缘由，校长也总是笑嘻嘻地说："没什么，没什么。"

办公室门虚掩着半开，真的没什么缘由吗？几经反复，从校长的挚友那里一了解，原来校长把门半开，是为了和教师接近、为了和学生亲近。门关实关好，会让教师望而却步，打消了敲门的念头。教师是这样，更何况是学生呢？一道门，就把校长和教师特别是校长和学生的距离拉得远远的；一道门隔开了空间距离，也隔开了心理距离情感距离。"笃笃笃"的敲门声，实在是把校长和师生的关系敲打得太正儿八经了。反之，门开着或半开着，师生进出十分方便，有利于师生亲近校长，营造温馨和谐的关系氛围，方便彼此之间的交流。况且，校长通过半开的门，可以有效了解到外面教师的情况，直接倾听到学生的心声，这肯定是"门关着"所无法比拟的。把门打开，顺畅沟通；敞开心扉，和谐情感，这在教育管理中应该是十分重要的法宝。

## 二、左邻右舍着的地点

【案例】

近日去某校参加教学调研，印象颇为深刻。该校近年来狠抓教学管理，教学质量节节攀升，学校名声远近闻名。转了一圈校园，终于七拐八弯地来到校长室。

学校的首脑机关办公室好难找啊！不是单独的一幢楼那样傲然醒目，而是深深地隐藏在教学楼群之中。该校是环形建筑，校长室就居于三楼，但左邻右舍很不幽静——相邻的办公室有教导处和初三年级组办公室，还有两个初三班级在同一楼面。"这不是很烦躁吗？这样怎么能静下心来运筹帷幄、考虑学校大事呢？"同行的人都发出了疑问。"这样好！校长室就不能孤独。校长办公地点就要靠近班级，靠近师生啊。"该校领导意味深长地说。细细想来，校长办公地点靠近教师亲近学生，还真有一些学问呢。

校长室融于其它办公室、教学区域之中，便于校长了解教育教学情况。办公地点的近距离，能使校长掌握第一手资料，谁请假了，谁有事了，一目了然；哪个班级纪律良好，哪个班级乱哄哄，也能心中有数。学生中一有风吹草动，也能及时发现问题。靠得近，看得清，把握得准。以教师办公室为邻，以班级为邻，能方便校长细致观察出教师的教学经验和教学能力，也方便校长深入课堂及时掌握教学动态，提高校长教学管理的针对性和有效性。校长办公地点靠近教师，为校长深入教师中间创造了良好条件。一些学校校园规模宏大，在远离教学楼的安静之处建造行政楼，校长们长年累月"缩"在行政楼里，远离了教师和学生，远离了教育教学的主战场，自然不知教师的酸甜苦辣，自然不解教师的内心所想，致使干群关系疏远、学校管理不到位。而校长室与教师办公室同处一楼，甚至同处一层，大大方便了校长与教师的交流，畅通校长与教师对话的渠道，密切了情感联系，使得校长及时了解教师的真实想法和实际困难，也使校长的组织、指导、管理来得更加便捷有效。正因为办公地点邻近，校长很方便地与教师谈心、找学生谈话，也很实在地凸显出校长在工作中的榜样作用。个别教师说起校长，也总是指责："校长躲在办公室里上网聊天呀。"而校长室融于其它办公室、教室之中，便于接受教师的监督，使校长的榜样现出更加夺目的光彩，使校长的言行更具说服力。

诚然，校长办公需要一个安静的环境，但校长是一位学校管理者。校长要真切倾听到教师的声音，生动把握住学生的状况，深刻感受到学校教育教学的旋律，就要使办公地点"左邻右舍着"，与班级师生近距离。

## 三、多方温馨着的"连心"

【案例】

某校校长十分注意和教师进行沟通交流。他还利用双休日深入到大街小巷，家访教师。一个周六上午，这位校长就和其他领导来到李老师家里。李老师家里是四代同堂。看到校长访家，老人们忙搬凳泡茶，热情招呼。当着几位老人的面，校长把李老师在省比赛中获得的微课竞赛奖状颁发给她，并向老人们汇报了在学校的突出表现。李老师的爷爷听后，脸上绽开了笑花，连声说道："谢谢领导，谢谢学校。"同时又对孩子说："要好好工作，不辜负校长期望。"看到教师连连点头的情状，领导的心里也甜滋滋的。屋子里洋溢着上进而又喜悦的气氛。

虽说管理制度是学校发展的基础，严格管理不可缺少，但要把教育理念、教育规范乃至工作干劲，内化为教师的自觉行动，就需要学校的关爱，就需要校长的"用心"。而校长家访教师，就是校长"用心"的表现。校长家访教师，在直接面对教师家属的同时，能够"广而告之"教师的荣誉及其突出表现，鼓舞他们奋发向上；能够更深入地了解其家庭情况，更好地为他们排忧解难。事实上，看到校长亲自登门拜访，谈谈话，说说事，教师往往认同校长的这份真情浓意，内心往往掀起巨大的波澜——在领悟校长的坦诚相待、感受校长嘘寒问暖的过程中，教师无形之中就会化解、消除心中的怨气和矛盾，更加敬佩校长的教育管理，更加主动地对学校发展建言献策，以更积极的心态为学校发展贡献自己的力量。校长走进老师的家里，喝一杯热茶，听听他们的需求、困惑以及对学校发展的建议，这样的"听"，来得真切而自然；这样的"听"，更能显出尊重，凝聚努力向上的正能量，使校长和教师的关系更加和谐亲近，在积极和谐的氛围中相互理解、相互接纳，从而引导教师努力发展、促进学校工作顺利推进。

当然，校长和教师的"连心"，并不仅仅限于家访，其方式途径可以多种多样。校长可以在教师论文发表、竞赛获奖时打个电话，以鼓励进步，或在教师工作不顺、心中不快时，和教师谈心沟通，以表达安慰、缓解矛盾；可以在节日、假期等时间，利用手机、网络把祝福短信、温馨提示发给教师，以显示真诚、沟通彼此。这样做，能够使教师"如沐春风"，能够使牵挂感动的"连心"气氛洋溢在温馨的管理之中。

总之，虚掩半开着的门、左邻右舍着的地点、多方温馨着的"连心"等案例提醒学校管理者：校长和教师应该"近距离"，应该有空间上和心理上的近距离。在实行人本化管理的今天，学校领导应该采取多种多样的方式，积极做好与教师们的沟通交流，以有效地促进学校管理的和谐发展、深入发展。

（本文发表于2016年《中学课程辅导》）

# 浅谈有效管理中的另类方式

管理不是改造人，而是唤醒人；不是约束人，而是激励人。学校教师管理的核心是最大限度地调动教师的工作积极性。但冷眼观察一些管理现象，还存在着机械约束、粗暴简单等弊端，管理氛围不够宽松，管理艺术缺乏智慧。因此，在教师管理中，学校领导应该掌握一定的管理技巧，寻求管理中的多样途径，尝试管理中的"另类"方式，学会用智慧实现和谐管理、有效管理。

## 1. 示弱式管理

一位校长在行政会议上布置工作，很谦虚地对大家说："我上我的语文课，还可以。做其他工作，可能不大擅长，需要向大家好好学习，更需要在大家的帮助下搞好学校管理。"一番诚恳的话语，说得大家心里暖呼呼的。是的，校长是学校管理的组织者、领导者，在学校工作的诸多方面"一言九鼎"。但是学校管理需要大家齐心协力地做，如果大小事情都是校长事必躬亲，主次工作都是校长出谋划策，那么这样的管理就谈不上和谐的管理。如果校长很强势，把大事小情都独揽了，那么其他干部教师只能"缩"在一旁，管理可能会出现断层。学校里有校长，也有副校长和中层干部，也有专长教师。校长的智慧就在于如何激发干部教师的主动性和积极性，校长的"示弱"不失为一个良策。"我得向你学习。""这个方面，我真的不会弄啊。""你做得比我都好，你的作用很大哦。"校长的"示弱"、校长的欣赏，照顾了其他人的面子，能够极大地调动干部教师的积极性，发挥他们的聪明才智，使得管理和谐深入。

## 2. 商量式管理

校长办公室里，校长正在和小王老师商量着："我刚才走到你们办公室，看到你在盯着电脑……"校长看了看小王的脸，猜测他是在观看电影，又继续说道："办公室里这么多人，人家都在备课批作业，而你好像与他们不一样。这个事情，你能不能在中午休息时间或下午放学时候做呢？"校长的话说得诚恳在理，小王老师微笑地点点头。在学校里，同样是要求别人做某事，可以是简单的行政命令，更可以是"商量式"的研讨管理。简单的行政命令，不顾及具体情况，居高临下、简单粗暴，可能会引发不该有的冲突。而向教师商量式地提出要求，照顾了教师的心理，说话比较客气得体，使硬邦邦的管理化为富有人情味的交流，这样容易使管理的目标和要求达到预想的程度。

## 3. 燎原式管理

一所学校教师的科研氛围不大浓厚，参与课题研究和撰写发表论文的教师寥寥无几。新校长分析现状后，设想让一部分人先"研"起来，以点带面。于是，他组织了五六人的科研学习小组，拟定学期小课题，围绕课题学习理论，在课堂上实践探索，并让教师把心得体会写成了文章。校长亲自指导教师修改文章，帮助教师在杂志上推荐发表。拿着印有自己文章的杂志，这些先行教师激动万分，尝到了成功的滋味。其他教师看到这个情况，纷纷要求加入科研学习小组。后来，学校里的几十位教师或参与课题研究，或发表文章，科研氛围逐渐浓厚。"星星之火，可以燎原。"一些活动的开头往往人少，参与热情不高，但只要活动扎实，成果实在，就会辐射出不小的效应。先前参与的教师，因为有了成功的喜悦，能够现身说法，极大地引领、影响周围的教师。同时，扎实有效的活动，俨如放射光芒，能够聚合周围的教师参与到其中；这样就不知不觉地就把"雪球"越滚越大。燎原式管理，是由少到多、由点到面，层层深入，逐步推进；这比一刀切式的管理，显然有序有效。

## 4. 迂回式管理

校长室里，李老师正式向学校递交想调到城区学校的申请。校长微笑地对小李说："我校在农村，教师要调到城区学校。这可以理解，因为人往高处走。"校长顿了顿，语重心长地说："小李啊，你申请调城区，我校是同意的。但城区学校设施好，要求也高。要吸收一些骨干教师，需要课堂教学质量过硬的老师，不是随便什么人就可以进去的。你现在调过去，人家不一定肯接收，因为你的工作表现不算突出。""小李啊，凭你现在的表现和水平，在我校你马虎一点不要紧的，但调到城区学校，你这样做实在是害了人家，丢了你的脸，也丢了我们的脸啊！""小李，把质量搞好，打出你的旗帜，而后风风光光地调入城区。到时即使你不提调动，人家可能也来挖你了。"面对一些教师要申请"农村打入城市"，怎么办？一些校长立场坚定，坚决不同意教师调动。一旦不同意调动，申请的教师就工作不上劲，甚至以"破罐子破摔"的方式来对待。而这位校长抓住对方的需求和动机，"投其所好"，同意对方调动。然后，举出城区学校要求高的特点，说明两种学校的不同要求及利害关系，规劝教师先扎实成绩再谋求调动。"水激石则鸣，人激志则宏。"在教师的管理谈话中，先肯定后迂回讲清利害关系，从而使教师顺从校长的建议。迂回式管理，能够避免不必要的冲突，也智慧地处理了事情，达到了管理的目的。

## 5. 故事式管理

"又要开会了。烦死人了。"接到开会的通知，教师就有怨言了。以往会场中，教师自顾自地在批改作业讲义、在小声交谈、玩弄手机，有的甚至在睡觉；主席台上，几位领导正襟危坐，领导们依次滔滔不绝，强调这个强调那个。但是今天的会议台上只有一位校长，他讲话的内容很简短："老师们，今天会议的内容是——我讲一个故事。这个故事是《多踩了两脚泥》。"随后，校长打开电脑投影，声情并茂地朗读起这个故事：……两个人同时被一家工厂招为工人，要求 9 月 30 日进厂报到。不料 29 日夜里，当地下了一场很大的秋雨，出行困难。第二天，一个人踩着泥泞的山路准时到厂报到了；另一个人，却在两天后，雨过天晴才到厂里报到。……退休时，他们才吃惊地发现两人"身份"的巨大差异。一个是"离休"；一个是"退休"。"退休"的那位老师父满腹牢骚，领导却对他说，人家比你多踩了两脚泥呢！说来也怪，会场上一片寂静，人人盯着屏幕，仔细地聆听着校长的讲解。怎样开会，怎样进行教师的教育管理，似乎成了学校管理的一大难点。究其原因，以往会议，内容陈旧，领导啰嗦，教师感到没有新意。而采用会议上讲故事，能够切合教师的身份，促使教师从中理解领悟。这比领导的反复强调、啰嗦说明，显然要高明得多、明智得多。在与教师交谈辩论时，与其激烈争辩、唇枪舌剑，不如以一两个故事来理解体会。故事式管理，隐蔽了教育的意图，促使教师自我领悟、自我警觉，达到了委婉管理的目的。

学校管理工作是一种创造性的工作，更是一种充满智慧性的工作。我们要不断挖掘教育管理中的智慧源泉，灵活方式方法，创新思路途径，努力使管理充满智慧和活力，使之呈现出"复行数十步，豁然开朗"的美好境界。

（本文发表于 2017 年 7 月《中国农村教育》）

# 文化管理：学校管理的至高境界

　　某学校为营造教育科研的气氛，推动教师进行教学研究，鼓励教师写作教研文章，曾大力褒奖那些发表论文的教师——每发表一篇教学论文，学校奖励 100 元。一时间，一些"笔杆子"跃跃欲试，潜心写作，热衷科研。这样发展了两年，学校领导看到教师科研热情高涨，半数以上的教师都能发表文章，于是出台了奖励科研文章写作的规定——每位教师须在一学年里在市级以上教育报刊发表教学文章一篇，并把它同教师年度岗位奖考核挂钩。如达不到规定，完不成任务，则考核要予以扣分处理。如发表两篇以上者，则第二篇起每篇奖励 50 元。制度的约束使全体教师纷纷思考写文章，投入研究的教海之中。而如今，这些奖励制度已大大淡化（发表一篇奖励仅 20 元），但教师依然研究热情不减，劲头不衰，每位教师每年都发表好几篇论文。据了解，该校每月开展科研理论讲座和教学沙龙论坛，每学期举行教师论文发布会，同时汇编教师论文专辑，还把教师论文得奖、发表的消息通过各种方式传递给学生家长传递给社会。教师在这其中获得了几多的成功，尝到了无尽的喜悦，而这份成功和喜悦又加强了教师的科研行为，提升了学校文化氛围。正由于这样，教师的研究热情达到了空前的高度。而此时，学校既没有强烈的物质刺激，也没有严格的制度约束、推动。那么，教师这么高的研究热情，靠的是什么呢？靠的是个人自觉的实践，是学校整体文化氛围的熏染。

　　可见，在学校管理中，学校文化氛围和文化管理十分重要。学校文化是一种气势，是一种相对稳定的校园心理现象。学校文化一旦形成，将会对学校办学行为和教师的教育行为产生导向、内聚、激励、约束作用。它能以一种无形的精神力量引导、规范、约束和激励人们潜心研究，忘我工作，实现人生价值，达到"不法而治"的目的。该校教师沉浸于学校浓厚的科研文化氛围之中，自然不知不觉地受到教益，自然也耳濡目染地参与科研、实践科研，这样自然也加重加浓了这种科研文化氛围。此时，不需管和理，不需说和压，学校科研文化就像一只大染缸，使人沾染浸透，影响并引导着教师的教育教学行为，促使优化发展。

　　反之，如果离开文化，学校即使现代化程度再高，也像无源之水、无本之木，缺少根基和魂魄。一所学校如果没有文化的引领、思想的统一，肯定是一盘散沙。如果不能形成属于自己的积极向上的学校文化，而只靠外部力量强制管理的话，那么这所学校就很难有长久的生命力、凝聚力和竞争力。

当然，我们应该看到，学校文化管理是一个系统工程，不是一朝一夕的事。学校管理者既要重视显性文化，比如学校的校训、校魂、宣传栏、悬挂的格言警句、校园中的一草一木等，更要重视隐性文化的建立和传统文化的传承，比如良好的学校风气、浓厚的学术研究氛围；教师对学生富有爱心，具备较强烈的上进心等。如果能够建立一种和谐优美、奋进向上的校园文化，让学校具有浓厚的文化气息，那么全体教师就会在学校深厚文化底蕴的熏陶下致力于教育教学、业精效高，那么这所学校在社会上就会有极高的声誉，学校的发展就会显示出强大的后劲。

总之，学校文化是一种"无言之言"，是无处不在、无时不在的人文气息、精神氛围，是全体师生与众不同的气质、风度、习性、心态……将学校形象充盈得鲜活、饱满，将在师生心灵中实现"软"着陆。因而，用文化管理学校，是每一个有为管理者值得深深思考和努力付诸实践的深远课题。

（本文发表于 2006 年 5 月《江苏教育报》）

# 努力追求一种"至善"的管理方式

丝韵水乡，绸都盛泽。盛泽第一中学位于盛泽东郊的镜湖之侧，靠近苏嘉杭高速，毗邻 227 省道。学校占地 104 亩，绿树婆娑，环境优美，设施先进。在教育转型的新形势中，学校在吴江教育局的正确指导下，致力打造"至善"教育，着力构建尚善的德育、兼善的课程、真善的课堂、崇善的环境，努力塑造美善教师、善雅学生，让至善之花与雅韵丝绸齐舞绽放。

## 一、学生：浸润在"至善"的学校生活

善是一种情感，还是一种能力、一种艺术，是在思想、观念和言行的体验中积累和升华而获得的。善可以发现与点燃，可以浸润与传递，但就是无法凭空教会与教给，善必须"我在其中"。我们认为，善的灵魂，只有在有善的学校生活中，才能在学生的心田生根发芽、抽枝散叶。

## （一）尚善的德育，润泽心灵

"拥一方镜湖水，修一颗至善心""至善"的立足点是培养人的德行。在镜湖之水的浸润下，师生在探索中求真，在实践中发展。学校围绕"至善教育"，有序开展德育案例活动，举行了《至善校园情，感恩学子心》《追梦圆理想，至善永向上》《惜光阴，进取至善》等主题班会和报告会。学校举办"爱心手拉手、让爱伴你走"大型感恩活动，把家长请进校园，把老师带进活动，以此让学生体验爱善、学会感恩。2014年APEC会议后，"宋锦"一炮走红，"丝绸文化"得到传承和发扬。学校凭借其生产厂家"鼎盛"丝绸有限公司就在附近的便利条件，紧紧抓住这得天独厚的德育资源，将"宋锦文化园"挂牌为"德育基地"，组织学生参观"宋锦"这一世界非物质文化遗产，举办"宋锦——我家乡的骄傲"主题活动。基于尚善的丰富多彩的德育活动，激发了学生的上进心，培养了学生的至善品德，提升了德育工作的厚度和深度。

## （二）兼善的课程，孕育心慧

学校在至善教育特色的实践中，始终善习善行，用蕙质兰心孕育至善之花，用乐美之手谱就至善之曲。学校在开齐国家课程的基础上，又开设了经典阅读、趣味数学、英语会话、科学实验、绘画美术、强身武术、手工剪纸、模型制作、电脑创意、志愿服务、社会调查等课程，形成了国家课程、学科拓展课程和兴趣特色课程为主的丰富多元的课程体系，最大程度地满足了不同学生的个性需求。学校坚定实施素质教育，开展丰富多彩的活动，促进学生素质的全面提高，促进学生向善至善。综合实践活动，丰富多彩。学生们踏访古村黄家溪，聆听古老历史的召唤；游览盛泽新城，体会家乡日新月异的变化。校园科技节，异彩丰呈，学生们开动脑筋，积极探索，创造发明获得大奖，小小年纪专利在手。体育节，学生们一展英姿一决高下，诠释着至善教育中的"力"；艺术节，学生们歌声嘹亮，舞姿翩跹，展示着至善熏陶下的"美"。社团活动，喜闻乐见，或下棋或手工或写作；班级名片，各具风格，撒满幸福，昭示着至善氛围中的"真"。

## （三）真善的课堂，启迪心智

"至善校园情，殷殷真善课"。学校校的"至善"教育，着力点在彰显学生主体地位的"至善课堂"上。学校申报了"学生互助式自主学习"的省级课题，让教师在至善教育的旗帜下围绕课题，研究"至善课堂"，积累"至善"课堂教学的做法和经验。在至善课堂上，教师在课堂上多问一问，多引一引；学生多听一听，多想一想。在至善课堂上，师生分享彼此的思考、经验和知识，交流彼此的情感、体验与观念，丰富了教师的教学内容，培养了学生的"善学"能力。学生在互助式自主学习环境下努力善学，做到善听、善问、善思、善习、善得。"善听"即学生在听课过程中努力做到全神贯注，并灵活地根据课堂情境和教师要求，适时调整听课方法。"善问"，是指学生要多动脑筋，敢于提问并善于提问，凡是经过反复思考，依旧不得解的问题，学生要勇敢地质疑，请老师和同学们帮助解答。"善思"，是指学生要掌握思考的方法，灵活思考，举一反三。"善习"，是指要善于学习善于操练、善于实践，努力"学而时习之"。在"善听""善问""善思""善习"的基础上，学生活学活用知识，真正在学习中"善得"。

### （四）崇善的环境，修养心境

在特色建设中，根据学校传统，继承并发展"至善教育"的特色。努力烘托至善的环境氛围，精心构筑至善景点。走廊墙壁上整齐地粘贴着内容丰富的"至善"手抄报，一篇篇精心撰写的文章，一幅幅色彩绚丽的插画，展现了学生的智慧和才气，成为至善氛围中一道亮丽风景线。"学以求真，行以至善。"学校建筑外化"至善"，校内道路标签"至善"。位于校园东南角"至善"广场上的真善美雕塑，昂扬活泼，引人向上。科技广场上的笔形雕塑直插天空，抒写着学生们至善向上的豪情壮志。行知广场上的陶行知铜像，目光深邃、神情和蔼，提醒着学生要"惜光阴立志立德至善"。学校的建筑楼群，楼名别具匠心：至善楼、习善楼、崇善楼、乐善楼、弘善楼，一个个"善"字楼名，切合楼群特点，浓化了特色的氛围。校内的道路，也文雅别致：立志路、立德路、立学路、立善路、立远路，路名紧扣特色，围绕求学，促使至善教育的特色得到张扬。那校门口广场上的"善"字石，更使校园具有了文化的神韵，契合了校园学习的本质。处于这样的氛围，指点校园、激扬文字、书声朗朗，使人一走进校园就身受"至善"的浓厚馨香。

## 二、教师：养就起"至善"的教育能力

没有善就没有爱，也就没有教育，教育因善而美好。教师只有成为善的能量体，才有可能培育具有善的灵魂的学生。近年来，大量外来务工子女进入学校就读，许多新教师成为教育生力军，如何进行善的教育、培育教育播种善的能力，成为学校的一项挑战，也成为一种必须。

### （一）以价值引领确立善的教育立场

"真"和"善"是中华传统文化的重要特质，是社会主义核心价值观的重要内容。学校地处丝绸之乡，随着经济的发展，学校外来工子女占比70%，而且学生的品行、学业情况参差不齐，亟需全方位的矫正。为此，学校以"大道思远，止于至善"作为校训，开拓进取，努力求索。"大道"，正道也，语出《礼记·礼运》："大道之行也，天下为公"。"思远"，指目光远大，看问题有前瞻性，能妥善、完美地处理好面临的各种问题。止于至善，语出《礼记·大学》："大学之道，在明明德，在亲民，在止于

至善"，指能通过不懈的努力，以臻尽善尽美而后才停止，也就是说不达到十分完美的境界决不停止自己的努力。"大道思远，止于至善"定为校训，旨在激励学校师生积极进取、努力开拓，追求至真至善至美。

围绕这一宗旨，学校以创建文化型特色学校为契机，大力开展校园文化建设，通过创新理念，力求文化育人；同时对教育教学进行总结，对特色建设进行反思，在全校范围内开展了"至善"创优大讨论。讨论中，大家针对问题，解剖分析；集中智慧，理清思路。学校举行一系列以"善"为主题的论坛研讨活动，让每位教师积极参与，彼此分享，相互启迪，自觉用"善"字来衡量自己的教育教学行为。学校积极捕捉校内的善人、善事，通过学校网站、镜湖论坛、教师大会，宣传践行学校的核心价值，并使之深入人心。

### （二）以团队研修形成善的教育能力

没有教师的发展，学生的发展就成了无源之水、无本之木；没有教师的发展，学校特色的发展也失去了有形的支撑，成了空中楼阁。学校结合现有教师的实际情况，对队伍建设进行整体规划，分层要求，有序推进。坚持校长书记培训讲座，让领导的思想化为老师的意识；抓好带头人培训讲座，让骨干抛头露面营造正能量。抓好"青年教师培训班"，完善"青蓝结对工程"，提高青年教师的业务素质。开设教师学习讲坛，提高教师的反思能力；开展研究课公开课活动，磨砺教师的教学水平；开展业务竞赛评比，为教师展示才华搭建平台。在教师能力走向多元及精细的背景下，学校努力倡导团队合作，以团队研修的形式关注教育现象、研讨课堂问题，如项目培训班、学科备课组、年级共同体、班主任工作站等团队。这样的团队研修真诚交流、思想撞击，在团队中形成精神的氛围、心理的磁场，从而促进教育教学行为的改变，提高善的教育能力。

### （三）以文化活动熏染善的教育氛围

新时期，师德应表现为一种以先进文化为底蕴的高尚情操。教师是先进科学文化传播者，理应是一个文化人。学校请进文化名人，开展"善"文化沙龙，让学校善文化与丝绸地域文化相谐共生，也让教师用文化滋养生命、丰润生活。学校努力将"至善"的内涵和精髓，渗透到学校管理的方方面面，创新至善管理，营造民主和谐崇德敬善氛围。学校编辑出版了《镜湖论坛》学校管理版、德育课堂版、科研教学版，实行值班人员至善巡视本，把"至善"文化变成看得见摸得着的日常状态。教师围绕"善教""善学"开展课题研究，以善学引导善教，以善教促进善学。学校每学年开展美善教师、善雅学生的评选活动，让师生将"善"的要求具体到教和学的实际行动中。特色的文化活动、本土化的评价营造了清新幽雅、风貌独特的"至善"氛围，彰显了以善育人的思想。

教明德之道，育至善英才。在领导班子的带领下，在全体教师的共同努力下，学校的内涵得到发展，实力大大增强；老师成长迅速，学生发展强劲；学校考核位次大大提升，影响力进一步扩大，赢得了社会和家长的广泛赞誉。"学以求真，行以至善。"学校将努力营造着校园至真的美好境界，认真书写着至善教育的崭新篇章。

（本文发表于 2017 年《教师教育》）

# 如何继承发展：接任校长的重要命题

一所学校在发展过程中，校长的任期总是有限的。接任校长如何处理好和前任校长衔接的关系，如何对待学校管理的传统，如何对待前任校长的管理做法和创设的氛围物件呢？笔者经过调查研究，觉得接任校长要注意以下三种情况：

## 一、继承，不丢弃有价值的做法

【案例】

某校校长是大市级教育科研学术带头人，他在管理学校过程中，大兴科研之风。在周边学校加班加点抓教学、死死苦抓成绩的环境里，他要求教师以科研的角度对待课堂，以反思的眼光对待教学。每周组织学科教师学习科研理论，剖析老师课堂，指导教师的论文写作。几年下来，这所学校的教师人人会写文章、个个会评析课堂，最主要的是学生成绩一步一步提升，教学质量逐步提高，学校因此异军突起。老校长调走后，来了新校长。新校长是一位理科老师，他看不惯舞文弄墨，不喜欢写写说说议议。于是，取消了坚持几年的科研论坛活动，代之以让教师在自修课上进课堂抓成绩。教师和科研的劲头受到了极大的打击，也很少看到教师聚在一块研究课堂、研究教学了。教师进课堂的时间多了，学校的教学质量反倒是停滞不前了。慢慢地，这所学校也"泯然众人矣。"

"现在很多校长往往喜欢在废墟中重建，总想推翻历史，使学校在自己的手中得到重生，认为以往的全都是历史垃圾，不屑一顾。这种忽视传统的做法实际上就是'归零'，是低水平的行为。"对于这种现象，教育部校长培训中心主任陈玉琨教授痛陈其弊。每位校长都有自己的思路，都有自己的做法，这是可以理解的。但前任校长的管理中，总有可以继承的东西，总有值得说说赞赞的做法、措施和亮点。对此，接任校长要亮明继承的观点，乐于、敢于接手有关工作。领导班子一换，套路就变，做法就改，这永远是从"归零"开始，永远只能爬到山的半腰，不可能到达山的顶峰。在学校的发展过程中，"丢弃"是愚蠢的做法，是割断传统，是发展的反面。前任校长的管理历程，是一笔宝贵的财富，是一项独特的资源。只有传承好前面的做法、措施，才能站得更高、看得更远，才能创造出今朝的辉煌。

## 二、继承，不冷淡有影响的物件

【案例】

某校长在赴任新学校之初，全面了解了理任职学校的基本情况及特色。了解了学校最近校园文化的情况，有意在这方面做一点文章。看到学校高大宏伟的建筑，他萌生了挂文化条幅来装点的设想；看到教室外面的光秃秃的墙壁，想让墙壁说话；看到校园广场显著地方的一个"希望—腾飞"雕塑，产生了把雕塑移动位置的想法。他心里想，都什么年代了，还把这个上世纪的"希望—腾飞"雕塑放在校园的主要位置；要与时俱进，要适应时代潮流，要换新花样有新套路。于是，他就把那个雕塑移到了校园一角的树丛底下，在原来的地方花重金置备了崭新潮流的雕塑。没想到，雕塑搬动没多久，就迎来了毕业20周年的校友聚会。那些校友看到他们曾经引以自豪的雕塑缩在校园一角，寄居在树丛里，心里很不好受，当即在校长室里直面问询：为什么把他们的念想移到冷落处？难道"希望—腾飞"不再成为学校的目标和学生的追求吗？接任校长涨红了脸，诉说着其中的缘由。解释了好一会儿，校友们还是对这个雕塑的位置颇有微词。前任校长也激愤于这个事情，退职后对学校做法不屑一顾。

接任校长为了适应形势发展的需要，在基本建设在设备添置在思路措施等方面，提出自己新的想法，实施新的做法。这是可以理解的。但要注意了解前任校长所做所为的背景，注意了解某些事情的做法影响，尤其是前任校长专心设置的那些在校园中具有突出地位影响的"物件"，可能在相当长的时期内继续引领某种潮流，勾起某种念想。对此，接任校长要谨慎操作，握在手中，使这种物件念想能够为自己管理所用，继续发挥出特别的作用和影响。接任校长不能认为以前的传统、以前的物件已经过时，就把它们清出管理视野，移到角落、闲置一边。事实上，上述案例中，如接任校长既尊重念想旧雕塑，又创新置备新景观，把它们放在同等位置，使学校发展一脉相承，那么校友们会感念着旧雕塑，更会凝望着新景观；校友们在怀旧的同时更会谈论创新发展，佩服祝福学校的进步。

## 三、继承，不固步有活力的创新

【案例】

某校前任校长在任期内，根据新课程实施的特点，以劳动技术教育为突破口，积极开展项目学习活动，培养学生的动手能力和劳动技能，促进了学生素质的深入提升。一时间，项目学习成为了该校的一个突出特点，在全市初中学校中声名远扬，学校因此被列入中德劳动技术项目合作学校。继任校长到任后，对此仍然高度重视，他没有丢弃"项目学习"，没有冷淡"项目学习"，也没有固步停留在"项目学习"上。他组织申报了《以项目学习优化农村初中课堂教学的实践研究》这个省级课题，积极开展教学研究，使项目学习成为优化课堂教学的一个抓手；他在传承学校"项目学习"的基础上，适应教育转型的形势，适时提炼了"习得教育"的学校文化特色。应该说，"习得教育"来之于"项目学习"，后者对前者既有传承，又有发展。"习得教育"比"项目教育"含义更加广泛，更能密切联系学校实际，更能鼓舞师生士气，更能发挥学校的优质资源。一时间，既承载传统又思考创新的"习得教育"，成为了这所农村初中学校健康科学发展的重要基石，大大提高了学校的教学质量和核心竞争力，有效提升了学校教育文化的品位。

学校创新发展，没有现成的操作模式，不可能一蹴而就，需要艰苦探索。今天一个新点子，明天一个新思路，看起来热热闹闹，到头来往往形不成自己个性，最后一事无成。继承创新不是照搬照抄，而是合理取舍，而是对原有事物合理部分的发扬光大。没有继承，发展就失去了基础；没有创新，发展就失去了活力。该校紧扣学校实际、紧扣学校资源来做文章，"咬定青山不放松"；坚持前任校长管理工作的思路特点，并在继承中创新，逐渐完成了从"项目学习"到"习得教育"的文化特色的转型发展，也使得文化特色建设更好地促进学校发展、师生成长。据说，某新校长在前任校长坚持的"科技创新"特色的基础上，发展性地提出了学校"创意教育"的特色，得到了师生的赞同，更赢得了前任校长的好评。继承是人品，更是智慧。只有很好地继承，在继承的基础上适时创新，才能植根于历史传统，促进学校发展。

总之，校长是学校发展过程中的一个关键因子；学校办学，就是传承与创新的不断交替变化的过程。接任校长要继承好前任校长的传统优势，做到继承不丢弃、继承不冷淡、继承不固步；要既能尊重历史，做一名"薪火传递者"，又能不断渗进现代理念，不断创新发展，做一名"时代弄潮人"。天时地利人和，在继承的基础上创新发展，才能谱写出学校理想教育愿景的崭新篇章。

（本文发表于 2016 年 9 月《教书育人　校长参考》）

# 用智慧提升校长管理的领导力

学为人师，行为示范。校长的一言一行、一举一动，直接影响到每位教师，关系到上千学生。今天如何做校长、如何管理教师？我们认为，校长要在继承良好管理传统的同时，敏锐把握教师的心理特征，尊重为先，因材施"管"；有的放矢，营造氛围；巧管妙理，追求和谐。这不仅是一种管理方式技能，更是一种教育智慧和管理升华。

## 一、勤于巡视

一位知名校长说，他每日必做的功课就是校园巡视，因为它可以让人以最直接的方式了解学校各方面的情况，从而做出相应的调整，使校园更加美好和谐。确实，巡视可以保安全，可以督整洁，可以促管理，可以发现在办公室听汇报所不知道的事情。校门口巡视，可以了解到学生上学放学时的安全情况和学生家长的想法需求；食堂宿舍巡视，可以了解到学生饭菜安全供应情况和学生的要求建议；校园建筑场地巡视，可以发现建筑设备上的安全隐患和职工工作的落实情况；教室课堂巡视，可以发现教师课堂管理的不足和有效教学的推进措施。校长在校园里巡视，对教师和学生来说，是一种无声无言的管理力量，更好地促动老师扎实工作，更好地激励学生好好学习。总之，校长要管理好校园，每日需要完成各种各样的功课，而校园巡视是最重要的功课之一。每日校园巡视，能及时地发现问题、解决问题，从而不断提高学校管理的专业水平。

## 二、启发自励

批评同表扬一样,却是管理工作的常用方式。因为在日常的学校管理工作中,不可避免地会遇到教师的迟到旷工、工作任务未尽责等各种违规情况。面对不良现象,如何实施有效的批评呢?有的校长在教师会上首先自我批评:"最近由于我工作失职,没有很好地抓好工作…"一番宽容的话语,使得教师不但没有产生丝毫逆反情绪,反而内心有所震动。有的校长变批评为表扬,在照顾全体教师的同时表扬某方面突出的老师,如"最近我校教师的出勤纪律总的来说是好的,尤其是某老师更是早早到校…"在表扬他人中让教师反观自己的言行,寻找自身的差距,看到努力的方向。有的校长下发有关常规考核的细则,让教师进行自查自评,心中有数。这样做,充分照顾到了教师的脸面,能让教师从中深刻认识到自己的错误,改正自己的错误。教师作为一个特殊的知识分子群体,有着强烈的自尊心。因而,校长批评教师一时的错误时,要考虑到其自尊心,要尽量用幽默宽容智慧的语言,要启发教师自省自励。

## 三、善于倾听

管理学上的"霍桑效应"告诉我们,额外关注,会引起绩效或努力上升。这个实验启示管理人员,尤其是基层管理人员应像霍桑实验人员那样重视人际关系,设身处地地关心下属,通过积极的意见交流,达到感情的上下沟通。同样,校长对教师也要关注沟通。面对着竞争压力和绩效考核,一些教师心理失衡,产生怨烦失望情绪。对此,校长要注重畅通宣泄渠道,与教师平等对话、交流,珍惜每一次和教师交流的机会,学会倾听教师的心声。某校一班主任对自己亲戚孩子未进意想中的班级,心里有疙瘩。经过校长诚恳交流,他坦然接受。一教师对食堂工作有意见,校长静静地听着老师的诉说。校长的倾听,使教师的脸色立刻阴转晴了。校长的倾听是理解、宽容、信任教师的前提。一位老教师对人说,校长能听我们说话,我们就觉着他和我们是自家人了。善于倾听,能够缓和矛盾、平缓情绪,能够使教师得到一种尊重、一种宣泄、一种满足,能够使教师的心理趋于平衡,激发他们的教育教学动力。

## 四、适时"无能"

在管理工作中,多数校长理念新、思路活,能创新出许多点子。但是,当一所学校的制度措施办法都属于校长的专用"发明"时,这所学校的管理往往可能变成校长的一言堂,全体教师都在为校长做事。这不利于调动干部教师的积极性,也达不成管理的和谐。其实,校长要放下架子,要大智若愚,集思广益,博采众长,要"模糊"

地表明管理的"无能""无耐"。一位校长在制定有关制度和出台某些办法时,除了自己思考琢磨外,总是召集学校干部和一线教师,对他们说:一个人的看法有局限性,我也比较迟钝木讷,你们帮忙想想办法出出主意吧——怎样化解这种问题或矛盾?能不能想出一些好办法好点子?校长的这番谦虚之言,能激励大家用心思考,开启大家的智慧。即使校长对有些事情已经"胸有成竹",也要先说"想不到",以让相关人员拿出主意来。这样的做法,既体现了校长对下属的尊重,又能发掘出更好的方案,使教师增强主人翁意识,使商议出来的方案在教师中能顺利推行。校长的适时"无能",比之一两个校长拍着脑袋思考计策、召开会议公布决策,实在要高明得多,也使管理行为更周全,取得顺畅和谐的管理效果。

## 五、发挥优势

"校长就是学校的名片。"要建立威信、赢得信任,校长就要努力发挥好自己的工作优势。优势一旦形成效应,就能使教师认可、跟同、聚焦,从而在管理中凸现自己的特色。校长的优势主要包括两大块:一是校长自身的个体优势;二是校长所在学校的群体优势。有的校长社交能力强,就要利用好这种人脉优势,为教师解决困难,为学校谋取利益;有的校长科研水平高,可以设法培训教师,帮助教师修改论文发表文章;有的校长课堂教学水平高,可以开展教学竞赛活动,为教师课堂比武指点"江山"。群体优势,包括学校所在的地域优势、学校现有的生源和师资优势、学校拥有的设备资料优势等等。校长既要树立强烈的自我优势意识,又要学会寻找各种工作优势。校长用好、用足、用活这些才能、这些优势,并把它渗透进自己的管理工作中,这样就能最大限度地将其转化为教学质量优势和学校管理优势,通过不断培育具有自身特色的"优势群",找到可形成自己优势的"增长点",促进学校在这些优势上扬长补短,形成学校管理的独特景观。

## 六、努力学习

学校是学习的地方,校长是组织、指挥学习的人,这就要求校长严以律己、致力学习,在学习中增长管理智慧和治校才能。一个好学的人不一定能当校长,但一个校长必须是好学的人。致力学习的首要途径是读书:读教育经典著作,读教育书刊,读人文书籍,广泛猎取,不断充电,不断"丰满自己"。校长的读书,能够给师生做出榜样,浓厚学校读书学习研究的良好氛围。其次在读书中接受教育思想的熏陶,学习先进的教育经验,反思自己的教育管理行为。当校长的过程,就是不断学习知识和更新知识的过程,就是不断将所学到的知识运用于实践的过程。以理论指导学校管理,以管理实践观照教育理论。在读书中思考，在思考中实践，在实践中反思。这样的学习，这样的反思，能够使管理带有理论的光芒，使教育管理的缺憾降到最少；提高校长分析和解决全局性前瞻性问题的能力，使校长站得高、看得远、想得深、抓得准。学习使校长博学多才，常教常新，常理常新，魅力十足。努力学习，是校长管理的一个智慧做法。

"桃李不言，下自成蹊。"管理既是一门科学，又是一门艺术。管理不是改造人，而是唤醒人；不是约束人，而是激励人。只要学校管理者以尊重为前提，以智慧来拥抱管理，用好策略，用活策略，刚柔相济，定能消除管理中的积弊，促使学校管理充满诗意、充满活力，达成和谐高效之境界。

（本文发表于 2012 年《中小学校长》）

# 中层干部要炼好"管"和"理"的本领

学校中层干部是学校管理的中间阶层，是学校发展的中坚力量，是学校管理工作正常运行的"纽带"，处于承上启下的重要位置。那么，在学校管理中，如何让中层干部发挥好作用？如何让中层干部的"管"和"理"，真正务本求实呢？笔者以为，中层干部要炼好三个"一"。

## 一、要记好一个"本"

中层干部是基层一线的实践者和见证者。中层的角色，决定了中层干部较多地扎根在基层，会了解到方方面面的情况，会遇到各种各样的问题。如果能把这些情况和问题，点滴积累起来，无疑提供了管理素材和第一手资料，为领导决策提供了咨询参谋。因而，中层干部要记好一个"本"。

一位校长在学校管理的实践中，尝试运用了巡视管理制度，让中层干部记好自己的《巡视管理本》，要求干部们巡视校园、勤于管理，并把相关情况及时记入《巡视管理本》。《巡视管理本》定位于"巡视"。身处校园，只要在走动，就是在巡视，就是在管理。"巡视管理"四个字，提醒干部要认真巡视、要细致管理，这样无形之中，增强了干部管理的高度责任感，工作态度也变得认真严肃起来；手拿《巡视管理本》，也在有意无意地催促干部要"想方设法"地在本子上记录点内容，这就促使干部去深入校园角落去巡视管理。从这个角度上说，《巡视管理本》促使中层干部学会了关注校园细节，培养了敏锐的观察力。

《巡视管理本》既称为巡视管理的"本"，则范围内容必然广泛多样——既巡视学生表现，也巡视教师情况；既巡视教室走廊，也巡视操场和办公室；既管理校园中正在发生的现象，也预测可能发生的问题；既管理着别人的事情，也记录着自己所做的工作。干部在巡视管理，针对学生，也针对教师，更针对校园中的一切情况。干部记录《巡视管理本》，不但记录发现的问题和现象，也记录着自己所做的管理工作和由问题引发的见解、思索。从这个意义上说，记好《巡视管理本》，有利于使每项工作及时留下"痕迹"，便于总结反思。

## 二、要抓好一条"线"

学校中层干部是学校各中层处室、各条线的负责人。在学校里，各位中层都接受着校长室的领导；每位中层也都有都有自己的职责范围，自己的工作任务。那么，中层干部如何夯实根基、做好工作？笔者以为，要实实在在地抓好自己分管这条线的工作；要树立"管理就是服务"的理念，切实为学校和全体师生服务，切实把学校的相关管理工作做细做实做好。比如说，教务处这条线，应该是课程计划执行评价等方面的工作，里面有许多事情值得思索研究。笔者在工作实践及学校调研中，碰到一些教务处主任，他们总是在抱怨自己事情多，很劳累。问他忙什么，他说有老师请假需要去换课，需要求人去上课，有活动需要去组织。教务主任工作零碎，是忙了一点，但要忙到点子上。笔者听后建议实施课务协调制度——老师外出参加活动，可以让这个老师去跟别的老师商量协调课务，协调好了，填写一个单子上报教务处（至于老师生病而产生的课务协调，则由教务处处理）。这样一来，大大减轻了换课事情的负担，又促成教师之间相互协作。教务主任忙什么？应该忙教学活动的组织，忙教学研修的思考，忙教学质量的提高。学校"以学论教"开课节活动如何组织，要考虑哪些环节，活动怎样获得最大收益，这一些教务主任要实干；教师课堂教学如何进行反思，如何组织好教学思辨活动，如何提高研修成果，这一些教务主任要行动；课堂教学中学生一方如何动作，学生在课堂中的表现怎样，学生的成绩提高有没有保障，优秀生是否脱颖而出，后进生是否抓在手里，这一些教务主任也要落实。"能打仗、会打仗、打胜仗"，这也应该是教务主任的一个重要任务。经笔者的建议，教务主任恍然大悟。他甩掉了忙的枷锁，戴上了思考的帽子，各项工作忙得有方向、有重点、有目标，教务条线工作做得井然有序、实在有效。

因而，中层干部要精通自己分管的事务，要把条线工作做好抓好；要有一定的话语权，要确立自己在条线工作中的引领作用和权威地位。如教科主任，必须在教育科研方面有自己的发言权：他能通晓课题研究，能撰写科研文章，能指导科研思辨等。如果中层干部在条线工作上马马虎虎，没有抓好工作的能力和行动，那么他就会在教师面前失去威信，也使学校工作受到影响。所以，条线工作做得好不好，最能考验中层干部的管理智慧和工作能力。抓好一条"线"，是中层的首要职责任务。

## 三、要蹲好一个"点"

中层干部在条线部门，隶属于校长室领导。但学校里还有好多基层单位，如教研组，如某个班级。作为校内一个基层单位，往往是校内条线的交汇点、工作事务的集合点。在这个点上，会遭遇这样那样的情况，会遇到这样那样的问题。在这个点上，既要接受校内上级的领导，又要面对各方的巡查，还要处理多样化的问题。所以，中层干部作为中间的管理者，也应该是基层的管理者，也应该是"点"上的管理者、指挥者。作为一个成熟的中层干部，应该沉在基层，感受基层的酸甜苦辣，要蹲好一个"点"。

某校出现这样的情况，学校里一位教务主任长期抓教学研究组织工作，勤勤恳恳，工作成绩比较出色。学校里高度肯定他的工作，就提拔他担任副校长。应该说，他在教学组织这条线上做得好，提拔他也是理所当然。可是，在校级领导分工时，因某种原因他却去分管了德育工作并分管班级管理。这个时候，这位干部却有点茫然了：他所熟悉的教务处工作，与德育工作沾不上边，或者说紧密度不够；抓好德育工作，对他来说是一张白纸啊。于是他只好模糊"混"过去，对德育工作处于一个较长时间的适应过程。

因而，我们认为，中层干部在岗位上还要多角度历练。怎么历练？那就要去蹲好一个点。这个点，可以是一个班级，可以是一个教研组，可以是一个比较重要的任务或工作。在这个"点"上，既要做教学工作，又要做科研工作、后勤工作；既要面对老师，又要面对学生、面对家长；既要抓好教学业务，又要抓好德育管理、抓好学生管理。在这个"点"上，要练就"会管"的技能，增强"善理"的本领。如在组织方面上，要提高统筹能力、计划能力、整合能力；在协调方面，要提高上下级之间、横向之间、下属之间的各种关系，理顺工作联系和人际关系；在应急方面，能够面对意外事件，迅速做出反应，寻求合适的方法，使事件得以妥善解决等；同时要尊重教师的工作与人格，搭建和创设一种和谐民主的人际环境和人文氛围。中层干部，不管是教务条线的，还是科研条线的，还是总务条线的，只有在这样的"点"上多做实事、经受锻炼，才能积累各方面的经验，提升各种能力。

总之，学校中层干部是校长施政的"左膀右臂"，是校长决策的"参谋智囊"。中层干部如能记好一个"本"、抓好一条"线"、蹲好一个"点"，就能深入巡查发现问题，就能有效落实分管工作，就能沟通协调历练提升。如是这样，就能充分发挥好中层干部的桥梁作用、模范作用，为学校管理的和谐健康发展奠定扎实的基础。

（本文发表于 2015 年《江西教育》）

# 有效开展初中德育工作的方法分析

"我捐 5 元。""我捐 10 元"——学校开展为贵州结对学校的贫困生爱心捐款活动，广大学生纷纷响应，都拿出自己的零花钱。德育处在汇总时，发现大部分班级都在500 元上下，而二（10）班只有 83 元。这个班级怎么啦？学生人数跟其他班级差不多，怎么只有这点？爱心捐款，虽然不能只看数目，但这个班级这么少，有点不对头。德育主任与班主任联系，班主任说，学生就交了这么点。在征得班主任同意后，德育主任来到教室里，播放了贫困生生活的视频，宣讲了自愿爱心捐款的意义。随着德育主任声情并茂的讲述，学生们目不转睛，有的还热泪盈眶。第二天，德育处收到了班长交来的 630 元捐款。为什么前后的捐款数差别这么大呢？分析原因，可能是第一次捐款的发动没有对活动意义深入分析，没有能够打动学生的心灵，致使学生对爱心捐款看得淡薄，存在一种无所谓的思想态度。这样，一个很好的教育活动收效甚微。

那么，如何才能使学生的德育教育，收到理想的教育效果呢？

## 一、德育工作需要在活动中开展

学生思想教育，要提高实效性，就要依托活动这个载体。没有活动这个载体，单单凭嘴巴说一说，灌输一下，学生不可能对教育的内容刻骨铭心，德育工作要内化于行的效果就可能会大打折扣，德育工作可能就成了无本之木、无源之水。而如果围绕德育教育内容，积极开展一系列有特色的主题活动，就能够让学生在活动实践中经历丰富的体验，更加专注于教育的内容和收获；也能够更好地寓教育于活动之中，使学生易于接受乐于接受深刻接受；更能够在活动中拓宽德育教育渠道，从而使德育工作焕发出无穷的魅力。一位班主任为让学生体会母爱感恩母爱，在班会课上设计了一项绑沙袋的活动。学生把五六斤重的沙袋绑在腰间，在操场上走路，坚持一节课 45 分钟的时间。学生累趴了，吃不消了，怨声四起。这时教师告诉学生："你一节课，就打退堂鼓了。而你们的母亲在怀你的时候，就这样整整十个月……"学生低下了头沉思着，有的眼睛还迷糊着。一种敬爱妈妈、感恩妈妈的气息，在教室里弥散开来。

学生的思想教育，要提高实效性，还要创新活动、创新形式。活动是教育的载体，也是教育的磁场。要把学生吸引到教育活动中来，使学生积极参与、认真投入，最后乐意享受，这样，教育活动就能收到事半功倍的效果。在班级中教师表扬同学，往往会使其他同学认为教师看不到自己的优点、老师戴着有色眼镜看人，以致教育难以和谐深入。怎么办？一位班主任做法独特，他借学生的"笔迹"从学生的角度，着着实实地表扬了全体学生。他在课堂上发下一张名为《欣赏与感谢》的纸，上面列出的内容主要条目有："A、我欣赏，因为他（她）。B、我感谢，因为。"教师要求学生马上回忆梳理：自己欣赏的人和事、自己感谢的人和事，而后动笔写在纸上。5 分钟后，老师把《欣赏与感谢》收上来，利用实物投影仪，把一份份"欣赏和感谢"映在所有人眼睛的视线里，刻在所有人的心坎上。顿时，教室里群情振奋，声音此起彼伏，有感谢的声音，有激动的言语，更有被欣赏被感谢的欢呼。每个人都在写《欣赏与感谢》，每个人都在欣赏感谢别人，每个人也都在被欣赏被感谢。这样的《欣赏与感谢》，是顾及全体的，振奋人心的，弘扬正能量的；不是老师一个人自作主张地在欣赏感谢，而是这个班级所有人都主动地在欣赏都在感谢。这个富有创意的活动唤醒了学生对身边人和事的观察，大大激发了学生进取向上的精神。活动开展后，这个班级洋溢着正气，充满着正能量。学生记忆深刻，自觉地以被欣赏被感谢的口吻来严格自己。可见，德育工作依托活动，能够整合教育资源，吸引学生的关注度，培养学生的积极体验，夯实教育的过程，强化教育的力量。

## 二、德育工作需要在仪式中落实

校园中的仪式，是校园文化的有效载体，是重要的德育课程资源。爱心捐款，是一种很好的教育活动，这种活动如果随口说说，就可能影响教育的效果。只有把它当做一件大事来抓，为它举行一个仪式，才能达到教育者所想要的程度和目标。仪式，虽然有时简练、短小，但它的导向性、感染性，会使学生在心中留下深深的印象。一所学校为优秀学生结集印刷作文专辑，并且在全年级同学面前举行了新书发布会，校长亲自参加并致辞，家长到场讲话。这个活动仪式，定会在小作者心中激起阵阵涟漪，会使小作者在同伴师长的温馨勉励中走向未来，继而在心中打上深刻的烙印。

仪式是传达正向价值观的，要因地制宜，富有创新性。因而，德育活动仪式，要吸引眼球和鼓舞人心，要点亮教育的精彩瞬间，使学生对教育活动留下印象。初三学生领取了毕业证书，要离开学校了。对于城市学校来说，举行一场毕业汇报演出活动，应该不成问题；但农村初中，设备设施简陋，可能演出活动无法组织。怎么办？在领导认真商量后，出现了一幕既简单又感人的场景：毕业学生在班主任的带领下，踏着红地毯走出毕业门，肃立在学校大门口，手捧红色证书，整齐地向学校鞠躬致辞："今天我以学校为荣，明天学校以我为荣！"此情此景，连过路人都停下脚步。这样既简单又隆重的"仪式"，使毕业生内心升腾荣耀之感，深化了教育的过程和要义，很好地激发了学生热爱学校、感恩学校的情感，引导学生以积极的心态和阳光的心理走上未来征程。可见，仪式活动，能够给学生以情景沐浴和熏陶，带给学生强烈的震撼效果；思想教育在仪式中落实，就能深入学生心底，为学生的成长奠定坚实的基础。

## 三、德育工作需要在细节中着眼

如何搞好德育工作？是简单说教的思想动员，还是响彻云霄的口号灌输，还是其他方式？40多年前，前苏联要选拔宇航员进入太空。加加林和其他候选人实力相当。为什么最后选择加加林？这是由于在演习时，主设计师发现只有加加林一人是脱了鞋进入机舱的。这个脱鞋的细节使得专家对加加林刮目相看，成就了他进入太空第一人的荣誉。"海不择细流，方能成其大；山不拒细壤，方能就其高。"德育无小事。身边的小事，言行的细节，能够产生出巨大的教育力量。听说一位特级教师在乡村学校任教时曾经历这样的事情。当他走进教室时，讲台桌上有七零八落的粉笔头和一层粉笔灰。他边收拾好粉笔头，边绕到学生座位前面；面朝黑板，背对着学生，轻轻地吹去那些粉笔灰。在教室里"吹粉笔灰"的细节，生动实在地折射出了这位教师对学生的细致入微的温馨关心。而这一细节无形之中深深地影响了讲台下的学生。据那位特级教师说，后来他再也没有吹过粉笔灰，因为他的学生每天上课前都已将讲台擦得干干净净。

"随风潜入夜，润物细无声。"学校德育工作要具体化细微化，要落实在德育细节上。吹粉笔灰这个细节体现出教师的爱心，也是最形象的"以身作则"，学生在老师的这个细节中学会了尊重。同样，老师给学生一个慈爱的微笑、一个暖暖的抚摸、一个妥当的赞美，甚至一个大拇指的点赞，都能传达出教师的肯定和爱意。"轰轰烈烈"的教育，不见得是真教育。在德育工作中，要注重用细节来实施教育行动，将德育内容溶入学生成长的每一个细节中，在细节中见"新奇"。常发现学生在课桌上刻刻涂涂的现象，也常常屡禁不止。怎么办？一位班主任关注细节，巧妙诱导，有效教育。他允许"课桌文化"的存在，同时向学生提出要求：要摘录自己喜欢的名言警句；要一律写在大小适当的纸上，用胶条贴在桌子右上角，定期组织展评。于是学生兴趣十足，精心制作纸片。每张课桌上都有了设计精美、内涵丰富的"座右铭"。这个细节管理，成就了丰富多彩的"课桌文化"，促使学生扬长避短，积极向上，营造了良好的教育情境氛围。

在意小细节做实大德育。在细节德育的阳光雨露下，学生们定会花团锦簇。正是许许多多德育细节，才组成了巨大的教育磁场。重视细节，应该成为学生思想教育的着眼点。

## 四、德育工作需要在故事中蕴蓄

在旅游景区，一砖一瓦一石总能令游客肃然起敬，其中一个原因可能是这些砖瓦的不凡来历以及相关的故事。故事，增添了神秘色彩，激发着游览兴趣，无形之中也使得游览者开阔了视野、增长了知识。旅游是这样，德育何尝不是这样呢？在现阶段，德育要有规章有内容，更要有故事、有形象、有韵味。中国传统文化国学文化中的《三字经》《弟子规》，其中就蕴含了一个又一个故事，当单调的灌输不能触动学生的心灵时，不妨"让故事说话"，不妨让故事与思想教育携手。

在学生德育教育时，教师要胸中有墨水、脑中有故事。要多学一点天文地理古今历史，把握知识的来源和故事；循循善诱地用故事来教授指导，用故事来打动学生，用故事来启发学生。例如为了鼓励学生自律自强，一位校长在晨会教育讲话时就讲了罗斯福的故事："有一位美国青年，一天突然察觉到他经常失去朋友，形单影只。认真反思后，他发现是自己太争强好胜，所以始终跟别人处不好。临近新年的一天，他制订完年度计划，便坐下来列了一张清单，把自己个性上所表现出的一些缺点都列在上面，从最致命的大缺点，到不足挂齿的小毛病，全部按次序排列，并痛下决心要一一改掉。每当他彻底改掉一个毛病，就在单子上把那一条划去，直到全部删除完毕为止。最终，他入主白宫，成了美国第32任总统。他就是富兰克林·罗斯福。"这样的故事，浸润学生的思想，能够使学生思辨领悟，在增强思想修养的同时受到了深刻的教育。

故事，有人物有情节，生动形象、具体可感，故事中蕴含着教育，能够特别打动人心。在疫情防控期间，一位班主任进行在线德育微课堂教育时，就给学生讲述了钟南山院士的故事：钟院士活跃在当年非典抗击一线，也冲锋在肺炎疫情防控的关键时刻。老师一边讲述一边播放照片。当屏幕上出现老人在火车上闭目深思的图片时，许多学生纷纷在留言区写下感想，表达了对老人的崇敬，有的表示要立志成为象钟爷爷那样的科学家。实践证明，故事很能吸引人、启发人、诱导人，故事里面的教育意图又是含蓄的。因而，老师进行思想教育时，要发现并挖掘故事深处的教育价值，总结提炼其中蕴含的教育真谛，在教育实践中贴切灵活地去运用，这样能够有效触动学生的心灵，播撒出德育工作的一抹亮丽阳光。

总之，德育工作是一项伟大的事业，是铸就灵魂的工作。德育教育管理，特别要讲究管理艺术和工作方法。它要求创造性地开展好活动和组织好仪式，艺术化地蕴含在细节和故事中，在具体实践中因事、因时、因地而为。只有这样，才能有机唤醒学生的内在因子，有效实施生机活力的思想教育，努力开创出德育工作的一片灿烂天地。

（本文发表于 2020 年第 13 期《新课程研究》）

# 努力做一个会讲故事的管理者

外出旅游时，景区中的一块大石头让人觉得稀松平常。可是，当导游讲述了这块石头的来历以及相关故事后，人们会对它肃然起敬。故事，给石头增添了神话色彩，使得你在旅游中开阔了视野、增长了知识。

旅游是这样，学校管理何尝不是这样呢？学校管理不但要有规章、有形象，而且要有故事、有韵味。当乏味的指导不能激起老师的兴趣时，当单调的灌输不能触动学生的心灵时，不妨"让故事说话"，不妨让故事与管理携手。

## 一、要不断充电，成为有故事的思想者

校长作为学校的代言人，影响着师生的整体水平与整体形象，必须不断地学习与思考。陶行知先生曾说："要想学生好学，必须先生好学。惟有学而不厌的先生才能教出学而不厌的学生。"校长只有不断充电，倾心读书，才能使自己胸中有墨水、脑中有故事。校长所学要广泛，尽可能多学一点天文地理历史知识，要把握知识的来源和故事；在教育管理中，要尽可能多地用故事来指导，用故事来启发学生。惟有如此，

才能成为有故事的管理者。

校长要发现并挖掘故事深处的教育价值，总结提炼其中蕴含的教育真谛，在教育实践中让故事来说话。例如为了鼓励学生自律自强，一位校长在晨会教育时讲了罗斯福的故事：一位美国青年，察觉到他经常失去朋友。认真反思后，他发现是自己太争强好胜，所以始终跟别人处不好。于是，他列了一张清单，把自己个性上所表现出的一些缺点都列在上面，并痛下决心要一一改掉。每当他彻底改掉一个毛病，就在单子上把那一条划去，直到全部删除完毕为止。最终，他入主白宫，成了美国第 32 任总统。他就是富兰克林·罗斯福。这样的故事，既使学生思辨领悟，受到深刻的教育，也使演讲者通过对故事的讲述，耳濡目染，思想浸润，增强了思想的修养，久而久之，就成为有内涵的思想引领者。

## 二、要巡视发现，成为访故事的行动者

陶行知告诫我们"行是知之始，知是行之成。"在管理中，校长不能闭门造车，要善于巡视，捕捉校园中的精彩，发现校园中的遗憾。校园中无时无刻不在发生着一些生动的富有教育意义的故事。因为是身边的人或事，师生非常熟悉，倍感亲切，这样很自然地产生认同感，教育说服力比较强。

管理会上，一位干部在叙说："第二课下课时，我来到六班，扫视整个班级，大部分同学都在看书做作业。但靠窗最后一位同学，两手放在课桌肚边沿，快速地抖动着，眼睛一眨不眨地盯着手里的东西。我从天而降似地来到这位同学面前——他正托着手机，全神贯注地玩着游戏。……"，这样的故事，会使大家凝神思索，也引导着大家深入一线，捕捉精彩或异样的故事。

一位校长在行政会上讲了这样的"遇见"：早晨，我站在教学楼的底楼，迎接着老师和学生"徐老师，早！"年近半百的徐老师过来了。猛然间，我发现她手里拎着一个布袋袋，方方正正又鼓鼓囊囊，好像很沉的样子。"什么好东西呀？"我想看个究竟，按了一下她的包：啊，一大叠试卷！我疑惑地盯着她。徐老师轻声道："白天来不及，拿回家批一下。"望着徐老师上楼的背影，我赞许似地点点头。"遇见"片段，有时间有地点有情节，更有满满的感动！

管理者要细心发现校园中令人感动的事情和值得重视的精彩细节。这些"感动"发现出来挖掘出来，无形之中，有了一种魔力，吸引着教师靠近着这些"感动"、亲近着这些"精彩"……一种奋发向上的浓厚氛围，潜移默化之中慢慢弥散开来。由此，管理者要沉入一线，多巡视、多发现，努力访求好校园中的故事。

## 三、要感悟引导，成为讲故事的践行者

一个好故事具有强烈的吸引力和感染力，它剔除了空洞直观的说教，为抽象说理增添形象性，增强生动性和趣味性。在师生的教育引导中，以故事来启发，能激起思想共鸣，滋润心灵，达到"润物细无声"的教育效果。

"又要开会了。老生常谈。"但是，今天却不一样。"老师们，今天会议的内容是——我讲一个《多踩了两脚泥》的故事。"随后，校长打开电脑投影，朗读起这个故事：甲乙两人同时被一家工厂招为工人，要求9月30日进厂报到。不料29日夜里，秋雨大作，山路泥泞，出行困难。第二天，甲踩着泥泞山路准时到厂；乙却在两天后到厂里报到。若干年后，两人"身份"巨大差异：甲"离休"；乙"退休"。乙满腹牢骚，领导却对他说，人家比你多踩了两脚泥呢！说来也怪，会场上一片寂静，大家都在认真地聆听着校长的讲解。以往会议，老生常谈，听着恹恹。而会议上讲故事，切合了教师的身份，促使教师从中理解领悟，这比反复强调、啰嗦说明，显然要高明得多、理智得多。以讲故事的方式来实施管理，既委婉含蓄，又能感悟引导，有效促使教师自我领悟、自我警觉。

陶行知说："爱满天下，乐育英才。"在教育实践中，要用爱心和细心去接近学生去雕塑学生。校长在班主任会议上就讲了一个小故事：六月炎热天气，办公室门关得严实，可是，有一位班主任，她办公室的门却总是开着或半开着。其他人想把门带上，她总是说："门开一点儿吧。学生要来找我的。"办公室门为什么要这样？静心思量，"不关门"的做法有值得称道之处。打开一扇门，便是链接着亲近，沟通着心灵。这个小故事小做法，启迪着老师的思考。可见，用故事调节气氛，让故事鼓舞士气，以故事促进思考，借故事感悟引导，应当成为教育管理中的一个重要法宝。

## 四、要设计提炼，成为圆故事的开发者

人类需要用故事来打动人心。学校管理中，校长要设计好教育情境，让师生尽情演绎"故事"。教师要有故事，从中折射出他的人格魅力、教育思想。学生也要有故事，从中反映出他的学习品质、多彩生活。陶行知说："我们要以生活为中心的教学做指导，不要以文字为中心的教科书。"好的故事来源于生活，将小事件演变成一个个动人的有教育价值的故事，这既是教育智慧的展现，也是学校文化的积累与传承。

教师会上，一位校长把"表扬"做成一个活动，变成一个故事：他在教师会上

发下一张名为《欣赏与感谢》的纸，上面的内容有：A、我欣赏，因为他（她）。B、我感谢，因为。校长要求老师马上回忆并陈述：自己欣赏的人和事、自己感谢的人和事。而后，校长把老师写的《欣赏与感谢》纸投影在墙壁上，把一份份"欣赏和感谢"投影在所有人的视线里，刻在所有人的心坎上。顿时，会场上群情振奋。当所有人都在欣赏感谢别人时也在被欣赏被感谢时，这个《欣赏与感谢》就凝聚了全场的"心思"，大大弘扬了正能量。这样的故事和情境，充满了吸引力和娱乐性，印象难以磨灭。

一个故事胜过千言万语，精彩的教育教学需要故事。学生在综合实践活动中制作了好多手工作品。往往课堂结束，作品就搁置一旁。一位教师别出心裁，在校园举办创意造物节活动：每个班级推选并展示几件创意作品，在大楼门厅集中展示。全体学生观摩欣赏并投票，选出最美的创意作品；制作者向同学解说设计理念，回答疑问，出售作品。于是，那一刻，活动现场，人头攒动，热闹非凡。教师们纷纷赞誉：这个造物节的创意和有故事、有人气、有价值。

很多孩子难以记住某个孤立的重要人物，却能顺利地记住故事中的某个主角；很多孩子无法理解某个概念或定义，却能通过将一件事置于另一个故事情境中的方式来加深理解。所以，教育者要巧妙设计，努力圆好故事。要让学生在故事中学习，让学生学会编故事、讲故事；要让教师通过讲故事去研究教育教学，开展叙事研究，用贴切的故事去解释抽象的教育分析，这样，会更加有利于理解教育教学原理，并改进自己的实践。

"人类社会可以没有汽车，但不能没有故事。"教育也是如此。在当今社会的背景下，学校管理者要把握好充电故事的前提，实施捕捉故事的行动，采取故事引导的策略，体现故事设计的智慧。只有这样，才能在呵护故事的努力中，让学校管理充满诗意、收获精彩、走向远方。

（本文发表于 2019 年《华人时刊　校长》）

# 在"每日四问"中深化学校管理

最近，笔者认真阅读《陶行知教育名篇》中的文章，慢慢走进陶行知，同时也走进了一种精神、一种文化。陶老先生那朴实的语言，就像一盏明灯，成为我们做人做事的警钟。其中，陶老的《每日四问》吸引了笔者。"每日四问"即自己的身体有没有进步？自己的学问有没有进步？自己担任的工作有没有进步？自己的道德水平有没有进步？这让笔者不由地萌发了一个想法：在自己的学校管理实践中，不妨也学着陶先生试试"每天四问"。

## 一、今天我巡视校园了吗？

有人说，管理就是发现问题和解决问题。问题哪里来？问题不会从天上掉下来，也不会简简单单地从脑海里生出来。"没有调查就没有发言权。"问题就是从每日的校园巡视中来。每天巡视校园，可以敏锐发现教育教学乃至学校管理中的问题。来之于实际的问题，往往是真实的问题；来之于实际又是亲自观察发现的问题，往往是真实、真切、真情的问题。校长巡视校园，多到校园走走，会有惊人的发现：会发现部分学生空着手上学空着手回家；发现某位学生被老师"罚"出了教室；发现某堵白色的墙壁有几处脚印；发现教师办公室空无一人而电灯电扇亮着开着……校长的校园巡视，显微镜似的观察和思考，会直接指向管理上的这些真空和漏洞，从而更好地分析问题、解决问题，更好地提高学校管理的针对性和实效性。因而，笔者坚持做到每天巡视三次以上。早晨到校后和傍晚离校前，笔者总是把校园走个遍，去宿舍看看，去食堂瞧瞧，去教室瞄瞄，沿着围墙走一走，顺着操场跑一跑，依着校道遛一遛。每天中午，笔者习惯性地督促教室里的学生，看看办公室里的老师。这样的每天巡视校园，又从中了解到学校政令的执行情况，了解到一线师生的呼声，从而为促进校园和谐想方设法。事实上，只有多到校园走走，才能最大程度地保证校长决策的正确和施政的有效。只有多到校园走走，才能更好地亲近师生，感情融洽更为真挚和谐。

总之，巡视校园，反映了校长注重调查、注重实际、扎根基层、务实管理的工作作风。这是在行政楼里深居简出、在办公室里发号施令的工作现象所无法比拟的。因此，我们每天应扪心自问：我巡视校园了吗？

## 二、今天我倾听师生心声了吗？

在与教师交流沟通过程中，笔者认为，首要是倾听，因为人们在沟通过程中"听"的速度往往比"说"更快一些，"听"比"说"更需要人们的耐心和良好心境，因此"善于倾听"是一个成熟管理者的首要素质。同时只有倾听了师生的心声，才能使学校领导作出符合实际的决策，才能使学校管理更加有的放矢。因此在每天的工作安排中，笔者总是有意识地走进教师办公室与教师随便聊聊，竖着耳朵听着他们对学校管理方方面面的建议；有目的地走近学生，与学生打成一片，询问学生对教师教育教学的看法、对学校管理的意见。在制定初一年级教学管理制度时，一教师向我抱怨：不把后分进班级的学生纳入考核范围，实在是对家长的不负责任。笔者听后觉得言之有理：虽然只牵涉到五六人，但不纳入考核，就表明对这些学生的放任管理，当即与教务处协商，制定了一个妥善的管理方案。一学生抱怨食堂人员盛菜时存在短斤缺两、弄虚作假的现象，笔者及时关照总务处要严格职工纪律，遵守操作规范。实践证明，倾听师生心声，就能了解教师的所思所想和学生的学习生活，极大地加强了针对性的管理，反之，教师、学生与学校领导的沟通就存在一定障碍，不利于激发教师的工作热情和责任精神，也可能使表面平静的校园隐藏着某种不可预测的"波涛"。

总之，让师生有机会倾诉，并且真诚地倾诉，是校长每天必做的功课之一，这是和谐管理的前提条件。

## 三、今天我反思研究了吗？

要想每天的工作都有进步，应该每天进行适当的反思研究。美国心理学家波斯纳提出了教师成长的公式："成长＝经验＋反思"。校长的成长和管理也是如此，如果一个校长仅仅满足于获得经验而不对经验进行深入的反思，那么只能是一个操作型校长。反思是校长进行学校管理的法宝。作为一个学校管理者，可以从微观角度上评估教学的亮点不足和各项措施的影响反应，也可从宏观层面上反思自己的管理思想、教育理念。做一个有心人，炼就一双火眼金睛，自己教育教学中乃至身边的种种现象，都值得反思研究。我们可以反思心理偏差学生的教育方法，反思如何避免学生中的抄袭作业现象，反思调研测试成绩好坏的原因，反思双休日对学生教育的影响，反思教学措施带来的变化，反思学校特色的发展轨迹和特点等等。有的放矢地去反思，根据问题去学习、研究、实践，就能不断地解决教育教学中的实际困惑，为教育教学管理拨正航向。有时，即使不研究其它问题，也要对自己的工作进行一番反思：反思自己今天的工作有什么地方不到位、有哪些失误、失误的原因是什么；本周的工作完成了没有、目标达到了没有；本月工作的得与失、有哪些经验教训。每天反思一种现象，或每天研究一个问题，天长日久，就是一笔非常宝贵的经验财富、理论精华。

反思是一种透视，一种反想，一种远瞻。"做思考的实践者和实践的思考者。"这是教育大家的至理名言。唯有在实践中反思，在学习中反思，在成功中反思，在失败中反思，才能与时俱进，促使学校健康和谐地发展。

## 四、今天我读书了吗？

我们管理者常常抱怨没时间读书，不是应付这个检查、那个评比，就是参加会议、汇报工作，这样总能找到自己疏远读书的借口。其实，校长尽管时间很紧、工作很忙，但是读书时间总能挤出来的。在检查过后，在会议间隙，在幽静的晚上，校长足足有支配自己读书的时间。每晚临睡前，笔者便津津有味地翻起教育类的书籍与杂志：读名师的教育专著，爱的阳光温暖我的心田，教育智慧积淀脑中；一些专业杂志也让我大开眼界，教育理念逐渐更新。笔者捧着《给校长的建议101》，触摸到省内名校长的教育思想，感受到了他们的管理魅力；捧着《透视名师课堂管理》，笔者揣摩了名师课堂教学中的招式，萌发了组织教师学习精彩课堂的念头；捧着《英才是怎样成就的》，笔者感悟了"只要方法得当，每个学生都可能成为英才"的理念，体会了教育的魅力和父母的作用。读书给了笔者很多启示，让笔者在思考和学习中学会管理。

让读书成为一种生活、一种习惯、一种需要，夯实自己的文化底蕴，增长自己的管理智慧。唯有如此，才能以源源不断的活动滋养充实师生的心灵，才会更加胜任灵活多变的管理工作。由此，学校管理者应该每天问一问自己：今天我读书了吗？

学校管理，方方面面，多种多样，它涵盖了各个角落，存在于多种方式。笔者认为巡视校园、倾听心声，会直接激发校长管理的源泉；反思研究，会直接表达校长管理的内容；每天读书，会直接增长校长管理的智慧。因而，这"每日四问"，能够以少胜多、以简胜繁；这"每日四问"的良好习惯，必将引领我们学校管理者守望着这片多姿多彩的管理天地。

(本文发表于 2009 年 5 月《长三角教育》)

# 以"至善"思想提升教学质量和竞争力

一个阶段以来，苏南城镇学校一直处于扩张趋势，随着经济的发展，学校外来外来工子女的比率呈上升态势。有这样一所乡镇初中（该镇属于强镇扩权），在镇区的东北区域，近三年以来，每年新初一学生中外来工子女占到70%以上，而且来源杂、基础差、品行习惯不佳。在这样的基础和条件下，如何努力发掘学校教育资源，促进学校发展进步，提升学校的教育品质，就显得尤为迫切，也有着十分重要的意义。

该校面对问题和困难，顺应教育改革的形势，重视"真"和"善"中华传统文化的重要特质，切实加强教育管理，务实管理；切实加强至善教育，针对外地生多的现实，因地制宜，实地管理，贴近管理，促使学生品质和学习成绩得到发展，促使教师教方教学能力不断提高，学校办学水平得到提升。

本文试着讲述学校发展进步的思路举措，以此获得有益的启迪思考。

## 一、咬定青山不放松，校园管理显至善

如何办好学校，提升办学水平？学校在理清情况、分析问题的基础上，继承学校传统中的"至善"因素，深入实施素质教育。学校领导认为，学校管理要强化育人，要抓好课堂，促进学校发展。在学校面广量大的各个层次的管理中，紧紧抓住学生中育人的细节、课堂中有效的学习和教师干部的扎实管理等三个方面，以至善的思想来突出强化德育、教学、管理等方面的措施行为，咬定青山不放松，促使"真善"成为学生、教师和学校发展自我和提升水平的价值追求。

### 1. 突出"育人"，精致细节

【案例】

学校大会议室里，墙壁上"家校同心　师生同行"的红色横幅格外显眼。台上领导老师侃侃而谈，台下座无虚席。校长语重心长，积极与学生家长对话着——"你们的孩子已经是初中生了。请问，你还接送他（她）上下学吗？"台下有声音："他大了，用不着再接送了。""那为什么读小学要接送呢？""读了初中，就一下子长大了吗？""初中阶段，是一个十分重要的过渡阶段。说孩子小，他不小了；说孩子大，可

他还不成熟、各方面还懵懵懂懂。这个时候需要陪护啊。这是因为……"。台下家长的眼睛都睁得大大的，耳朵竖了起来。"你每天到校门口接送孩子，你会更能走近学校，了解学校工作和大事，你会更能接近老师，了解孩子情况和家校联系……"听了校长的话，家长们不住地领首赞许道："有点道理。我明天开始要陪着她上学了。"一股和谐氛围在会议室里流动着，一种亲情氛围在家长身上洋溢着。

"育人"工作是一个大课题。这么多的学生，这么多的外地生，育人工作如何推进？这是一个大难题。如何根据学校外地生多的实际情况，做好育人工作，这个问题，摆在学校领导面前。

领导们经过思考，决定选点突破、精致德育细节管理。他们要求家长接送孩子，以此给孩子营造良好的环境氛围，加强家校的联系，也提升家长对孩子学习思想成长的关注度。把学生上学放学的时间告知家长，把上学回家的提示告知家长，使家校无缝对接，踏实了"安全"的脚印。他们组织早晨进班级，强化点名，及时汇报给家长，有利于对懒散的学生严格管理，也有利于家校沟通，引导家长重视。通过开展丰富多彩的活动，潜移默化地育人。梳理学生管理的薄弱点，时时敲打强调、探寻有效方法途径，密切家校联系，疏导沟通思想，达成教育实效。巧妙利用学校微信公众号发布学校信息，表扬学生，扩大效应；他们不是单个的表扬某个学生，而是表扬班级中的一大批，表扬学生中的一大群。引起了轰动效应，发挥了正向能量的作用。

## 2. 突出"有效"，抓实课堂

**【案例】**

课堂上，数学老师告诉大家："同学们，明天要考试。我希望大家都取得好成绩。"话音未落，调皮的同学拉长了腔调："我基础差，考六十分就很好了。""不，要考九十分以上。"老师的话语看来一本正经。"除非我偷看，除非老师把试卷提前告诉我们。"那个同学依然有点油腔滑调。老师看了看大家，微笑地说："这次考试，试卷提前发下来。但有个前提，那就是每人至少要考九十分以上。好吗？"听到老师说要把试卷提前发下来，学生异常兴奋，"好"的声音喊得特别响亮。"唰，唰，唰"，老师真的把试卷发下来了。同学们看着手里的《第三章知识目标试题》，有点懵了。老师又开口了："这张试卷题目囊括了本章的知识要点。明天考试就考这张。如果上面的题目不会做，你可以问同学，也可以问老师，直到弄懂会做。"课堂里顿时一阵骚动，同学们有的左顾右盼，有的前拉后转，有的索性拿着试卷拥到优秀生旁边。看着这幕情景，老师的嘴角微微上扬。

检测反馈，是教师教和学生学的一种必要手段。检测反馈，是伴随着学习的过程的，只要有学习，就应该随时有检测，以检测达成知识的掌握。对基础差的学生来说，要想激发他们学习的积极性，检测的方法、形式，就显得十分关键。根据学校实际情况，学校老师在反馈前下发《目标试题》。这类试题讲究知识的完整性，囊括单元的知识目标，也包含了书上例题。提前发给学生，在学生做、问、记（甚至是背）的同时，让学生完整掌握知识。老师要求满分，至少90分。这样做，既温故了知识，又使学生有了学习的成就感。同时，学校老师还下发《自学辅导试题》或《竞赛试题》。试卷的反页配有答案或提示，是单元知识的提高和深化。用于学生课外拓展学习，目标是引导学生尤其是学有余力的优秀学生在课余思考、练习、比照。试卷形式多样化，检测方法多途径，指向于学生掌握知识，指向于激发思考培养兴趣，那么教学也就夯实了根基。

学校提出了"课堂因高效而精彩，学习因自主而快乐"的愿景，学校倡导教师做"三心"教师——专心教好每一堂课，细心批改每一本作业，用心关爱每一位学生；倡导学生做"三心"学生——专心学好每一堂课，细心做好每一次作业，用心思考每一天的收获。学校根据实际情况，提出了朴素课堂的要求，要求教师关注学生课堂上的表现，采用灵活方法诱导学生进入课堂情境。

学校根据提升办学水平的情况，努力让教师实践摸索至善课堂，让学生在课堂上善听善问善思善习。在至善课堂上，教师在课堂上多问一问，多引一引；学生多听一听，多想一想。在至善课堂上，师生分享彼此的思考、经验和知识，交流彼此的情感、体验与观念，丰富了教师的教学内容，培养了学生的"善学"能力。在"善听""善问""善思""善习"的基础上，学生活学活用知识，真正在学习中"善得"。

### 3. 突出"发展"，扎实管理

【案例】

新学期伊始，学校领导要求部门月底要拿出部门工作简报。面对着干部的面面相觑，校长笑眯眯地："试试看吧。"校长对主持德育工作的年轻干部说，带个头吧，月底要编写出一张八开纸张正反两面的德育工作内容。听了校长的话，那个干部伸了伸舌头："哪有那么多内容好总结啊？""不忙不怕。你想一想、做一做吧。"校长鼓励着她。怎样把搞的活动报道出来？一张八开纸，那该组织多少活动啊，这个月还有什么活动没举办，还有什么德育细节没考虑？她研究着市局要求和学校任务，张罗着时令工作，组织着适合的活动；写文打字，图文并茂，忙得她既组织又亲自上阵了。终于内容差不多了。两天后，一份清新别致的简报呈现在大家面前。领导和老师们啧啧称赞。她的脸上洋溢着满意的笑容！为着好似她孩子一堆的简报，她从来没有这样细致夯实地做德育开展德育活动啊。而后，教务处、教科室、办公室等部门，纷纷拿出部门"作品"交流；虽然忙了一点，但部门工作井然有序，扎实推进着；学校工作的方面方面，扎实管理着。

为了激发学校干部管理工作的策划力、执行力和创新力，学校动足了脑筋，以编写部门简报为切入口。可以说，编写简报，提升了干部的素质和能力，夯实了学校工作的开展。让德育主任编写部门简报，实实在在地活动的计划、实施、总结等环节，考验着干部；拿出有质量的能发表在简报上的新闻稿子，锤炼着干部；简报的编辑、排版等事务，逼压着干部；活动要求丰富多彩且多多益善，也在催促着干部多多思考。照往常，一些活动可搞可不搞，而现在因为活动要在简报上刊登，大家都在监督，所以要脚踏实地，"干"字当头。他们不再被动地等待工作的布置，而是主动找活干，并注重宣传、创新形式、关注细节、重视效果。简报的编写，使得活动有了载体，材料有了积累，使得活动获得宣传，得到完善，使得活动管理得到深入扎实。

学校用统一的要求凝聚干部，用示范的行动引领教师。他们编辑《镜湖论坛》简报，组织、指导、促进和宣传教育教学，下发全校老师，下发学生家长，朴素有效。学校强化干部的以身作则，强化工作的责任担当；突出班主任、行政人员的引导关心，提出工作要求，明确工作责任，强化考核激励。学校举行中层干部、青年骨干"管理培训班"，让培训者在活动中历练成长。校长谦虚谨慎、善于学习，要廉洁自律、民主管理；作风扎实，品格坚韧。深入教学一线，亲自担任初三一个班的语文教学，以认真的态度、突出的成绩来引领教师。

学校关心教师发展，订目标、压担子、实行动。在教科研指导上做到"一课一文一题"三到位，要求教师上好一堂优质课，写好一篇论文，研究好一个校级市级课题。积极倡导每一位老师成为善于思辨的人。学校抓好"青年教师培训班"，完善"青蓝结对工程"，提高青年教师的业务素质。开设教师学习讲坛，提高教师的反思能力；开展研究课公开课活动，磨砺教师的教学水平；开展业务竞赛评比，为教师展示才华搭建平台。学校举办"镜湖读书会，让教师们读书明理重实践。努力倡导团队合作，以团队研修的形式关注教育现象、研讨课堂问题，如项目培训班、学科备课组、年级共同体、班主任工作站等团队，从而促进教育教学行为的改变，提高善的教育能力。

学以求真，行以至善。目前，学校管理规范和谐有效，学校年度工作考核荣获一等奖，立于全区初中第一方阵，赢得了普遍的社会赞誉。近年来，该校先后荣获市德育先进学校、区文化型特色学校，2017年9月又荣获模范学校的称号，走上了科学发展的"康庄大道。"实践证明，校本管理在"真善"上做文章，能够扎实做好学校里的平凡事、简单事、困难事，能够积极提升办学品位，精心打造学校优质教育品牌。

## 二、千磨万击还坚劲，至善效应启思辩

善是一种情感，是一种能力、一种艺术。没有善就没有爱，也就没有教育，教育因善而美好。学校要在有善的学校生活中，进行善的教育，促使学生提高文化素质，促使学校提升办学水平。回顾学校实施至善型扎实管理的过程，我们作了一番理性的思考，获得了一些的启示。

思辨之一：有一个管理的风景——特色深化，创设氛围

学校要根据地域人文特点，要办出特色，要有值得说说的方面，要跟人家不一样。要以这个特色统领学校工作的方方面面，促进学校办学层次的提高。

"真"和"善"是中华传统文化的重要特质，是社会主义核心价值观的重要内容。面对外来工子女占比70%的情况，学校坚持以"至善"为办学灵魂，提出了"学以求真、行以至善"的口号，以科技创新特色为突破口，让至善之花在丝韵水乡绚丽绽放。学校以创建文化型特色学校为契机，大力开展"至善"校园文化建设，通过创新理念，以文化育人；同时对教育教学进行总结，对特色建设进行反思，在全校范围内开展了"至善"创优大讨论。举行一系列以"善"为主题的论坛研讨活动，让每位教师积极参与，彼此分享，相互启迪，自觉用"善"字来衡量自己的教育教学行为。积极捕捉校内的善人、善事，通过学校网站、镜湖论坛、教师大会，宣传践行学校的核心价值，并使之深入人心。在教育教学中，自觉地把"至善"的要求贯穿到课堂教学和学校管理活动中。每年举行"至善课堂节""至善活动节"活动，诱导教师开设至善型公开课，引导学生以善的要求来激励自己，积极参与活动、提升素质。如今，在真善的校园里，尚善的德育，润泽心灵；兼善的课程，孕育心慧；真善的课堂，启迪心智；崇善的环境，修养心境。惜光阴，立志立德至善；勤学习，健智健身成才。在至善的氛围中，学生养就了科技创新的灵气，培养了善学探索的能力。2018年4月一名学生在东吴少年科学家大会上荣获唯一的一等奖。学校每年均有学生荣获"科技创新政府奖"、获发明展览会金奖。学校被评为省科技教育特色学校，被评为文化型特色学校。

思辨之二：有一个教学的突破——单科突进，整体提升。

学校领导和教师要想方设法提高教学质量，在学科门数较多的情况下，要以某一学科为突破口，狠抓教和学，使教学成绩凸显出来，让任课老师尝到甜头，也发挥了

对其他学科教学的引领作用。

如何提高学校的教学质量，这是一个大课题。对一所学生来源杂、学习基础差的初中来说，要想把所有学科的教学成绩在短期内提升到一定水准，恐怕是十分困难的。为此，学校领导从真善的角度出发，审时度势，因地制宜，提出了单科突进的策略。针对很长时期内学校中考科目都没有拿到教学优良证书的现实，学校领导在2月份提出了"奋战两个月，打赢体育训练仗，打响中考第一战役"的口号。于是，在大课间时行政人员、班主任和体育老师齐抓共管学生的体育训练，分班级承包学生训练，针对性地选准中考体育项目，见缝插针地督促学生训练。在抓紧了校内体育一模二模后，学生很有把握地战胜了体育中考。中考体育平均分超过了周边学校，进入了全区先进行列。这是近十年来体育中考的辉煌成绩！全校为之振奋！其他学科教师看到体育能够优秀，也都精神抖擞，信心十足。初三语文学科在校长亲自任教的带领下，狠抓集体备课，努力研究研讨；初三数学学科的几位年轻骨干，沉在教室课堂，全力辅导学生。终于"至善型"的教学结出了硕果，初三语文和数学等学科也迎头赶了上来，一种浓厚的教学教研氛围在学校里弥漫开来。

思辨之三：有一个学习的效应——优生培养，形成习惯。

在生源不占优势的情况下，学校要认真分析，抓实管理，既要让全体学生有进步，又要挖掘潜力，诱导学生向"优秀"挺进。优秀生的培养，可能是一个风向标，它使学生努力后有了回报，使学生和家长信任学校，能带动良好的学风校风，能够赢得良好的社会信誉。

一所学校，学生的发展成长，是最最具有说服力的指标。面对外地生占比70%、学生生源劣于附近学校的实际情况，如何促使学生迎头赶上、脱颖而出呢？学校领导认真研究学生情况，认真分析教师构成，因地制宜地提出有关措施。虽然学校不分快慢班、重点班，但要求教师心中要至善，要有分层目标，课堂要分层教学，使各个层次学生都各尽所能地得到发展。学校把学生的学习活动和社团活动联系起来，要求学生在学习基本合格后，积极参与各种活动。让任课老师主抓班级平均分的提高，让班主任狠抓优秀学生的谈心鼓励督促。在均衡分班的基础上，对各班优秀生的变化发展实行跟踪考核，让班主任在课间课后对优秀生倾斜管制关爱。学校成立优秀生辅导班，由备课组长进行专项辅导，并开展学科竞赛活动。把优秀生、优秀临界生做成微信公众号，广为宣传，诱导家长关心支持，诱导学生积极上进。在一系列的措施之后，"让优秀成为一种习惯"已经蔚然成风，学校的四星高中录取人数连创历史新高；学生你追我赶，友善竞争，优秀学生大批涌现，脱颖而出。有学生在全区统考中独占鳌头，有学生考取了大市实力高中，有学生获得了李政道奖学金。

优秀学生的培养，引领了全体学生的进步，在社会上赢得了积极的反响，也使得后续招生中的生源质量有了明显的改善，使学校办学的层次和水平有了显著的提升。

综上所述，如何促进学校均衡发展，这是一个系统工程。面对生源不占优势的情况，学校做什么，怎么做，关系到学校能否持续发展的问题。这所农村初中学校脚踏农村沃土，仰望时代发展，传承至善因素，制定切实措施，以育人为灵魂，以有效为关键，以务实为手段，努力抓好管理中的要素；以至善为目标，追求完美、实现超越，在特色深化上着力，在单科突进上用力，在优生培养上给力，精心打造了学校的优质均衡教育。

可以相信：从学校的传统和特点出发，适当地整合开发学校资源，有效地抓实教育教学中的环节，切实提高学校教学质量和核心竞争力，有效提升学校教育的品位，加快学校健康持续科学化发展建设的步伐。

（本文发表于 2018 年 11 月《江苏教育》）

# 求真至善：学校教育改革创新的文化追求

"真"和"善"是中华传统文化的重要特质，是社会主义核心价值观的重要内容，是一代代教育者矢志不渝的追求。苏州市吴江区盛泽第一中学地处丝绸之乡，随着经济的快速发展，大量外来务工人员聚集在学校周边，外来工子女接近占全体学生的70%。由于流动性大，又缺乏较为系统的教育，学生的品行、学业情况参差不齐，部分学生亟需全方位的矫正。面对着沉重的压力，学校领导和老师自强不息，求真务实，努力让"真善"的元素，渗进到学校的教育教学管理之中，不断提升办学品位，在探索之路上追求真善美，积极抒写一中教育的崭新篇章。

## 一、"真善"环境，增强校园精神亮度

善是一种情感，还是一种能力、一种艺术，是在思想、观念和言行的体验中积累和升华而获得的。善的灵魂，只有在有善的学校生活中，才能在学生的心田生根发芽、抽枝散叶。因而，学校挖掘自身资源，继承学校传统，因势提出了"至善教育"的特色，

构建基于学校"真善"特点的校园文化，力求使学生在富有诗意的精神家园里和特色的浓厚氛围中，自由地呼吸和浸润。

学校努力烘托真善的环境氛围，精心构筑真善景点。他们让学校建筑外化"真善"，让校内道路标签"真善"。位于校园东南角"真善"广场上的真善美雕塑，每天迎接学生上学、关注学生认真读书。科技广场上的笔形雕塑直插天空，抒写着学生们至善向上的豪情壮志。行知广场上的陶行知铜像，目光深邃、神情和蔼，提醒着学生要"惜光阴立志立德至善"。学校的建筑楼群，楼名别具匠心：至善楼、习善楼、崇善楼、乐善楼、弘善楼，一个个"善"字，跳出了人们狭窄的视野，浓化了特色的氛围。校内的道路，也文雅别致：立德路、立志路、立学路、立善路、立远路，一个个"立"字紧扣特色，围绕求学，促使至善教育的特色得到张扬。校门口广场上的"善"字石，正对校门的镌刻在墙壁上的"学以求真行以至善"八个红色大字，更使校园具有了文化的神韵，契合了校园学习的本质。处于这样的氛围，指点校园、激扬文字、书声朗朗，本土性的文化特色气息扑面而来，使人一走进校园就感受到"至善"的浓厚馨香。

学校的大环境透露出"真善"的氛围，学校的墙壁也时时处处熏染出真善的新芽。走廊墙壁上整齐地粘贴着内容丰富的"真善"手抄报，有感恩教育，有经典阅读，有"三有三讲"，有科技之光，有"核心价值观"；有的壮阔雄奇，有的委婉精妙，有的豪放写意，每一个文字里头都闪耀着智慧的光芒……一篇篇精心撰写的文章，一幅幅色彩绚丽的插画，展现了学生的智慧和才气，成为"真善"氛围中一道亮丽风景线。稚嫩的笔迹、不够精细的涂鸦，也许不是最完美的表达，却一定是学生独特而真实的构画。制作手抄报的过程，是学生动脑消化知识的过程，是学生动手操作实践的过程。手抄报展示评比，既巩固了知识，又激发了兴趣；既培养了素质，又丰富了活动，一举多得啊。学生主体参与，乐在其中。手抄报粘贴展示，美化了墙壁，凸显了原生态的校园文化，营造了浓厚的学习氛围。那一张张各具特色的手抄报、那一张张精彩丰富的手抄报，静静地传递着一个个发人深省的文化故事，默默地展示着手抄报主人的真诚用心，悄悄地滋润着阅读者的心灵情感。这里的每一笔每一画既滋养着学子的双眼，又敲动着学子的心灵。这是多么弥足珍贵的资源，又是多么真善有效的教育。

实践表明，环境文化就是校园中的文化，是校园中的人和事，是校园中生发出的特色文化，是植根于校园的。学校的"真善"特色建设植根于教育教学活动，植根于校园实际和环境氛围。学校的"真善"环境，已经成为一种校园文化，成为一张学校名片，受到了普遍赞誉。学校也因此获得了吴江区"文化型特色学校的"亮丽招牌。

## 二、"真善"研修，夯实教师发展厚度

没有教师的发展，学生的发展就成了无源之水、无本之木；没有教师的发展，学校的发展也失去了有形的支撑，成了空中楼阁。为此，学校大力推进"真善"的务实研修，促进教师业务成长。

学校结合目前教师的教学情况，对队伍建设进行整体规划，分层要求，有序推进。举行了富有成效的真善研修活动，引领教师提升业务水平。坚持校长培训讲座，让学校领导的思想化为教师的意识；抓好带头人培训讲座，让骨干抛头露面营造正能量。抓好"青年教师培训班"，完善"青蓝结对工程"，提高青年教师的教学素质。开设教师学习讲坛，提高教师的反思能力；开展研究课公开课活动，磨砺教师的教学水平；开展业务竞赛评比，为教师展示才华搭建平台。在教师专业化走向多元及精细的背景下，努力倡导团队合作，以团队研修的形式关注教育现象、研讨课堂问题，如项目培训班、学科备课组、年级共同体、班主任工作站等团队。这样的团队研修真诚交流、思想撞击，在团队中形成精神的氛围、心理的磁场，从而促进教育教学行为的改变，提高善的教育能力。

一路走来，一路同行，一路欢歌。在"真善"教育活动中，有志教师在学校领导的带动下，成立了"镜湖研修"读书会。创建读书会是一次深化学校办学特色的有益探索，是构建一种适合于师生发展的校园文化，更是丰富学校人文底蕴、凸显学校办学精神、扎实推进建设教师精神家园的积极行动。

镜湖读书会自2015年9月成立，已有两年之久了，每周二下午第四节活动课成了教师们不变的约定，他们相聚在一起或静读一段美文，分享思想的光华，或共品一本经典，了解《人性的弱点》，脱离心理的旧辙，沐浴在新思想的光辉下；或齐心修改一篇诗文，挥斥方遒；或齐声朗诵自己的新作，意气风发；或修改一份教案，思维在交流碰撞中闪光……

校长带头，修身至善。盛泽一中金坤荣校长的躬亲阅读，他自身心念阅读、手不释卷，构建全员阅读的文化氛围，催促引导推进青年骨干的阅读。这对于滋养教师的精神生活，进而形成书生意气、文质彬彬、内外兼修的精神风貌有着极大的推动作用。骨干引领，读书致远。苏州市学科带头人陈瑜老师等骨干教师的专业引领，他们掌握专业发展的动向，定期把专业领域涌现出的新思想以及相关著作推荐给广大教师，尤其是把读到的好著作推荐出来，以求真正提升教师的教育教学水平。教师乐读，共享共进。这里能满足教师的多元阅读喜好，他们交流自己的阅读经验，

展示他们的阅读成果。读书进一步激发了他们的阅读兴趣，为他们展示才华创设了条件、提供了平台。

请进来走出去，交流共生。学校请进特级教师、教育专家，开展"真善"文化沙龙，让学校真善文化与丝绸地域文化相谐共生，用先进理念滋养生命、丰润生活；也让教师访问名校名师，开阔视野、接受洗礼，以此熏染真善的教育氛围。

"在读书会活动中，我和大家一起阅读了优秀的书籍，积累了知识，拓宽了视野，从而提升了自己的教学技能，立志做一位有魅力的教师。"镜湖读书会成员徐新颖老师如是说。真善研修，真善读书。相信真善的阅读，会慢慢影响、感染我们的老师；相信真善的阅读，会促进教师业务慢慢成熟。学校一批青年教师正在快速成长。2018年度，两位老师就优质课评比一等奖，一位教师被评为教育领军人才，一位教师纳入特级教师后备培养，多位教师被评为市区带头人，十二位教师获评区能手称号。教师们真善研修，向上发展，干劲十足，校园里呈现出积极奋发向上的浓厚氛围。

## 三、"真善"课堂，提高学生成长速度

善教善学，启智明理。如果说校园是师生善习善知的乐土，那么课堂就是师生善教善学的阵地。学校始终践行"学以求真、行以至善"的理念，努力实践，积极探索，初步形成了彰显学生主体地位的朴素"真善课堂"。

真善课堂凸显"简"，精简内容。围绕课改要求，学校全面贯彻"少讲多学，精讲多练"的课堂教学理念，充分体现信息技术与课堂上的深度融合，规范课堂教学，创新教学方法，在提高课堂教学效率上下功夫，做到严把备课关、严把课堂教学关，向课堂要质量，教师通过最精要的讲解，最清晰的思路，力求传达最复杂的内容，点燃学生理性的火花，拉动学生最丰富的情感体验；学生则通过专注的倾听，积极的求索，力求用最短的时间读出"简单"背后的深刻。作业内容精选，作业数量适中，教师处理及时。

真善课堂彰显"活"，激活学力。真善课堂上，教师灵活传授知识，重在精心设计兴趣盎然的学习活动，使课堂充满趣味性，同时学生充满活力，他们自主建立合作小组，每位小组成员的课堂表现将进行赋分，一定时间后，成绩优先的小组将受到表扬。总之，学校以推进、探索、效益为主题，求实、求恒、求新，不断强化教学管理，牢牢把握课堂教育主渠道作用，大踏步推进课堂教学改革，健全教学质量监控体系，完善教学评估机制，对每一位学生负责，努力提高教学质量。

真善课堂重在"实"，夯实过程。课前，学校组织教师编写针对本堂课教学的导学案发给学生，学生在运用的过程中明确预习的方法和方向。同时，学生能有效把握

课堂的学习目标和重点，真正成为课堂的主人。课上，教师在45分钟内，力求思路清晰，全过程在"观察与思考""发现与引导""关注与激励"。学生静心思考，积极实践，在朴素真挚的交流中，师生达到共识、共享、共进，实现教学相长。课后，文科如语文、英语等设计"家庭默写"项目，倡导学生在家庭中默写重要的知识点，自我批改并订正，理科如数学、物理等发行"自学辅导讲义"，学生加强对典型性例题的训练，从而把握知识的内涵。

"至善校园情，殷殷真善课。""真善课堂"着力点彰显学生主体地位。学校申报了"学生互助式自主学习"的省级课题，让教师在真善教育的旗帜下围绕课题，研究"真善课堂"，积累"真善"课堂教学的做法和经验。在真善课堂上，教师多问一问，多引一引；学生多听一听，多想一想。在至善课堂上，师生分享彼此的思考、经验和知识，交流彼此的情感、体验与观念，丰富了教师的教学内容，培养了学生的"善学"能力。学生在互助式自主学习环境下努力善学，做到善听、善问、善思、善习、善得。"善听"即学生在听课过程中努力做到全神贯注，并灵活地根据课堂情境和教师要求，适时调整听课方法。"善问"，是指学生要多动脑筋，敢于提问并善于提问，凡是经过反复思考，依旧不得解的问题，学生要勇敢地质疑，请老师和同学们帮助解答。"善思"，是指学生要掌握思考的方法，灵活思考，举一反三。"善习"，是指要善于学习、善于操练、善于实践，努力做到"学而时习之"。在"善听""善问""善思""善习"的基础上，知识将转化为智慧，技术将转化为能力，学生才能真正在学习中"善得"。

在真善的氛围中，学生养就了科技创新的灵气，培养了善学探索的能力，提升了善学上进的水平。2018年，一名学生在东吴少年科学家大会上荣获唯一的一等奖；一名学生在省作文大赛中荣获省特等奖。2018届初三中考，就读四星高中的学生人数，达到130人，创造了历史新高！语文、数学、体育、地理、生物等多门学科近年来连获教学成果优良证书！学校被评为省科技教育特色学校，被评为文化型特色学校和吴江区"模范学校"，被评为"高考尖子生培养先进学校""苏州市中小学生综合素质发展活动基地"。教和学的夯实，赢得了社会的广泛赞誉，受到了各级领导的表扬。

教明德之道，育真善英才。学校的"真善"的环境、"真善"的研修、"真善"的课堂，有力地引导着教师的善教，有效地促进了学生的善学，学校的内涵得到提升，实力大大增强；教师成长迅速，学生发展强劲；影响力进一步扩大，赢得了社会和家长的广泛赞誉。"学以求真，行以至善。"可以相信：从学校的传统和特点出发，抓住"真善"这个切入点，有效地抓实教育教学中的环节，切实提高学校教学质量和竞争力，有效提升学校的办学品位，抒写出学校教育管理的崭新篇章！

（本文被收录《陶行知生活教育课程论的运用与研究》一书）

# 后　记

"集腋成裘，聚沙成塔。"总有专心的实践、用心的思考、有心的积累，才能有自己的真知灼见，有自己的文章天地，也能使自己的管理走向"诗意"和"远方"。

遥想当初，学校要求教师参加江苏省"五四杯"教育教学论文竞赛。笔者积累了一些案例进行思考，研究写了《浅议新课程背景下语文课堂教学的几个不等式》。结果，这篇实践操作性很强、富有思考深度的论文荣获了省"五四杯"一等奖，并在《江苏教育研究》上全文发表。同样，自己写的短文《生成不能忽视课前预设》也在《中国教育报》发表了。网上查阅，文章居然被省市培训中心指定为培训必读篇目。自己在学生管理中注重顺应心理，适度惩罚教育，拙文《适度：学生管理的应然取向》被评为江苏省"师陶杯"论文竞赛省一等奖，收入获奖论文集，还被邀请在颁奖大会上发言。自己的管理体会《如何继承发展：接任校长的重要命题》在《教书育人》杂志发表，文章题目还上了当期杂志的封面。自己在梅堰中学推进"习得教育"，浓厚文化特色；根据学校管理实践而写成的文章被编入《京苏粤优秀中青年校长办学思想辑录》。自己在管理中努力深化真善特色，促进学校发展；拙文《以至善思想提升教学质量和竞争力》发表在《江苏教育》上，引发了全省初中同行的共鸣。得到了教育界一致肯定，回顾这些文章的形成过程，笔者深深感谢"实践的夯实和思考的升华"。没有实践，就不可能触摸积累原始材料；没有思考，就不可能使自己的见解得到深化。

笔者是20世纪80年代的中师生，1984年踏上工作岗位，在农村学校扎下了语文教学的根。先在南麻中学立足，从教务处干事做起，到后来担任学校副校长，任劳任怨，刻苦求实；2007年8月，教育局调笔者到梅堰中学工作，笔者在"习得教育"理念的支撑下，带领教师奋发进取；2014年8月，笔者又来到盛泽第一中学，着力深化真善教育，提升学校办学水平。在这其中，学校管理工作从开始时的懵懵懂懂，到今天的勤勉担当、踏实上进。一路走来，笔者感激于王剑荣、沈正元、周萍和张玉昆、邢建国、杨勇诚等领导专家的悉心指导！还要特别感谢教育局的两位领导，他们在百忙之中，经常给笔者以管理业务上的指点，并为拙著作序。

书稿是理论，是实践的结晶，是实践的深化。正因为有丰富多样的管理实践，有费尽心思的管理探索，才会有比较深邃的理论思考和思想积淀，也才会有今天的这部书稿。学以求真，行以至善。教明德之道，育真善英才。3年前，笔者把初中语文教学的体会文章"零存整取"，整理出版了《坚守语文之真》一书。现在，又从发表的管理文章中，粼选部分汇编成册，取名为《追寻管理之善》，以期望自己努力迈出真善的步伐，坚定地走向未来。在即将付印之时，衷心希望这部新书能使读者有所启发，更希望各位专家、同行不吝赐教。

管理是朴素本色的，管理也是本真至善的。注目困惑，发现问题，放大闪光，探索幽径，达成有效。追寻管理之善，永远在路上。

2021年5月　于盛泽镜湖之畔